志縁のおんな

もろさわようことわたしたち

信濃毎日新聞記者
河原千春 編著

一葉社

はじめに

女性史研究家のもろさわようこさんは、一九二五（大正十四）年生まれ。二〇二一年二月十三日に九十六歳を迎えた。

女性である自身が抱えた葛藤や問題を社会との関わりから分析した『おんなの歴史』（合同出版、〈上〉一九六五年、〈下〉六六年）や、地域女性史の先駆けとされる『信濃のおんな』（未來社、六九年）などの著作で、多くの女性たちの共感を集めて半世紀。社会を見つめ、女性を巡る問題や平和、人権に向ける眼差しは鋭くも温かい。

私が初めて会ったのは二〇一三年五月、会社のある長野市から車で一時間ほどに位置する浅間山ろくの佐久市望月にある「歴史を拓くはじめの家」だった。今から四十年近く前、もろさわさんが全国に呼び掛けて建設した交流拠点である。質問すら挟めないような勢いと熱を帯びて語る姿に圧倒されて以降、取材に限らず、年に数回訪ねては、「その言葉にどう責任を持って生きるか」と問い続ける姿を目の当たりにする機会に恵まれた。女性たちが生きてきた歴史をたどることで、自身の生きる道筋も明らかにしたいと紡いできた著作と、もろさわさんの力強い言葉に励まされてきた。

「夢ばかり見て、体当たりしてきたでしょう。でも、ひとつの理想があって、使命感があればちっとも苦にならない」

「生きることはトライ・アンド・エラー。これからが本番だと思っています」

「九十数年生きて、やっとやっと自分がなりたかった境地にたどり着いた」

「至り得ていない自分の言語表現があるはずだって、その課題が私にあります」

「私はね、この世にいる間に、どういう思いで生きたかという、生き方がメッセージだと思う」

「生きているうちがお別れですよ。生きているうちが一期一会」

「私の心の中にいるのはね、宮澤賢治とか、サン＝テグジュペリとか、そういう人たちであって、いささか交際して別れた男なんて、道草したんだと思う。でも、その道草が、私の思索の糧になった。道草しなければ『おんなの歴史』は生まれなかった。……転んでも、ただでは起きない女だなと思った」

「若いときにはいろいろ迷いもある。自分自身をこんなに素裸に生きられる今が一番楽しい！」


こうしたユーモアにあふれる言葉は、読み返しているだけでも元気が湧いてくる。

インタビューの多くは二〇一八年七月から一九年一月に、長野、高知、沖縄で行なった。卒寿をとうに超えたもろさわさんは、取材対応や執筆、講演に全力で臨むと、翌日疲れて動けなくなる。インタビューが負担にならないように、最初のころに一回二時間までと二人で決めた。しかし、一九年一月の取材は、沖縄の基地問題から始まり、私が所属する信濃毎日新聞（信毎）でもろさわさんが半世紀前に連載した「信濃のおんな」、性暴力や性的な嫌がらせの被害に声を上げる「#ＭｅＴｏｏ」運動、憲法と話題は尽きず、もろさわさんは目の前の湯飲みに一度も口を付けることなく、三時間を超えて未来への思いを語り続けた。

「エンジンが掛かると止まらないから」と苦笑いするのを何度も聞き、それに甘えるように話を聞かせてもらったことも少なくない。どんなことにも全身全霊で処すのがもろさわさんである。「自分ではかだなあと思うんだけど、ばかが治せないのよね。ほほほ。いつでも全身投球しちゃうわけ。もっとおしとやかに、聞かれたことだけ答えていれば、もっと自分にエネルギーを蓄えられるんだけど。いつもエネルギーを全放出しちゃうからね」

こうして重ねた取材は、信濃毎日新聞くらし面で一九年二月十三日から八月十六日まで「夢に飛ぶ――もろさわようこ、94歳の青春」というタイトルで計十五回連載した。一連の記事に加筆する準備をしていると、新型コロナウイルス感染症が世界を覆い始めた。社会のかたちが変わろうとしている今こそ、もろさわさんの話を聞いて、伝えたい――。そう強く思ったものの、もろさわさんが滞在している沖縄に独自の緊急事態宣言が発令されるなど、出掛けることができなかったため、電話とファックスでインタビューを敢行し、二〇年九月に「いま、もろさわようこ」と題して三回掲載した。合わせて識者インタビューも行ない、その全てに加筆し、本書に収録した。

また、第四章には、今ぜひ読んでいただきたいと思うもろさわさんの論考を選んだ。

もろさわさんはこの数年、圧迫骨折などを繰り返し、はたから見れば満身創痍でしかないのに、骨折すら「新たな精神史のエポックを得られた」と話す。転んでも、本当にただでは起きない人である。そんな今、もろさわさんは、心の奥にある、幼いころに見た風景や記憶、そのときの思いを表現したいと、詩とエッセーを組み合わせた新しい文体に挑戦しようとしている。絶望的な状況にあっても、

「闇の深さは光のありかも教えてくれる」と前向きなもろさわさんの歩みと言葉、現代を見つめる眼差しに改めて迫り、これからを生きるヒントを考えたい。

【もろさわ・ようこ】

本名は両澤葉子。一九二五（大正十四）年、長野県北佐久郡本牧村《もとまきむら》（現佐久市）生まれ。三七年、小学六年の二学期終了後、勉学のため埼玉・大宮に出る。四二年、専門学校入学者検定合格。四五年春に帰郷し、同年六月から郷里に疎開してきた陸軍士官学校生徒隊本部の筆生《ひっせい》（主に筆写を担当する事務員）になる。

戦後、四六年の全信州男女青年討論大会で北佐久郡代表になって注目され、上田市の北信毎日新聞記者として活動する。ＧＨＱ（連合国軍総司令部）の寄宿舎開放の取材で訪れたことがきっかけとなり、四七年から鐘淵紡績丸子工場内の学校で女子工員を教える。教員時代の右腕骨折が労災認定されて上京し、東京・烏山の訓練所へ。女性参政権の実現に尽くした政治家市川房枝（一八九三〜一九八一年）に見いだされ、市川が会長を務める日本婦人有権者同盟の機関紙を編集。その後、月刊誌『婦人展望』の編集者を経て、執筆活動に入る。六五年、初の著書『おんなの歴史』を出版。六六〜六八年に故郷である長野県の女性史を「信濃のおんな」として信濃毎日新聞に連載し、それをまとめた同名著書で六九年に第二十三回毎日出版文化賞を受賞。いち早く女性の戦争責任を問うたほか、権力におもねらず市井に生きる生活者の視点から女性と社会の関わりを考察し、その解放像を七八〜七九年に『ドキュメント女の百年』全六巻（編集・解説、平凡社）にまとめた。日常や生産の「底辺」で働き、「辺境」

「極限」の状況を生きる女性たちの記録を中心に近代を顧みている。
地縁、血縁に縛られず、志や生き方への共感で結ばれる「志縁《しえん》」で人間は自由になれると考え、「いかに生きるか」を模索する交流拠点として、郷里の長野県北佐久郡望月町（現佐久市）にオープンスペース「歴史を拓くはじめの家」を八二年に建設。「愛にみちて歴史を拓き、心華やぐ自立を生きる」をテーマに、「自然と出会い、歴史と出会い、自分自身と出会い、そして人びとと出会う場」として呼び掛け、北海道から沖縄まで全国二百数十人の拠金によって完成した。

無組織・無会費・無規則、関わりたい人たちがその関わり方、参加の仕方を自分で考え、自分の責任で行ない、営むことを原則に、既存の常識に寄らない《カウンターカルチャー》ありようの創出を探求した。その延長に、九四年、平和と沖縄の生活文化を学ぶ場として「歴史を拓くはじめの家うちなぁ」を南部戦跡に近い沖縄県島尻郡玉城村《たまぐすくそん》（現南城市）に開設。九八年には、さまざまな差別を許さず、人権を考える「歴史を拓くよみがえりの家」を、義務教育の教科書無償化運動の発祥地である高知市長浜に設けて行き来した。「はじめの家」と「うちなぁ」の土地・建物が自身の名義だったことから、二〇一三年に一般財団法人「志縁の苑《その》」を設立して不動産を寄贈。一般財団法人が二つの拠点を運営し、名称も「はじめの家」を「志縁の苑」、「うちなぁ」を「志縁の苑 うちなぁ」と改めた。

〇五年、長野県の文化、教育、産業、スポーツなどの分野で優れた功績のあった個人・団体に贈られる第十二回信毎賞を受賞。前掲以外の主な著書に『おんなの戦後史』（未來社、一九七一年）、『おんな・部落・沖縄』（未來社、七四年）、『解放の光と影』（ドメス出版、八三年）、『もろさわようこの今昔物語集』（集英社、八六年）、『南米こころの細道』（ドメス出版、二〇〇九年）など多数。

生き方を模索する交流拠点「志縁の苑」

地縁、血縁に縛られず、志や生き方への共感で結ばれる「志縁」で人間は自由になれる

長野県佐久市

1982年に「歴史をひらく（後に「拓く」と表記）はじめの家」を長野県旧望月町に建設。2013年、一般財団法人「志縁の苑」の設立とともに改称。

沖縄県南城市

1994年、平和と沖縄の生活文化を学ぶ場として、「歴史を拓くはじめの家うちなぁ」を南部戦跡に近い沖縄県旧玉城村に開設。現在の名称は「志縁の苑うちなぁ」。

高知県高知市

1998年、人権の輝きを求め、人間であることを互いに喜び合う「歴史を拓くよみがえりの家」を義務教育の教科書無償化運動の発祥の地である高知市長浜に創設。

志縁のおんな

——もろさわようこと　わたしたち

目次

第三章　志縁を拓く

第四章　おんなたちへ――もろさわようこが紡いだことば

カバー写真／宮坂雅紀（信濃毎日新聞）
本扉　写真／諸田森二（ふぇみん婦人民主新聞）
写真提供者（下の数字は掲載ページ）
もろさわようこ　15、19、21、27、29、31
58、59、69、73、91、105
宮坂　雅紀　38、43
滝沢千代子　103
河原　千春　8、64、77、79、85、151、314
315、330、333
装　丁／松谷　剛
協　力／吉川　光

第一章　志縁へと

鐘紡丸子高等文化学院で教員をしていたころ（前列左から４人め）

なぜ、生きなければならないのか。思い悩む自らの足元を照らすつもりで書いた文章が出版社の目にとまり、もろさわようこさんは女性史や女性論について執筆するようになった。第一章では、女性史研究へ向かうことになった生い立ちなど、半生を振り返る。軍国少女だった戦中を省みて、戦後は支配者側が打ち出すことはどんなに素晴らしいことでもその意図を見抜き、ものの見方や考え方は最も恵まれない人、つらい人の立場から行なうと決意。遍歴の末に巡り合った女性の解放像をみた原点などを取り上げる。

（年齢はいずれも二〇一九年の新聞掲載時点）

1　「嫁に行かず勉強したい女は非国民」
――敗戦で「見て、考える」覚悟の芽生え

お茶を飲みながら、家族でいつも通り世間話をしているときだった。一九四五（昭和二十）年の戦争末期、野山に囲まれた長野県北佐久郡本牧村《もとまきむら》（現佐久市）。金縁のめがねを掛けた叔父が、二十歳で「年ごろ」のもろさわようこさんに縁談を持ってきた。

「もっと勉強をしたい」。そう言って断ると、叔父は当たり前だとばかりに言った。「女が嫁にも行かず、勉強したいとは非国民、国賊だぞ」

同世代の男性は召集され、「産めよ殖やせよ、国のため」と早婚が奨励された時代だった。政府の人口政策確立要綱（一九四一年）を受けて、長野県は男性は二十五歳までに、女性は二十一歳までに結婚するようにと、市町村に文書で通達。さらに、結婚相談所を設けるだけではなく、結婚斡旋委員が市町村に割り当てられ、未婚者や適齢期の男女のリストや写真台帳を作成して結婚の世話が進められた。地域によっては結婚斡旋委員が調査に基づいて各家庭を訪ね、希望が一致すると、特別な事情がない場合は一週間以内に取り決めることや、二十八歳以上の未婚者に対し数カ月以内に必ず結婚すること

が求められていた。結婚は自分の都合や利害を中心に考え、決めるときではないという回覧板も回り、斡旋所は「戦ふ日本の将来を思ひ自分勝手な注文に固執せず、最も身近かな御奉公として一日も早く結婚してどんどん赤ちゃんを生んで下さい」（『信濃毎日新聞』一九四三年一月十六日付）と呼び掛けていた。今では想像もつかないが、ほんの七十年ほど前まで結婚相手を選べないことは「普通」だった。

「今の自由な人権保障と違って、嫁に行かないと国賊視される時代よ！ おっかないけど、それが事実よ。皆さんはそういう時代を知らないから。私は断ることを抵抗とは思わないし、回覧板が回ろうが関係ないし、全然愛していない男と一緒になるなんて嫌じゃないですか。私のように愛国心がある人がなぜ国賊なのかと思ったけれど、一つの規範があってそれに背くと国賊視されてしまうのを、肌身で知っています。そんなものを全部蹴飛ばして生きてきました」

もろさわさんが女性史研究に向かう背景に、両親が不仲だった生い立ちが大きく影響している。三歳ごろには、料亭に入り浸り茶屋遊びに夢中だった父の監視役を母に言いつけられた。父方の祖母は、父の遊びが修まらないのは「仕えようが悪いからだ」と嫁である母の責任にした。女性は結婚して、子どもを産み、育てることが「一人前」とされる中、幼心に男性に左右されない人生を生きたいと決めていた。「母のような結婚生活は送りたくない」。縁談を断ったのもそんな思いが強かったからだったという。

幼いころ、医者で、女性指導者の一人として活躍した竹内茂代さん（一八八一〜一九七五年）に憧れたのもそうした思いからだ。郷里は同じ長野県で、もろさわさんの故郷よりもさらに山深い南佐久郡川上村の出身。料亭を営んでいた竹内さんの母親の生家を、もろさわさんの父方の祖父が買い取って

家族写真――13歳ごろのもろさわさん（後列右から２人め）

３歳ごろ。母親から料亭通いの父親の監視役を言いつけられた

住居にしていたこともあって、家族が「茂代女史」と話題にしていたのを聞いて馴染みがあった。

　しかし、日常は、そんな夢と正反対だった。小学生の夏休みのある日、母方の実家で風呂用の水くみをしたときのこと。自然に囲まれて楽しげに鼻歌交じりに桑畑を抜けて近くの川に向かうと、祖父が怒鳴って駆け寄り、いきなり頬を打った。「女が空バケツを振り回して、鼻歌を歌って歩くとは何事か！」。驚きのあまり涙も出なかったことを覚えている。

　この時期、世界的に広がった不況のため生糸の価格が暴落し、養蚕を営んでいたもろさわさんの家も打撃を受けていた。小学六年の大みそか前夜。埼玉県大宮市（当時）で開業している医者の養女にという話が舞い込んだ。成績が良ければ、医師になる支援もあり得るという話は魅力的に聞こえた。未来が限られている地方にいるよりも、都市部の学校は希望にあふれているようにみえた。

「母の世界観では、女は嫁に行くもんだということだけあってね。嫁に行くためには、女学校くらい出ないといいところには行けない、と。地元に実科女学校があったけれど、学問より、家事や裁縫などが主だった。私はね、ともかく東京の女学校に行きたいと思ったから」

このころ、もろさわさんには弟が四人いた。出産のたびに体を弱らせていった母親の薬を医者に取りに行くたびに、母方の祖父の名前を言い、祖父が支払っていた。そんな「肩身の狭い」思いをした体験も、貧しい人の役に立つ医師になりたい気持ちを膨らませた。

上京は十二歳になる一九三七年の冬。母親が手織りしたお召しちりめんの晴れ着に、メリンスえび茶色のはかまをまとい、帰省していた知人先の医学生に連れられて、小諸駅から汽車に乗った。

大きな決心をして生家を離れたものの、開業医宅ではお手伝いさん代わりに使われ、夜九時には部屋の電気を切られてしまって思うように学べない。家事の都合で学校は遅刻や早退が重なった。二年余り後、ノモンハン事件で戦傷し、東京第一陸軍病院に護送されてきた母方のいとこの見舞いで初めて会った遠戚に、東京・五反田の軍需工場経営者を紹介されて移り住み、働きながら独学で勉強した。実家からの送金は、もっぱら本に消えた。

「母は、本を買うと言ったらお金を送って寄こさないけど、着物を買うと言ったら、お嫁入りの持ち物になるのでいろいろ算段してくれた。絹を織って、気に入るように染めなさい、と送ってくる」

子どものころから読書が好きだったもろさわさんは、国語や歴史などは楽しく学んだが、理系の学問に興味が持てず、憧れていた医師ではなく、文学の道に進むことを考えた。

　太平洋戦争が開戦した翌年の四二年、難関の専門学校入学者検定に合格。中等学校の国語教師の資格を取るために文部省教員検定試験の勉強に打ち込んだ。『源氏物語』を読んだ十八、十九歳のころは本も配給制で、本屋には限られた数しか配本されないため米を持参して譲ってもらえるように頼み込んだという。だが、四五年三月の東京大空襲後、娘の身を案じる母のために帰郷した。

「実際には焼け出されなかったけれど、どんどん火が迫ってきてね。父が、東京に空襲警報が出ると、母が私のことを思って眠れないでいるから、母の体を思って帰ってほしいと言ってきたの。私はね、戦場の中に身をさらして生きるのは当たり前だと思っていたし、現場を直視していようと思っていたから、東京から離れるのは戦線離脱のような気がしたんだけれど。着物を買うと言って送ってもらったお金で買った本だけ背負って帰ったら、母は「本を着て嫁に行きな！」と言ったのよ」

　戦時中、国のために命を懸けることを信じて疑わなかった。読むのは、「武士道といふは死ぬ事と見付けたり」という言葉が有名な『葉隠』など皇国哲学ばかり。当時を語るもろさわさんの口から、「死ぬために一

10代のころ
着物のための母からの送金は本に消えた

生懸命でしたから」という言葉を何度も聞いた。

六月半ば、故郷の旧制中学校に疎開してきた陸軍士官学校生徒隊本部の筆生《ひっせい》（主に筆写を担当する事務員）に採用された。崇高なイメージを抱いていた軍隊に「死ぬ場を与えられたようでうれしかった」と振り返る。女学校に駐留している学校本部などには女性の筆生もいたが、生徒隊本部はもろさわさん一人だけだったという。地元からの採用は他になく、陸軍士官学校に勤めたのはみんな疎開してきた人たちだった。

「今でも覚えています。田植えをしていたら士官学校の面接に受かったという通知が来たから帰ってきなさい、と言われてね。父や母、一般の人の中で死にたくない。どうせ死ぬんだったら、命を掲げて闘う人……軍隊でみんなと一緒に死んだ方がいいかと思ったけれど、中に入ると違うのよね」

「『神聖なる生徒隊本部に女を入れるとは』という反対もあったと、後から聞きました。採用されたときは全然知らなくてね。事務局は、ともかく事務員が足りないから誰かほしいということで、中学の校長先生が『男並み』と推薦して採用になったようなの」

生きることはどういうことか。答えを求めて、職場に仏教など哲学の本を持ち込み、時間があると読んだ。

「『そんなもの、女が読んでどうするんだ』と、上司が言うのは日常茶飯事だったの。でも、私は生きる救いがほしかったわけね。皇国哲学だけでは満足しない、魂の渇きがあったんでしょうね」

働き始めて二カ月後の八月十五日正午。降伏の詔勅である「玉音放送」は士官学校の校庭で聞いている。

「生徒たちが野辺山に演習に出払って、私は留守部隊だった。教授部の学術の教官たちと、下士官が一人、二人くらい残ったかな。ラジオ一つ持ってきて、校庭で。ラジオはガーガー鳴るし、筆生はいちばん末端でそれを聞き、何を言っているのか分からなかったけど、私は戦局がここまで来たから「一億玉砕しろ」という命令かと思いました。そうすると、みんなキツネにつままれたみたいで。次の日に、どうやら負けて終わったらしいな、と」

上陸する米軍への徹底抗戦を決めた生徒隊本部は、神奈川県・座間の本校への集結を試みる。もろさわさんは上官に直訴した。

「みんな米軍を迎えて死ぬ覚悟だったから、私も「連れていってくれ」と言ったらね、「女だからだめだ」って。今まで男女差別に耐えてきたのに、「国が滅んだ今も男女差別するんですか、人間として待遇してくれませんか」と迫ったのよ。最下級の筆生が、生徒隊の最高司令官である、神様みたいな隊長に啖呵を切ったのよね。ところが、天皇の「陸海軍人への勅語」が出て、彼らはあっけなく帰って来たでしょ。あらゆるものが全部崩壊してね……」

神奈川に行けずに残ったもろさわさんは、上官の命令で軍の資料を何日も燃やし続けた。

二〇二〇年一月、沖縄の「志縁の苑うちなぁ」で話を聞いていると、長野の郷里に疎開してきた陸軍士官学校には、沖縄戦で陸軍第三十二軍を司令官として率いた牛島満の姪をはじめ「エリート中のエリート」が疎開し、勤務していたと教えてくれた。憲兵司令官や、最後の侍従武官長を務めた蓮沼蕃の息子をはじめ、教授部にいた「名だたる人の子ども」である教官らと敗戦直後に合唱もしたという。

「苦労するのは最前線の一般庶民だけで、エリートの人たちの息子たちは安全地帯。敗戦になってやることがないでしょう？　蓮沼少佐はピアノが弾けてね。教授部にいっぱいいた女子の筆生たちを集めて、『君よ知るや南の国』を教えてもらって合唱して……。優雅でしたよ。私は敗戦で混乱しちゃって、「みんな集まれ」と言われて行ったんだけれど……。みんなが歌っているのに歌わないわけにはいかないから、抵抗せずに一緒に歌うけれどもね。特権者というのは、いつでも特権で、そういう意味では育ちがいいから優雅なのね。彼は、敗戦の前の日かなんかに東京で、「親父の所に泊まったんだけれど、何の気配もなかったのにな」と。わが子にも言わなかったんでしょうね」

もろさわさんに「どんな資料を処分していたのか」と聞いてみると、「分からない」と言った。

「ともかく、「燃やせ」と言うから。皇国少女で意識が洗脳されていたし、敵が来るんだから、当たり前だと思った」

ふわりと舞い上がり消える紙片。見上げるもろさわさんの意識は軍国思想に縛られ、すぐに転換できない。精神の拠りどころを失ったからか、発熱が続いた。

「「撃ちてし止まん」とか「鬼畜米英」という言葉が、数日ならずして「文化国家米英」、「民主国家米英」と新聞がたたえるわけです。知性のない父や母を軽蔑していたのに、知性というものはこんなに便利なものかと思って。私はね、いわゆる外からの言葉、外からの情報には流されないで、うじ虫みたいでいいから、自分が見て、手触《てざわ》り、考えて、生きる中で責任をとる。敗戦の実態と対面していく中で、そういう覚悟ができてきたんです」

「新聞のように「これからは民主主義」だと、すぐには変えられなかった。それが体に影響して、ずいぶん熱が出て。医者に行くと「結核の初期かもしれない」と安静を指示されてね。心が定まらなくて、精神崩壊したのね。私自身、そんなに知的に全てを割り切れるわけではないから、悪戦苦闘ですよ。だから私ね、（坂本堤弁護士一家事件、松本サリン事件、地下鉄サリン事件などを起こした）オウム真理教の人たちの心理が分かる気がするのよね。心から信じていたものが壊れたからって「はい、次」とはいかなくて、キリスト教、禅、あらゆる精神の救いになるものを遍歴したのよね」

苦しみの底から、もろさわさんの戦後が始まった。

【戦前の女性の権利】　民法は一九四七（昭和二十二）年の改正まで、結婚した妻は夫の「家」に入ることを規定。女性は結婚すると法的に「無能力」になり、夫に財産を管理され、親権も持てなかった。離婚後も女性のみ再婚禁止期間が六カ月設けられていたが、二〇二一年二月の法制審議会が再婚禁止期間の規定の撤廃と、「離婚後三百日以内に生まれた子は前夫の子と推定する」と定めた「嫡出推定」規定に例外を設ける中間試案を取りまとめるまで続いた。女性に貞操義務も定められ、刑法は一九四七年の改正まで女性にだけ姦通罪を適用。選挙権は二十五歳以上の男性に認められていたが、女性は戦後まで実現しなかった。教育も中等教育は中学校と高等女学校に分けられ、女子には男尊女卑を基調とした「良妻賢母」教育が行なわれた。女子に知的教養は不要とされ、高等教育を受ける機会は制限。大学進学も限られており、東北帝国大や広島文理科大など一部で受け入れたものの入学者数はごくわずかだった。

2 「私たちは一票しか闘う場所がない」
――市川房枝の遺志を継いで

「感慨深いというより、当たり前だと思ったのよね」

初めて女性に投票が認められた一九四六（昭和二十一）年四月の総選挙で、長野県北佐久郡本牧村の実家にいた二十一歳のもろさわようこさんも一票を投じた。当時の思いを尋ねると、予想していた「うれしかった」などとは異なる答えが返ってきた。

戦後初めての総選挙は、全県一区で三人連記の大選挙区制。もろさわさんがいた長野県の定数は十四で、女性の安藤はつがトップ当選した。「戦後すぐのときは、戦前の価値観が滅び、革新ムードがありました」。もろさわさんは候補者が戦中に何をしていたかで判断し、女性だからといって投票はしなかった。全国で当選した四百六十六人のうち、三十九人の女性議員が生まれる。

だが、四七年の総選挙は制度変更も重なって女性議員は十五人に激減し、安藤も落選。女性の衆院議員の割合が四六年を上回るのは、六十年近く後の二〇〇五年まで待たねばならなかった。

戦後間もなく、もろさわさんは実家で農作業を手伝いながら暮らしていた。軍国少女として生きて

1946年、全信州男女青年討論大会に出場した（2列め右から3人め）

きた二十年間で、信じていたもの全てが崩壊し、体調は優れない。生きる意味も分からない。そんな中で人と関わるよりも、自然と対話して生きるための思想をつかみたいと思い描いたが、封建制が色濃く残る農村で「晴耕雨読」は男性のものでしかなかった。

「母親は四十代で、「婦人議員を出しましょう」と、婦人会の役員でいつも夜遅く帰ってきたのね。あるとき、怒ったことがあったのよ。母がいないと、長女の私に全部家事が回ってくる。下に弟が五人いて、育ち盛りでしょう？　食事の仕度で汗を流しても三分くらいでぺろっと食べてしまって。「お母さんは父の妻で、私たちの母、婦人会の役員のどれが優先ですか。あなた方は、戦争中は役場が言ってくると、(国防婦人会として）旗を振って子どもたちを戦場に送って、戦後、民主主義だと言われると婦人議員を出しましょうとやっている。ちっとも自分がなくて、行政から言われるがままにやっている」と母にぶつけたのよね」

この時期、戦前の「良妻賢母」教育に呪縛されていたもろさわさんは、結婚したら女性は妻と母の役割を果たし、家事も担うものだと思っていた。一方、母親たちは初めて参政権を得て、政治参加できるようになり、自由に家を離れられるようになった面もあった。自分の理想通り生活できない悔しさと、女性だから家事を引き受けなければいけないという抑圧は分かっても、母親のそうした自由までは思いが及ばず、戦中と変わらずに戦後も占領政策に沿った「自主的」婦人会活動に励み、「主体性もなく権威・権力に追随してゆく」姿に怒りが込み上げた。（『南米こころの細道』116〜117頁、ドメス出版、二〇〇九年）

母親から「立派な口をきくなら親の世話にならなくなってから言ってください」と返されると、翌日には白米をリュックいっぱいに詰め込んで家を飛び出た。威勢良く言い放った勢いに任せてバスに乗り、終点の街である上田市で自活を始めた。

「歴史的に見れば、女たちは被害者だけれども、先駆的に生きる人たちの足がらみをかける加害者にもなっているわけよ。宮澤賢治が東北の女たちに対して、革命家や芸術家よりも彼女たちは素晴らしい仕事をしているという詩をよんでいます。子どもを産み、育て、隣近所の付き合いをして、あちこちへ配慮して、生産労働もしている。確かにそうだけれど、自分たちの状況を拓こうとする人たちに、足がらみをかけていたのもそういう女性たち。被害性を身に帯びながら、加害者になっている。自分は気が付かないわけですよ」

女性の戦争責任を問う眼差しは、このころには芽生えていたようだ。

戦前から女性参政権を求めて奮闘した一人に、市川房枝さん（一八九三〜一九八一年）がいる。戦後間もなく、「新日本婦人同盟」（後の日本婦人有権者同盟）を立ち上げて、参政権の獲得を推進。実現後も参議院議員となり政治運動をリードした。

1962年の婦選会館完成に合わせて市川房枝さん（中央）と（右から2人め）

もろさわさんは一九五〇年、鐘淵紡績丸子工場の鐘紡丸子高等文化学院の同僚で、後に社会福祉学の第一人者として日本女子大学で教鞭を執る一番ケ瀬康子さん（一九二七～二〇一二年）に誘われ市川さんを訪ねている。この時期、市川さんは戦時中に戦意高揚を図る「大日本言論報国会」の理事に就いたことを理由に公職追放されていた。もろさわさんには苦しんでいるように見えた。

「パージされて、収入もなくて、生活に困っていたはずなんだけれど、私たちが行くと「夕食を食べろ」なんて言って、飼っていたアヒルの玉子なんかを出してくれたの。ところが、私も一番ケ瀬さんも、大きなアヒルの玉子が気持ち悪くて食べられなかったのよね。後で考えたら、先生の貧しい生活に何の配慮もなく、「食べろ」と言われると「はい、はい」って食べていた私たちがいたのよね」

「私たち、本当に若かったから、向こう見ずだったのよね。私、市川先生に「戦前の指導者は博物館行きで、第一線から下りてもらわなきゃ困ります」なんて、堂々と言っていたんだから」

「ところがね、彼女の追放が解除になった途端にね、怒濤のように人が集まってきたの。それで、私と一番ケ瀬さんは「私たち、もう行く必要ないわね」と行かなくなっていったんですよ」

しばらくすると、市川さんから電話がかかってきた。もろさわさんは、といえば、どん底からもう一度自分を見つめ直してみたいと考え、靴売りの行商をしていたころだ。調子はどうかと聞かれ、「全然売れないんです」と答えたという。

市川さんは言った。「そんなに報酬を払えないけど、機関紙の編集をする人がいなくて困るから来てくれない?」

〝女性史研究家〟の誕生につながる瞬間だった。市川さんを会長に戦後最も早く結成された日本婦人有権者同盟の機関紙を皮切りに、女性問題を扱う雑誌『婦人界展望』の編集者として活躍していく。

ただ、ここでの仕事について、もろさわさんは「市川房枝の仕事を、私はお手伝いしている」と思って過ごしたのだと繰り返した。当時の状況を振り返って語るとき、もろさわさんの声のトーンは心なしか低いように聞こえた。

「このとき、本当に自分がだめな女だなと思ったの。「底辺で生きる」なんて、粋がって行商の人の集まりに行ったでしょう? 私が予想していなかった混沌の中をみんな生きているわけです。ところが、市川先生から電話がかかると、ほいほいとそこから抜け出して行っちゃう自分がいたわけ。そういう自分をすごく軽蔑したのね。お前、言葉だけで「底辺で生きる」と言ったって、生きられなかったじゃないかって。心の底では、私はどこに行ってもだめなんだわって思って。自分の羅針盤に沿って行

1961年、『婦人界展望』の編集者として平塚らいてう（右）を訪ねる

ったところで、みんなつまずいて。そのコンプレックスは、市川先生のところに行ってもずっとあってね」

行った先では、市川さんに讒訴《ざんそ》して編集長にしてもらったと言われるなど、嫉妬の標的にもなった。後に文部大臣になる赤松良子さんや画家の大谷久子さん、劇作家の米倉テルミさんら、友情は外に向かっていったが、市川さんとのやりとりは長く続いた。

「市川先生は外連味《けれんみ》がないし、同じ百姓育ちなのよ。都市育ちの人と、大地を耕して育った人のメンタリティーは違うのね。その親近性はありました。でも、婦人有権者の集まりは、全国各地の支部だって地域における名流婦人ばかりでしょ。私のしたいこととは違う。でもね、他にいるよりも……。生きた女性史に巡り合うことができた場所でしたからね。それこそ平塚らいてうさんは来るし、富本一枝、尾竹紅吉、神近市子、生田花代……。右から左までのあらゆる歴史上に名を残す女性たちがみんなあそこに来て、とっても魅力的だったのよね」

二人の深い信頼関係は、もろさわさんの初めての著作『おんなの歴史』の上巻（合同出版、一九六五年）のカバーのそでに市川さんが寄せた文章からうかがえる。

「私は彼女が私や私の周囲の人たちの持たない、「異質」なものをもっていることに気がついた」

「自分の不幸さえ自覚できない農村や工場の女性たちと、最高の知性との双方に接点をもちながら、女の生き方、人間のあり方の問題をあくまでも彼女自身の内面的葛藤を通じて追求し、彼女たちに堅固でふくよかな内面をあたえてきた、というのが「もろさん」のすがたのようである」

「私自身、彼女の考えに賛成であるというより、彼女に教えられた点が少なくなかった」

親交は続く。一九八一年一月十五日夜、もろさわさんは市川さん宅にいた。話は尽きず、帰宅は深夜になった。その翌日、市川さんは「胸が痛い」と救急搬送されて入院。二月十一日にこの世を去った。

「こっちもしゃべりだすと止まらないし、向こうもしゃべりだすと止まらないから、行くといつまでも話が尽きないのよ。一月十五日の成人の日も、私も原稿があるし、帰ると言ったけど無理に引きとめられて、つい終電くらいまでいついちゃって。今の私で考えると、あなたの年齢だった私と先生では疲労度が違うわけ。でも、つい話しちゃうわけでしょう？　先生が話し終えて寝室に行くとき、（養女の）ミサオさんに「疲れたよ」と言ったたって。そして、翌日に……」

「途中で切り上げれば、長居しなければ、先生は倒れずに済んだかもしれない、私が殺したようなものだと思っちゃって、一年くらい罪意識の中で苦しんだけれど……。悔やんでもしょうがないから、先生が思っていたような生き方をすればいいか、と。〝日薬《ひぐすり》〟というやつよね。そのときはつらかったけども、人間って生きていると、次々何かが起こるじゃない？　そうすると、起こったものに対処していかないといけないし……。宿命だった気がしてね」

市川さんが思っていたような生き方とは、反戦を拠りどころに選挙権を行使しようというものだ。「市川先生は、男性がいろいろな理屈をつけて戦争を肯定しても、女性はどんな理由があろうとも戦争は嫌だと結集しようと訴え続けました」

満州事変当初、戦争に反対した市川さんだったが、当局ににらまれないで女性参政権の獲得運動を続けていくため、戦争協力に転じた。その反省を、戦後の生き方で示そうとしたありようは、軍国少女だったもろさわさんの戦後の決意とも重なる。

初めて私がもろさわさんに取材した二〇一三年五月の記録を読み直すと、市川さんの戦争責任についてこう話していた。

「あの人はばか正直だから、戦争中のことを洗いざらい全部書くわけ。ところが、もっともっと重要なことをしていた人たちは何も書かない。そういう点で、私は市川先生が好きなのよね。やり玉に挙げられたけど、批判する人たちの生き方は、先生の生き方と重ね合わせてどうなの、と。新約聖書でイエスが「あなた方の中で罪のない者が、まずこの女に石を投げ付けるがよい」と言っているけど、みんな人間としては罪人なのよ。その後の生き方で示さなければならない。そういう意味では見事でした」

「イギリスなどでは女性が第一次大戦に協力し、その後に参政権を得ていますから、そういうことも戦術の中にあったと思います。ラジカルな社会変革者ではなく、プラグマチストとしての女性解放運動者でしたからね」

それから五年後の二〇一八年。市川さんは、もろさわさんが軽蔑していた「文化人」ではなかったかと改めて聞いた。

「彼女はちょっと違うんですね。文化人は言葉だけだけれど、彼女は現場に身をさらしていたの。英国の婦人参政権は第一次大戦後に女性たちが戦争に協力したため獲得できた。だから、市川先生も戦争に協力した。この戦争が終わった後は婦人参政権、と。ともかく、彼女の頭には婦人参政権しかなかったの」

舌鋒《ぜっぽう》鋭いもろさわさんのことだ。深い交流があっても、是々非々で向き合う態度は誰が相手でも変わらないと思っていたら、『おんなろん序説』（未來社、一九八一年）に収録されている「市川房枝と山川菊栄」と題した論考にこんな一文を見つけた。

「戦中、房枝がファシズムに抵抗しながらも、戦争協力の道を行ったのは、男にかわっての女たちの職場や社会への進出が、封建的差別からの脱出口であると信じていたからだが、階級的視点を欠落させるとき、木をみて森をみないつまずきにおちいることを、彼女のあしあとはあきらかに示している」（169頁）

文章はこう締めくくられている。

「思想・信条のことなる婦人団体を、男女差別反対と、平和を守る二点において連帯を組ませ、束ねる役割りを果してきた房枝が逝ったいま、女たちが小異を言いたてて連帯をくずすならば、よろこぶのは、女たちを分断して戦争への道を歩もうとする政治勢力と、男女差別をよしとする資本の側である。私たちはこのことをしかとみすえ、反戦と差別反対の女たちのたたかいを、連帯の輪をさらにひろげて展開、亡き先輩への手向けとしたい」（同前）

ここにも反戦を拠りどころに選挙権を行使するという抗いが通底している。

出会ったころから、もろさわさんと選挙の話をするたびに、「有権者は女性のほうが男性より多く、戦後政治の責任の半分以上が女性にあります」と聞いてきた。

例えば、一七年に実施された総選挙。もろさわさんの出生地である長野県内の投票率は六〇・四％で、戦後二番目の低さだった。有権者数は女性が男性を五万人余り上回るのに、投票率は男性を下回り六割を切っている。一九年に行なわれた参院選挙も同じ傾向で、全国的な投票率も有権者数は女性が多いのに投票率は男性を一ポイントも下回っていた。

もろさわさんが一票を手にして七十年余り。どこにいても投票を欠かしたことはない。腰椎の圧迫骨折の療養中だった一九年四月の統一地方選も、大腿骨を折って入院中だった同年七月の参院選も、一票を投じた。

「私たちは一票しか闘う場所がないのよ。男女、階層、学歴……。あらゆる点で格差があるけれど、選挙権に格差はありません。安倍さんも一票なら、私も一票。あなたも一票。選挙でしか闘えないじゃない」

市川さんが亡くなったときの取材に、「彼女の遺志を継ぐのは日本中の女性です」と答えたもろさわさん。今もそう思っているのかと聞いてみたら、「もちろんです」と力強くうなずいた。

【女性の参政権】 二十五歳以上の男性に限って選挙権を認めた普通選挙法が成立する前年の一九二四（大正十三）年、対象外となった女性たちが参政権を求める「婦人参政権獲得期成同盟会」を結成。市川房枝らが理事となった。二五年に「婦人参政権建議案」が衆議院で可決されたが貴族院で否決され、戦前は実現しなかった。戦後すぐに、市川らによる「戦後対策婦人委員会」が女性参政権を要求し、ＧＨＱ（連合国軍総司令部）の五大改革指令にも女性参政権が盛り込まれた。四五年十二月の法改正で初めて認められ、翌年四月の総選挙で実施された。

3 「憲法ができて七十年余り、絶望的な状況」
——不戦の誓い、理念を生きる

仕事はどうでもよくなっていた。ときは一九六〇（昭和三十五）年六月十五日、東京・国会前。日米安保条約改定に反対する数万の人が全国から集まり、市民グループ「声なき声の会」の中に、女性問題を扱う雑誌の編集者として働いていた三十五歳のもろさわようこさんはいた。

単独者として何事にも対峙してきた印象が強かったので、グループに属していたことが意外だった。そう尋ねると、「声なき声の会」は、組織からの動員ではなく、それぞれの判断で自発的に国会へ駆け付けた人たちによって自然発生的に生まれたもので、同志的な連帯が成り立っていたのだという。

夕方、改定に賛成の右翼の集団が角材を振り回してデモに殴り込み、トラックが別のデモ隊に突っ込む。状況が分からなかったもろさわさんは、流れ解散の指示に従ったが、異様な雰囲気を肌で感じていた。

この日、改定に反対する全学連の学生ら約七千人が国会突入を図ろうとして機動隊と衝突。東大生の樺美智子さんが死亡する。多数の負傷者と逮捕者が出た翌日、もろさわさんはグループ代表の哲学

誰でも自由に参加できたデモ
両沢葉子
その日夕方近く、私は国会の正門近くの歩道にいた。梅雨雲が空を覆っているが、雨にはならないデモ日和だ。空が灰色なので赤旗の波が、よけい際だって美しかった。組織にもグループにも籍のない私は、秩序正しく行進してくるデモの列へ野良犬みたいにまぎれこむわけにもゆかず、安保反対、岸退陣、国会解散の要求をプラカードや鉢まき、腕章などにそれぞれおもいをこらして来るデモの人達へ、励ましの拍手をおくるほかなかった。官公私立各大学の教授団がずいぶんと長い列で、

組織の動員ではなく自発的に生まれた「声なき声の会」について書いた（『思想の科学』1960年7月号）

者鶴見俊輔さんに「一番大切なときに現場を離れる指示を出したのはおかしいのではないか」と詰め寄った。

十九日午前〇時。改定条約が自然成立する瞬間は、首相官邸近くの路上で迎えた。

もろさわさんの戦後を生きる柱は反戦にある。

「戦争（推進）の旗を振っていた文化人は敗戦でガラッと態度が変わり、「文化国家米英」とたたえ、民主主義を唱えだしました。だけど、文化人の言葉を信じて、戦争に命を懸けた自分を省みると、私も担った一人。人を断罪する前に自己検証しなければ、と苦しみました」

そして、他人の言葉は信じないという考えに到達する。美しい言葉も、中身を検証しないうちはうなずかない。そうしなければ同じ過ちを再び犯してしまう——。「単独者として生ききる自分の「生き位置」を決めたんです」

その道しるべの拠りどころになったのが一九四

七年施行の日本国憲法だった。再び戦争を起こさないと決意し、不戦を誓う。「『戦争は否定できるんだわ』と、本当に開眼したのよ」。当時を思い返す声が弾む。

しかし、それから三年後の五〇年八月、朝鮮戦争を背景に警察予備隊が発足。保安隊に改組され、自衛隊に発展した。国会に諮られることなく再軍備に舵が切られ、旧日本軍の大佐以下の将校の追放が解除されて幹部として迎え入れられた。

「日本で再軍備がどんどん進められている中で、これだけの人が蜂起して抵抗した六〇年安保に最初は励まされたの。民主主義が根付いていたんだわ、と。十年後の改定に向けて同じ闘いを続けて、そのときこそは」と希望が広がったが、その秋の総選挙で自民党は圧勝。深く絶望した。

憲法九条への思いについて、那覇市で二〇一九年三月三日に開いた講演会でもこんなふうに語っている。

防衛費が増加傾向にあった一九八〇年。都内で開催した女性たちの集会で、もろさわさんは戦争につながる政策への反対を訴える。その主張が報道されると、スポンサーの苦情で民放の正月番組から降板を求められた——。「そのとき、私は言いました。『戦争をうなずいてテレビに出演するよりも、戦争を拒否して降ろされるのは光栄です』と」

東日本大震災後に、特定秘密保護法や安全保障関連法が立て続けに強行採決され、規制が強まる二〇一〇年代。この動きが、関東大震災後に治安維持法が制定されて戦争に進む一九二〇年代の雰囲気と似ていると表現されることは少なくない。

その時代を生きたもろさわさんはどう感じているのだろうか。

「まさに戦前です。でも、その道筋は今さら始まったわけじゃない。警察予備隊ができたときから権力の側は着々と今日の路線を引いてきたのです」

カエルを熱湯に入れればすぐ飛び出すのに、徐々に熱すると変化に気付かず死んでしまう「ゆでガエル」と同じ状況なのだと、もろさわさんはことあるごとに指摘し続けてきた。

「憲法を踏みにじって既成事実を積み上げ、現実と押しつける。その現実に合わないからと改憲を迫る。憲法は危機状態です」

歴代政権が認めてこなかった集団的自衛権の行使を可能にする憲法解釈の変更を、安倍晋三内閣が二〇一四年七月に閣議決定して七年。自民党の二〇年の運動方針には、憲法改正について「改正原案の国会発議に向けた環境を整えるべく力を尽くす」という決意が前面に打ち出された。既に、九条への自衛隊明記を含む四項目の改正・追加案をまとめている。

自民党の改憲草案をどう受け止めているか、もろさわさんに聞いたことがある。

もろさわさんが社会の基本と訴えている人権保障の基本原則を定めている条文のうち、第十二条「この憲法が国民に保障する自由及び権利は、国民の不断の努力によつて、これを保持しなければならない。又、国民は、これを濫用してはならないのであつて、常に公共の福祉のためにこれを利用する責任を負ふ」の二文目が、改憲草案では「国民は、これを濫用してはならず、自由及び権利には責任及び義務が伴うことを自覚し、常に公共及び公の秩序に反してはならない」とされていた。

「近代に入って人間が獲得してきた文化の中で一番大切な人権という思想や、自由、平等が、今の憲法の基盤になっています。改憲草案は、人間の基本的人権に根差さず、いかに支配するかという発想で作っているわけでしょう？　基本的人権としての人間はそこにいないわけですよ。家父長制を補完し、大きくしたアナクロニズム（時代錯誤）以外の何物でもない」

「かつて、女が男と平等と言ったらフランスではギロチンにかけられたでしょう？　平等を言った人間がみんな歴史の中で、権力の側から虐殺されているんですよね。そうして獲得した人権や平等、自由が、何百年か後、私たちのところまで届いてきた。人権や自由の中身は何なのかと問い、闘ってくれた人たちの歴史を受け継ぐのが私たちの責任だと思うわけです」

「憲法ができて七十年余りを経て、ますます絶望的な状況になっています。それでも一筋の光として、まだ憲法はある。大海の墨汁の一滴みたいでも、生活の場や自分の居場所で憲法（の理念）を生きるしかないんですよ。九条と相対して、自分がどうするかですよ」

【憲法九条を巡る近年の動き】自民党は、野党だった二〇一二年に憲法改正草案を独自にまとめ、自衛隊を「国防軍」とし、「自衛権の発動を妨げない」と明記した。自民党が与党となり、政府は一四年に従来の解釈を変更し、集団的自衛権の行使容認を閣議決定。これを受けて安全保障関連法が成立したが、各地で違憲訴訟が起きている。安倍晋三首相（当時）は一七年五月三日の憲法記念日に、九条を維持した上で自衛隊の存在を明記する文言の追加を提案。自民党は二〇年の運動方針で「改正原案の国会は次に向けた環境を整えるべく力を尽くす」と掲げ、改憲を目指す動きを加速させている。一方、一四年には文学者の大江健三郎さんらが発起人となって「戦争をさせない１０００人委員会」が発足、改憲を阻止する行動を展開している。

4 「男女差別が日常の生活文化に」
――百年前から変わらない問題

原稿用紙の前に座るのは午前中だけ。精根尽き果て、午後は資料を読み込む。そしてまた、原稿用紙に向かう毎日だった。

もろさわようこさんは一九六六（昭和四十一）年六月十七日から郷里の長野県を中心に発行する地方紙・信濃毎日新聞で「信濃のおんな」の連載に取り組んだ。文献を基に実存的に考察した『おんなの歴史』（合同出版、一九六五～六六年）を読んだ新聞社の文化部からの依頼だった。地域女性史は七〇年代から増え始めるため、当時、通史としてまとまったものはまだなかったという。

原稿用紙五枚を週二～三回。古代から現代にわたる長野県の女性史は、名を残した人だけではなく、市井の女性たちの生涯にも迫る。連載は当初半年の予定だったが、読者の支持を得て六八年八月十五日まで二百五十二回に及んだ。初めは三、四回分の原稿をまとめて郵送し、挿絵の切り絵作家のもとに回されていたが、やがて一回分ずつになった。挿絵の作家に原稿を回す時間がなくなると、もろさわさんが電話で直接説明し、想像で描いてもらっていたという。

「信濃のおんな」は 1966 年〜 68 年に信濃毎日新聞に連載された

「「信濃のおんな」を書いたことで、私が変革されました。一人一人、生身の人を訪ねて対決していったでしょう？　この人たちに人間性を鞣《なめ》されたと思う。普通だったら出会えなかった人にも出会わせていただきました。そのときは書くのに精いっぱいだったけど、私の思索の原点になっている」

準備は、長野県内の図書館や国立国会図書館に通うところから始まった。著書『わが旅……』（未來社、七六年）によると、信州に関するあらゆる文献を読み、そこに登場したゆかりの女性たちを、一人ずつカード別に記録して名簿を作成。それを時代別に整理し、一覧表を作って取材先を検討した。

「発想が湧かないから、近現代も、古代も、現場は全部行きました」と、私のインタビューには答えていたが、書き流された文献には間違いも多く、すべて現場に当たることを自らに課していたようだ。「ことにあたって労を惜しまないこと。それを基本的な身構えとして」取り組んだ（以上、186〜187頁）。ここに信州人特有の生真面目さがあるように、私の目には映った。その五年余り後に出版された『おんなろん序説』（一九八一年）収録の文章でも「刻苦勉励（心身を苦しめて仕事や勉学に励むこと）が信州人の特色であることは、『信濃のおんな』をたずね歩いたとき、わが身のありざまと重ねあわせて苦笑しながらうなずいたことがある」（216頁）と書いている。

新幹線も高速道も長野県には開通していない半世紀前、住んでいた東京との往復は決して容易ではなかった。体が弱く、打ち合わせで訪れた長野市の信濃毎日新聞社で倒れてしまい、少し休んでから大逆事件で処刑された埴科郡屋代町（現千曲市屋代）出身の新村忠雄（一八八七〜一九一一年）の生家に取材に行ったこともあった。現在なら車で一時間もかからない距離だが、当時はどうだったのだろうか。何が、もろさわさんを急き立てたのか。

「私が書き残さなければ、女性たちの本当の姿が浮かび上がらないという使命感ですよ。「せめて、これを書き上げるまでは命がほしい」と、毎回、遺書のように書きました。ここまで生き永らえちゃいましたけど！」

私が突っ込みを入れるより早く、言い切らないうちから自分で笑い始める。

「取材対象に愛情が湧かないと全然執筆できないのよね。ところが、どうしても愛情が湧かない人もいるわけよね。それでも、自分と重なり合う場所はどこだろうと考え、感情移入して書くことで鍛えられました」

「私もそうですが、唯我独尊的な信州人のメンタリティーを丸出しにした方が少なくなくて、多かれ少なかれ強烈な自我の持ち主でした。忘れがたい人と言って、まず思い出すのは歌人の四賀光子さん。

太田水穂（歌人）の妻ね。何て言うのかな、自分を押し出さず、相手に労り深いの。同じ歌人の若山喜志子さんが（一九六八年八月に）亡くなったときも、光子さんがとてもあたたかい思いを手紙に書いてくれた。控えめで、自分を売りだそうというのは全然なくて、水穂の妻ということで世の中に出ることは彼女にとって恥ずかしいことだったみたい。とても人柄がやわらかくて、模範にする人だなと思いました」

諏訪市出身の小説家、平林たい子さんの名前も懐かしい人として挙がった。一九〇五（明治三十八）年に生まれ、長野県立諏訪高等女学校を卒業後に上京し、電話交換手など職を転々としながらプロレタリア作家として出発する。市川房枝さんとも交流があり、もろさわさんも面識があった。

「自分を売り出したり、人にどう見られたりするかなんて一切考えないで、言いたいことをずばずばっと言う正直な人でした。市川先生の最初の選挙は、「出たい人より出したい人を！」と、有権者に押されて出て、公的なもの以外は演説もしない理想選挙を実践したの。みんなで手分けして推薦人を頼みに行くことになって、私は平林さんに頼みに行ったの。そうしたら玄関で「そんな選挙するのは、だめだめ！　今は石けんだって化粧品だって、宣伝すれば中身はどうであろうと売れるんだから、もっと現代的にしないとだめよ」って。推薦者になることはうなずいてくれたけど、工夫しなきゃだめと言ってくれて。選挙の応援演説に来てくれたり、能登半島の内灘闘争の女性たちが婦選会館に陳情に来たときは彼女も来て、「いま、私、これだけしか持っていないから、これだけ置いていくわね」とカンパもしてくれたりしてね。自主的に生きてきた女の一つの典型だったし、なりふり構わず正直に生きてきている点でとても共感しました」

幼いころに憧れた、医師で戦後初の女性代議士竹内茂代さん（南佐久郡川上村出身）は、「信濃のおんな」連載二年目の一九六七年秋に扱っている。竹内さんは一九〇二（明治三十五）年、東京女医学校（現東京女子医科大）に入学し、六年後に医術開業試験に合格。その祝賀会で、ある来賓が「女医亡国論」を唱え、まるで討論会のようになってしまった。もろさわさんはこのいきさつを取り上げた。

二〇一八年は東京医科大をはじめ医大入試で、女子や浪人生の得点を操作し合格しにくくしていた差別が発覚し、社会問題になった年だった。

「百年前から変わっていないんですよ。一九六〇年代には男たちから「女子学生亡国論」が出てきます。女は社会で活躍できるポジションに就けないから、大学に入ってもしょうがないという論理です。今の問題とまさに同じですよ」

近年、女性の権利を考える上で大きな転機を迎えている。米ハリウッド映画界のプロデューサーによるセクハラ行為への告発から始まり、性暴力や性的な嫌がらせの被害を告発する「＃ＭｅＴｏｏ」運動が世界的な社会現象に。日本でもセクハラ疑惑で財務事務次官が辞任し、女子大生を性的にランク付けした週刊誌の記事が批判を浴びた。一九年春に性犯罪を巡る裁判で無罪判決が相次いだことから、性暴力に抗議するために始まったフラワーデモも全国的な広がりを見せている。

「男が女を踏み付けているのは男自身には見えないし、女自身も踏み付けられていると思わないで、そういうものだと受容している。男女差別が日常の生活文化になっているから気が付かない。それが、やっと女たちが自分の問題として声を上げられるようになってきた。やっと、やっとよ」

「歴史はすぐに動かないで、地下水みたいにあっちからもこっちからも寄り集まってきて泉になっていくでしょう？　十年、二十年ではなくて、百年、千年のスパンで考えれば、絶望することはありません」

戦後、男女平等など基本的人権を尊重した憲法が制定され、住む場所や結婚相手など、家長（戸主）の許可が必要だった家制度は民法改正で廃止された。女性の社会進出は進み、権利と地位は向上してきたように見える。

だが、もろさわさんは、第一条で男系男子に皇位継承を限った皇室典範によって、天皇家に「家制度がそのまま温存」されていると指摘し続けている。男性の地位を保障した戦前の封建的な家制度、家督相続を残したままの天皇家の在り方が規範となっているため、「国民から男中心の生活習慣や意識がたやすくなくならない一因になっています」と断言する。「男女差別はまだ法律の中にいろいろ影を落としています」

医科大学の入試で男女差別が明るみになった二〇一八年、男女の候補者数をできる限り均等にすることを目指すと規定された「政治分野における男女共同参画推進法」が施行された。しかし世界経済フォーラムが経済活動や政治参加など各国の男女格差を測る「ジェンダー・ギャップ指数」で日本は二一年、百五十六カ国のうち百二十位だった。

「これまでと同じ権力構造の中で、生産性本位の発想で制度改革して満足しちゃったら、女が矛盾にうなずき、矛盾の拡大に力を貸すことで、何もクリエイティブなものは出てこない。制度は絶対ではないし、理想とする姿も画一ではなく、多様でいいと思うんです。ただ、私たちはいきなり理想に到達できないから、その足掛かりとして制度的な平等は必要条件です」

【戦後の女性の権利】　一九四五（昭和二十）年の衆議院議員選挙法改正で女性に参政権が認められ、四六年四月実施の衆院総選挙で行使される。四六年公布の日本国憲法は第二十四条で男女平等を掲げた。四七年には家制度や姦通罪が廃止。六〇年代後半から七〇年代前半に欧米や日本など「先進国」で同時多発的に起きたウーマンリブ（女性解放運動）の盛り上がりなどが、七五年の国際女性年と世界女性会議の開催、七六年からの「国連女性の10年」につながり、女性の権利向上の機運が高まった。日本では八五年に男女雇用機会均等法が成立、国連の女性差別撤廃条約を批准した。均等法は改正を重ね、セクシュアルハラスメントやマタニティーハラスメントの禁止も盛り込まれている。ストーカーやＤＶなどを規制する法律が生まれ、二〇一七年には性犯罪を厳罰化する刑法が改正。一八年の政治分野における男女共同参画推進法は、男女の候補者数ができる限り同じになるよう求めている。

5 「基本的人権、生き得ていない自分に気付いた」
――部落問題、人間解放の原点

話しながら、励まされる思いがした。一九七二（昭和四十七）年四月十六日、四十七歳のもろさわようこさんが長野県下高井郡山ノ内町で開かれた部落解放全国婦人集会の舞台に立つと、三千を超える参加者の熱気に包まれた。

「部落解放を言う人が男女差別をしていないか、女の解放を言う人が部落差別をしていないか。その人の人間解放の思想を知るには、部落と女の問題がリトマス試験紙になります」

講演が終わると会場から拍手が湧き上がり、もろさわさんも思わず手をたたいた。

差別を巡る一連のもろさわさんの言動は、各地の被差別部落の女性たちを勇気づける。部落差別に基づく冤罪と訴える狭山事件で第三次再審請求中の石川一雄さん（八〇、埼玉県）の妻・早智子さん（七一）も「感銘を受けた」一人だ。

高校入試では、「ムラの先生」（被差別部落出身の教師）が両親に本籍地を変えるように助言して、地区外に本籍地を移して受験。「今住んでいるところを書くのはマイナスなんだな」。そう感じた。高校三年生のときには就職差別を受けた。進学や就職、結婚という人生の節目に差別が現れた。

「職場では出身を隠していました。今から五十年も昔だからね。「部落の人はにおいで分かる」とか、いろんな差別発言をいっぱい聞いて、この職場を辞めたい、死にたいと思ったこともいっぱいあった」

職場での差別を機に部落問題に取り組み始め、故郷の徳島にいた一九九〇年ごろから、もろさわさんが呼び掛けて長野県に開設した「歴史を拓くはじめの家」に通った。

「もろさわさんと初めてお会いしたのは、徳島の部落解放地方研究集会で講演された三十年以上も前。印象に残っていたのは、女性だから差別されているとか、部落の人だから差別されているとかではなく、部落の人が女性にはどうか、女性が部落の人にはどうか、一人の人間として障害者に対してどうか、という提起があった。本当にそうだ、と」

とりわけ、そこで初めて聞いた「リトマス紙」という言葉は、「自分を省みる指針」のようなものとして心に刻まれた。信州の「はじめの家」への初参加は電車で、二回目からは仲間たちと車で、片道七時間半ほどかけて向かった。

「もろさわさんはこんなことも言ったんよ。市会議員の方が「女性だから自分は出た（立候補した）んだ」みたいなことを言うと、（もろさわさんは）「女性だからって、あなたを応援するわけではない。志だ」と。私が来る所ではないような気がして打ち解けられなかったけど、帰ってくると彼女の一つ一つの言葉が思い出されて、もう一回行ってみようかな、と思う。ただ単純に、もろさわさんに会いたいという気持ちだった」

もう一つ印象に残っている言葉として「一雄さんは太陽で、早智子さんは月」がある。何年も意味が分からなかったというが、その言葉には深い意味があったと噛みしめるように言った。

「私自身は、ほんまに下を向いて、唇かみ締めて、涙をこぼしても「泣いているのは、もしかしたら部落だからかな」と思われたら嫌だから、いろんなことをぐっと我慢していた。そんな私が、狭山事件について勉強するようになって、石川一雄のメッセージに出合って。字を知らなかった彼が、血のにじむような努力をして字が書けるようになった。刑務所が学校で、刑務官が先生。そんな環境でめげずに自分を取り戻した。めげていても差別はなくならないんだ、立ち上がれというメッセージに、私は頑張れる、もう隠さないと思った。私は私なんだって。これから一生懸命、運動しようと思って、生き直しができたのよね」

「もろさわさんは、石川さんが太陽で、太陽の光によって、逆に月が輝きを増して、両方が輝き合っていると言ってくれたんよ。私は、一雄さんの輝きによって、自分の輝きを取り戻した。お互いが照らし合う関係なんだ、と」

もろさわさんは、日本の社会経済、文化体制こそが同和問題を存続させ、部落差別を支えているとした同和対策審議会答申が六五年に出た翌年から、信濃毎日新聞に連載した「信濃のおんな」を通じて部落問題に向き合い始めた。人間の在り方は社会の仕組みで規定されるため、女性差別と部落差別の根は同じと指摘する。

「部落の女たちの差別に対する毅然とした闘いぶりを見て、自分も変わりました。そのときに思ったんです。部落の女たちの解放がなければ、女たちの本当の解放はない」

その取材を進めるうちに苦い記憶がよみがえる。

「お遊戯のときに手を握ってくれなかったとか、その方たちの悲しみを聞いているうちに、自分もそうしたことを思い出したんです。小学四、五年のころかしら。お遊戯のときに部落の子の手を握れない私がいた。私が入学したときにはね、母が同級生の名前を見て、部落の子がいたから、いないクラスに変えさせたみたいなの。教頭が受け持った組には、部落の子どもがいないから、母がそっちへ移しちゃったのよ。入学式のとき、いつまでたっても、母が職員室から帰ってこなくて……」

「皆さんの悲しみを聞いているうちに、何て認識不足だったんだろう、と。無意識に、差別と思わないでしたことが、受けるほうには差別だったんです」

幼いころから周りに差別があったはずなのに、差別する側にいたから問題に出合わなかったと痛感した。取材で出会う人たちが傷ついたことに、かつて自分がしていた記憶と重なった。

「母は戦後、婦人会の役員をしているときにその考えが変わってね。部落へ入り込んで婦人会もつくった。母が役員を辞めたときは「おばさんが辞めるなら、自分たちも婦人会を辞める」と言われたみたいで、「慰めてきたんだよ」と話していました。部落解放の運動や、問題がマスコミに取り上げられる中で、意識を持つようになっていった人もいたけれども、差別意識がなくならない人はもちろんいる。立派な解放理論や常識は言うけれど、一緒にされては困るって。だからね、私が部落に住民票を移したときは……」

もろさわさんは二〇一〇年に高知市に住民票を移したときの顚末を詳しくは語らなかった。

「はじめの家」が一九八二年に開設されて間もなく、もろさわさんの講演に感激した部落差別に立ち向かう女性たちが高知市から参加。長野県内で同じように闘う女性たちも加わり始める。

問われる出来事があった。九二年に開かれた十周年のつどいのときのことだ。前年の記録集に「（参加者は）実にさまざま、宝石も砂利も一緒くた」と書かれたもろさわさん宛ての私信を掲載すると、波紋が起こる。人間性の「玉石混交」と捉えて載せたつもりだったが、人を選別する自身の不遜さを批判された。

「「玉石混交」は日常で使う言葉だったでしょう。私はあの言葉をあまり深刻に捉えないで、人間性として捉えていました。被差別部落出身の人は玉は一般で、石は自分たちと、自分に引きつけての敏感さがあったと思いますけれど、私は人間を、そういうかたちで区分けするのはおかしいということに、そのとき「なるほど」と気付かされたんです。部落の人たちが味わってきた痛みを心と体で分かっていなかった自分が見えて、基本的人権（の尊重）を知識で説いても、生き得ていない自分に気付いた」

何げなく使う言葉に加害性が潜み、無自覚に傷つけてしまう――。それを鋭く突きつけられるからだろうか。

「女性や沖縄の問題までは抵抗がないけれど、部落問題にアプローチするようになってから、（理解があると）期待した人たちが離れていきました。自分たちが取り組むべき問題ではないと思うのね」

二〇一六年施行の「部落差別解消推進法」は、第一条に「現在もなお部落差別が存在」し、その差別は「許されない」と掲げる。いまだに深刻な差別はあるのだろうか――。私はそう思っていた。もろさわさんを通じて出会った女性（六六）から子どもが結婚差別に遭った話を聞き、頬を殴られるような衝撃を受けた。ただ自分が知らずにいただけだった。この話は第二章に詳しく記す。

一五年に長野県が公表した「人権に関する県民意識調査」を調べると、同和問題についてこんな項目があった。結婚していない子どもがいる人向けに、「あなたのお子さんの結婚しようとする相手が、同和地区の人であると知った場合、あなたはどうしますか」と尋ねたものだ。

回答した四百七十人のうち、「賛成し、協力する」が六・六％、「子どもの意志を尊重する。親が口出しすべきことではない」が五五・一％に上った一方で、「家族や親戚の反対があれば、結婚を認めない」が一・五％、「絶対に結婚を認めない」が一・三％と、「親としては反対」「認めない」が二割弱あった。ただ、それ以上に気になったのは「わからない」が二〇・四％を占めたことだ。「わからない」ことは、私がそうだったように、ただ知らないだけ、無関心ということなのではないか――。

この調査結果について、もろさわさんと話していたとき、「結婚を認めない」が二割近くに上ったことについて「少ない方よ！」という言葉が返ってきた。「そうですか？」と聞くと、「実際にそうなったらもっと多いと思う。ひどいですよ。長野県ばかりじゃなくて、それは全国的に」ときっぱり言い切った。

同じ調査で、結婚していない人向けの「あなたが同和地区の人と恋愛し、結婚しようとしたとき、家族や親戚から強い反対を受けたらあなたはどうしますか」という質問もあった。回答で最も多かったのは、「わからない」の四〇・五％。「親の説得に全力を傾けたのちに、自分の意志を貫いて結婚する」は三二・六％、「自分の意志を貫いて結婚する」は二〇・〇％と続く。「家族や親戚の反対があれば、結婚しない」は四・七％、「絶対に結婚しない」は二・一％だった。

二〇一九年には国政選挙の候補者が被差別部落への差別を助長する発言をしたことが判明し、立候補を取りやめた。ネット上で差別をあおる書き込みや誹謗・中傷は絶えない。もろさわさんは言う。
「在日の人に対するヘイトスピーチなど、意識の面で差別は大いにあるんです。これから増える外国人技能実習生に対しても、そう。偏見に基づく差別意識が生活文化の中で培われてきましたから、今までの自分を解体しなければ向き合えない。部落の問題はあらゆる差別をなくす原点になると、私は思っています」

【部落差別（同和問題）】歴史的過程で形作られた身分差別により、一部の人々が長く経済的、社会的、文化的に低位の状態を強いられ、結婚や就職などで差別を受ける人権問題。インターネット上に特定の地域が「部落」（同和地区）と掲載されたり、被差別部落の地名の掲載本がインターネット・オークションサイトに出品されたり、社会的差別や偏見は解消されていない。二〇一六年に「部落差別解消推進法」ができ、これを踏まえた改正条例が福岡県で、新しい条例が奈良県で一九年三月に施行された。埼玉県狭山市で一九六三年に女子高校生が殺害された狭山事件は、部落差別に基づく冤罪事件として石川一雄さんの無罪を求める運動が展開されている。

6　「歴史を拓くはじめの家」宮古島の祖神祭との出合いから
——愛と祈りに未来への希望

わずかに残った雨が、少しずつ上がっていった。二〇一九年三月三日午後、九十四歳のもろさわようこさんは那覇市で講演会に臨んでいた。沖縄県での、おそらく最後となるだろう講演には八十人ほどが詰め掛け、準備していた椅子だけでは足りず、後から後から並べられた。

来歴や信念、沖縄との関わりを語ること一時間二十分。話が進むにつれて青白かった顔に赤みがさし、力がこもっていく様子は、六日前まで腰椎の圧迫骨折で入院していたとは思えなかった。

「「歴史を拓くはじめの家」をつくろうと思ったのは、宮古島の祖神祭《ウヤガン》との出合いからでした」

軍国少女だった反省に立って歩み始めた戦後は、言葉に裏打ちされた生き方をする——。そのはずだったのに、信濃毎日新聞の連載をまとめた『信濃のおんな』（未來社、一九六九年）が一九六九年に毎日出版文化賞を受けて注目を集めると、執筆や講演の依頼が相次ぐ。社会問題を指摘するだけの自分がいた。

その二年後、七一年八月から朝日新聞に連載した「おんなの戦後史」は、特につらかったという。

「『信濃のおんな』までは古代から戦前までが主でしたが、敗戦時に私は二十歳。問題を批判し、書いているうちに、『おまえはこの問題をどうするのか』と自分への問い掛けがあるのね。問題を指摘するだけだと、私が一番軽蔑していた文化人になっちゃったんじゃないかと思ったんです」

その連載が収録されている同名の書籍を、私はもろさわさんへの取材にあたって繰り返し読んでいた。原稿用紙四枚程度に凝縮された文章は、問題の本質をつかみ、もろさわさんらしい眼差しが光る好連載だと思っていただけに意外だった。この書籍のファンも少なくない。

「さかしらの言葉をたくさん書いているけど、自分自身が解放像を模索している最中でしょう？　それなのに、あたかも自信があるように書いている自分が許せなくなってね。自分が自信を持って、その言葉を裏打ちする実態を手触らないで、知識だけで書くということができなかったわけです。新聞社の方が持ってきてくれる資料をひっくり返して、そこから得られた知識だけで書くことがつらかったの。全部、現場に行って自分で確かめない限り、人の資料を使って言葉を出すのはできなかったわけです」

「生活保護費並み」の給料で働いていた女性問題を扱う雑誌編集者時代に比べ、生活は潤い、華やかに世間に迎えられていた。

「講演に行けば、黒塗りの車で送迎され、一流のホテルに泊まる。みんな一時間五百円、六百円で働いているのに、講演料を二十万、三十万円ともらってね。虚業におけるまやかしで、嘘だと思った」

「政治批判をしても、原稿料や講演料がもらえるのよ。戦前なら命懸けで言葉を出して、治安維持法で逮捕されるのに、（不満解消のために取り込まれて）体制の安全弁的な役割をしているのではないかと、つらくてたまらなかったんですね。人間として、どんどんだめになっていく気がして」

「今の生活を捨てなければいけないけれども、どう捨てるのか思い迷ってね。原始共同体時代の遺俗が生きる、北海道のアイヌ、沖縄の先島諸島と遍歴しました」

二十回の予定で始めた朝日新聞の連載は、十八回で幕を下ろした。沖縄との縁は連載翌年の一九七二年に生まれた。その年の五月、米統治下の沖縄が日本に返還される。

「ヤマトンチュとしての負い目があったから、とても一人では行けなかった。『与那国の蝶』の演劇関係者が沖縄の人たちから招かれたので、「あなたも一緒に行かない？」と誘われて、招かれた中の一員ならと思って行ったのよ。返還の年の八月です」

1972年、初めて訪れた沖縄での一風景

七四〜七五年の冬、三回目の宮古島滞在で祖神祭に巡り合う。
男子禁制で、女性が祭祀《さいし》を執り行う様子に、「まつりごと」と言われる政治の原形を見た思いだった。封建社会が生まれる前の、原始共同体の生活文化の面影を残す女性たちの姿に、女性解放運動家の平塚らいてうが「元始、女性は実に太陽であった」と文芸誌『青鞜』創刊に寄せた言葉も重なった。
数日間の断食で衰弱しているにもかかわらず、女性たちは命を懸けて激しい神事を担う。それは、祖先への深い信仰心と共同体の繁栄を祈る愛があってこそではないか——。

沖縄の祭祀を訪ね「まつりごと」の原形に出会う（左から３人め）

「先島におけるカミンチュ（神人）になる女たちは、私のイメージを超える存在だったんですよね。知識を超える存在だった。祖先のよりましになって、全身全霊で島人の幸いを祈る行事ですからね。何の違和感もなく、そのまま出現していたわけです。『太古の系譜』（六花出版、二〇一八年）にも書いたけれど、ギリシャのコロスや、天皇家の大嘗祭の籠もりにも通じるものがあり、原始共同体時代の原点なのよ。それが魂にフィットしてきました」

「日常は冗談を言い合っているおばあたちでした。断食して山から下りてくると、異質な、神様の使いみたいになってくるんです。彼女たちから出てくるスピリットに打たれた途端、涙がぼうぼうと出るんですね」

欧米を中心に始まったウーマンリブ（女性解放運動）の盛り上がりが、国際女性年の七五年にピークを迎えていた。日本でも七〇年に出現。同世代の女性たちの多くが批判的に受け止めた中で、もろさわさんは「ウーマン・リブは、個人の主体的参加によるものであり、

「女」への根源的な問いかけを、セックスの場から提出、個人の生き方を通じて、問題との対決がめざされている」(『おんなの戦後史』99頁、未來社、一九七一年)と当時から意義を見いだしている。ただ、新しい解放運動を好意的に捉えながらも、過激な活動や主観を前面に出した運動は告発の要素が強く、他者の痛みに共感し、それをなくそうとする「愛」を感じられなかった。

「ある日、銀座で彼女たちのデモがあってね。「女解放」「闘争勝利」って、ゲバ棒を持ってジグザグデモをするの。そうやって男女差別や男たちを告発するんだけど、そのスタイルが、彼女たちが告発した全共闘の運動の、男たちがつくり出したスタイルとそっくりなんですよ。男たちを告発しながら、男たちのつくり出したスタイルでやってる。なので知的にはうなずけても、ハートに深く刺さってこないんですね」

(『ジェンダー研究を継承する』246〜247頁、人文書院、二〇一七年)

知識や論理を基に言葉を発することに葛藤を抱き続けていたもろさわさんは、祖神祭で「私の求める解放像は文字の中にはない。人間と人間の関係の中にある」と確信する。

「私たちは文字を介して伝承を受け取ります。でも、彼女たちはそうではなくて、命懸けで断食し、生と死のあわいを支える娘や孫、姪に、自分たちの祖先の生き様や、やったことを成り代わって語る。体から体、命から命へ、じかに伝えていく姿を見て、私は女性史の伝え方はこれだと思ったの」

受け取ったメッセージは、全国に呼び掛けて故郷の長野県北佐久郡望月町(現佐久市)に一九八二年に開設した「歴史を拓くはじめの家」(現「志縁の苑」)の理念につながる。参加者が自然と出会い、歴史を学び、その中に自分を位置付けて、自分に出会い、いかに生きるかを問う模索の場にしようとした。もろさわさんが考える愛とは、他者の痛みをわが痛みとし、その痛みをなくそうとすること。沖縄の女性たちとの出会いによるインスピレーションから「愛にみちて歴史を拓き、心華やぐ自立を生きる」をスローガンに掲げた。こうした拠点は十二年後、沖縄にも広がる。

沖縄と向き合う転機の一つに、沖縄県国頭郡恩納村《くにがみぐんおんなそん》で計画されていた米軍の都市型戦闘訓練施設への抗議活動がある。八九年の恩納村でも、今の辺野古と同じように反対を掲げて座り込んだ人々を機動隊が排除していたという。何ができるか考え、友人と共に三十時間のハンガーストライキで思いを表すことにした。その様子は八九年十月十日付の琉球新報に「都市型戦闘訓練施設　3女性が30時間ハンスト」「女性史研究家のもろさわさんら」「恩納村民の闘いに共鳴」という見出しで報じられている。

「ハンストして、すぐに帰っちゃうことが申し訳なくてね。沖縄の人は、年中（問題に）さらされているのに、たまに来て、たまにする人がクローズアップされるなんて恥ずかしいわけよ。後ろめたいけれど、やらないで逃げていくよりはいいだろうと、恥ずかしさをこらえて、いささか私も思っていますと表現するだけよ」

東京で読んでいた新聞には、この米軍訓練施設を巡る問題は取り上げられていなかった。沖縄に通い、状況を理解していたつもりでも、行ってみて初めて知った事態だった。知らなければ関心が及ばず、ないものと思い込んでしまわないか――。戦争中の大本営発表と重なった。

沖縄の人々の「受難」を知り、「ヤマトンチュ、帰れ」という言葉を浴びても、交流する拠点づくりを決意。計画は一度頓挫するが、不屈の精神で一九九四年十一月に平和と沖縄の生活文化を学ぶ「歴史を拓くはじめの家うちなぁ」を島尻郡玉城村《たまぐすくそん》（現南城市）に開設した。

「戦争にしろ、基地反対にしろ、沖縄のことは、私たち（本土の人間）の問題だと思うの。確かに、ヤマトンチュとしての私は加害性を身に帯びています。それはヤマトに生まれた宿命です。けれど、人間としての平等性においては、私の自由で関わっている。加害性を身に帯びているとは自覚していますが、人間として、どういう精神性を生きているかこそ問題にすべきであって、ヤマトンチュだ、ウチナーンチュだというかたちで私は人間を捉えません」

あなたの受難は　わたしの受難

それから十カ月後の九五年九月、米兵による少女性暴力事件が発生する。被害者は小学六年生だった。このとき、もろさわさんは沖縄県庁前での抗議活動を知り、「行って座り込まなきゃならない」と一時間かけてバスに乗って駆け付けた。

当時のことで、覚えていることはないか――。そう聞くと、「反基地運動を主導している男たちの発言に怒ったのよ」とあるエピソードを教えてくれた。

「少女の人間の尊厳を冒されたことなのに、「今回のような事件は、沖縄だけでなく、世界各地にあるわけで、誤解を恐れずに言えば、事件そのものは大きなものとは思わない」という言葉に、私はうなずけなかった。彼女にとっては、人生の尊厳を全部冒されたのに、それをありふれたことだなんて」

もろさわさんは続けた。

「ヤマトが沖縄を踏み付けているのは見える。だけどね、男が女を踏み付けているのは男自身には見えないし、女も踏み付けられていると思わないで、そういうものだと日常生活でまかり通って、女自身も受容しているわけですよ。性に関することは、女の基本的人権だと思っていますから、その基本的人権を冒されて、めちゃくちゃにされたのに、ありふれたことだなんて」。話すうちに、言葉に熱が帯びていく。

しばらくして、「うちなぁ」の参加者に言葉を求められ、次のように書いたという。

あなたの受難はわたしの受難
女たちの受難をなくし
人間の尊厳を確立するため
武力を否定、基地もいりません

力強い筆致で綴られ、今も「うちなぁ」の壁に飾られている言葉は、つらい立場の人のそばで考え続けるという誓いがにじむ。それは、権力の言葉を信じ込んだ軍国少女時代の体験を繰り返すまいと、自分が見て感じたものを大切にし「その言葉を生きる」という信念とともに、戦後の出発点そのものだ。

二〇一九年二月の沖縄県民投票では、名護市辺野古沖の新基地建設に伴う埋め立てに七割超が「反対」した。それでも工事は止まらず、予定地の地盤が軟弱であるというデータが公表されても、当初予定の工期や費用が大幅に膨らんでも、進めるつもりのようだ。

あなたの受難はわたしの受難——
その言葉を生きる

「政府の方針にあらゆる手段で沖縄の人たちが抵抗しても、反対の県民投票が出ても、翌日も工事をやっている。本当に悔しくてね、悔し涙が出ます」

そして、辺野古沖の米軍新基地建設を巡り、本土に暮らし、報道する私に、いつもこう嘆いた。

「ラジオでも、テレビや新聞の報道でも思うんだけれど、「米軍普天間飛行場の移設先」というのが辺野古の枕詞《まくらことば》になっているのよ。沖縄の新聞では、移設先と言わず、「辺野古新基地」ですよ。設備から、最新鋭の軍事基地になるわけですから。それなのに、移設先と報道されてしまうと、みんなに無意識にそうインプットされてしまう。おかしいですよ！」

もろさわさんが、最後に辺野古ゲート前に行ったのは八十九歳のときだった。

「現場は苦しいですよ、でもね、体につらさを感じながら、身をさらさなければ、と思う。でもね、今は行くことができない。こんなに足が悪くて、よたよたして、かえって足手まといになるからね。こっち（冬に滞在する南城市のうちなぁ）にいるほうがなおつらい」

政府が新たな護岸造成工事に着手した二〇一九年三月四日。米軍キャンプ・シュワブゲート前では、新基地建設に抗議する市民らが三線《さんしん》と琉球舞踊で平和を願っていた。哀愁を帯びた音色が響き、女性たちが凛と舞う前で、機動隊は座り込む人たちを強制排除する。

もろさわさんは思う。

「祖神祭の精神である愛と祈りは、命を育む自然を損なう動きに抵抗し、戦争につながる道を伝統文化の平和的表現で否定する沖縄の女たちに脈々と伝わっています。それは未来への希望です」

「平和を望み、軍事基地をうなずかない人々の願いを踏みにじる国家権力側の指導的地位に、女たちが男に劣らず就いても、そこに女たちの未来が輝かしくあるとは考えられません。霊性に満ちて「まつりごと」を担った神女たちのありようを、政治の場に現代的に受け継ぐ道すじに、私は女たちの輝きを見ています」

【沖縄の祭祀と女性】沖縄県教育委員会発行の『沖縄県史各論編第八巻　女性史』は、沖縄の民俗信仰は男性より女性の霊的能力が優れているとされ、女性の霊力が重視される特徴がある——と記載。姉妹をオナリ、ウナイといい、その力が兄弟を守る「オナリ神」信仰が民俗信仰の基礎として広く分布している。同県宮古島市の祖神祭は旧暦六月〜十二月ごろ、女性たちが数日間の山ごもりを五回繰り返し、集落の安寧や繁栄を祈願。男子禁制、内容は家族にすら知らせてはいけない秘祭という。宮古島市在住のライター下地恵子さんによると、祖神祭は約二十人が暮らす離島の大神島だけに残る。

7 「志縁は自由の中に」
――「歴史を拓くはじめの家」の営みで実感

「編集者というより、反戦、反差別、平和創造の貴重な同志のお一人でした」

もろさわようこさんの『信濃のおんな』『おんな・部落・沖縄』などを一九六〇年代から八〇年代初めにかけて未來社で編集した松本昌次さんが九十一歳で亡くなったのは二〇一九年一月のことだった。花田清輝、埴谷雄高、木下順二、丸山真男ら、戦後を代表する作家や学者の著作を手掛けた名編集者である。

三カ月後の四月六日、松本さんを語る会が東京・水道橋で開かれ、会場に集まったおよそ二百人の前で、私は療養中のもろさわさんから託された言葉を代読した。

「東京の暮らしを離れ、信濃の山奥に「歴史を拓くはじめの家」を開設。無組織・無規則・無会費、参加者の自由・自立のもと、「能力に応じて働き、必要に応じて分かち合う」営みの中から何が生まれてくるか、先行き見えないのを危ぶみながら、松本さんは協力を惜しみませんでした」

語る会の前夜、もろさわさんに電話をかけると、松本さんの思い出についてこう話してくれた。出会いは、故郷の信濃毎日新聞に連載した「信濃のおんな」の出版だった。

「松本さんが、私をすごく評価してくれてね。ウマが合って、けんか友だちになっていったのよね。個人的に、引っ越しだ、なんだと、全部面倒をみてくれたり、長野県佐久市で営んだ母の葬儀にも東京からわざわざ来てくれたりね、とても行き届いたお世話をしてくださったの。「歴史を拓くはじめの家」を立ち上げるときも、雑誌に書いた私の文章を松本さんがポケットマネーで抜き刷りしてくれたりね。著者と編集者というよりも、状況をともに担い、状況に対してお互いに同じ思想で真向かっていた」

敗戦を原点にした同志のような連帯があったのだろう。松本さんが亡くなったことを伝えると、絶句し、「みんな、死んじゃった」と悲鳴のような声を上げた。同じころ、生き残った唯一の肉親だった弟の清さんも逝った。その半年前には、ビールを酌み交わし、両親の墓参りに一緒に行ったのに。

『信濃のおんな』の出版がきっかけで
編集者・松本昌次さんは同志的存在に

「生きているうちがお別れですよ。私も近くなってきているなと意識しています。この年まで生きて、体に何もないのはかえって不思議。当たり前の、老いの姿に無駄な抵抗をしないで、成り行き任せです」

「人間はいつどうなるか、ことに年を取った人なんて分からない。いつまでも日常性の連続と思っているけど、どこかで切れるのよ。この年になって体にいろいろないほうがおかしいので、あって当たり前だと思っているからね。死んで当たり前の年なんだから、あたふたすることはない。やるだけのことはやって、言うだけのことは言って、さわやかに逝けたらどんなに幸せかと思っていますよ。自分がどうなっていくか分からないのよ。でも、それが人生のありようだと思います。計算したってしょうがないじゃない？」

戦後、もろさわさんは「血縁、地縁という、どうにもならない宿命」に縛られず、志が同じ「志縁《しえん》」で人は自由になれると考えてきた。

「志は自由の中でしかあり得ません。自由の中で志縁をつくり得て、生活の具体性の中で生かさせていただいている自分は最高に幸せだと思う」

その実感は、全国二百数十人の拠金によって一九八二年に開設された「歴史を拓くはじめの家」の営みを始めてから感じられるようになったという。

「自分の中に人間に対する不信があったけれど、家の営みをすることによって、思いも掛けない素敵な心と精神の持ち主に出会って人間を肯定できた」

「はじめの家」の開設までの紆余曲折などで人間不信になったのかと思っていたら、そうではなかった。志を掲げても思うように生きられない自分自身に対する絶望と不信を〝人間不信〟と表現していた。

「私が何かすると言うと、全国から何の見返りもないのに、年金とか、質素な生活をやりくりしてお金を送ってくるの。そういう人たちがいっぱいいたわけよ。それに支えられました。ここには来られないけれども、自分たちが願っていた営みがそこにあるというだけで自分が救われると、志の縁でずっと支えてくれて。みんなの心を預かったと思っているんです」

そんな一人に三里塚闘争に携わった社会運動家の郡山吉江さんがいたという。がんを病み、わずか

1999年、「歴史を拓くはじめの家」で話すもろさわさん

な生活費の中から「あなたの仕事に役立てて」と〝志金〟を寄せてくれたときは涙がこぼれた。預かった心に対して、疎かな生き方と、「はじめの家」の営みはできないと決意する。「私自身が鍛えられ、この世につなぎ留められました。私は旗を振って、自分の人生も懸けました。物事をするのに自分の生活を安泰にしておいて、観席であだ、こうだ言っているのは無難ですよ。自分を変えることは難しいんだけれど、志で出会った人によって人間観が変わったわけ。私がほしかったのはね、心と心の触れ合い。それがなくて、ただ物質的な生活水準とか、言葉だけの人権とか、そういうものに触れると、いつもすきま風に吹かれる」

独身で、子どもはいない。二〇〇六年にS状結腸がんの手術で入院したときも、一九年の冬に圧迫骨折で入院したときも、保証人は志縁の仲間が担った。「終の棲家」として借りた、高知市の被差別部落にできた賃貸住宅に住民票を移したときもそうだ。部落差別を受けて闘ってきた志縁で結ばれた人たちとともに生きる覚悟があった。

だからこそ、それを脅かすものへの警戒は強い。犯罪を計画段階で処罰する共謀罪法が成立した二〇一七年、市民の活動などに広げられて適用されていく可能性があると話していた。

「自立は連帯があってこそ成り立つわけ。私も志縁という連帯の中で生きてこられました。一人では孤独です。それぞれが自立し、単独者でありながら、志縁の裏打ちの中で、今を感謝しながら生きている。だけど、共謀罪は志縁を打ち壊します。怖いですよ。戦前の治安維持法は、リベラリストや一般の人が少しでも体制批判しようものなら検挙されたように、拡大解釈されていきました。当時は軍国少女で、当たり前だと思ってしまった弾圧をじかに見ていますし、知っていますからね」

もろさわさんが生まれた一九二五年、治安維持法は普通選挙法成立と抱き合わせでリベラルな政権の下でできた。

「私たちは、いろいろなものに次々反対し、陳情し、座り込みをして、全部抵抗してきたけど、抵抗したというアリバイにはなっても、全然効果はなかった。でも、そうせざるをえなかった。そう（した行動）ではなく、エネルギーをクリエイティブなものに展開できないかというのが、「歴史を拓くはじめの家」の発想の原点でした。権謀術数の中で、反対するのは数の力も含めて実に弱い。けれども、自分の体験として、つらい中で最も励ましてくれたのは魂の言葉を残してくれた人たちなの。宮澤賢治の言葉もそうだし、サン＝テグジュペリ、孤独の中で実存を生きた人の言葉が私を支えてくれた。自分はそういう働きができないとしても、そうしたいという願いを持ち、光り輝く人たちと出会わせてもらい、贅沢な、幸せな人生を生かさせていただいたと思います」

8「生きている限りは自分を新しく」
――受難を祝福に変えていきましょう

現実を見ないで、理想を求めて夢に飛ぶのは幼いころから――。そう自分の本にも書くもろさわようこさん。戦後、晴耕雨読の生活に憧れ、農業で生きようとして挫折。事務員、新聞記者、紡績工場の企業内学院の教員を経て、東京に出ると、労災でけがをした女性たちに関わり、訓練後の就労支援施設の設立に奔走したがかなわない。最底辺で生きようと覚悟し、靴売りの行商に飛び込んだものの思うようにいかず、矛盾を抱え、自分に絶望する中で市川房枝さんに誘われて編集者として歩み始めた。女性史研究家になってからも自問自答を繰り返した。

「困難が起こると、より情熱が湧くの。自ら困難を引き受けて、それをプラスに転化できるだけの器量を持ちたいと生きてきました」

ものを書くという行為を通して他者と関わること。それが、もろさわさんにとって、他者の痛みを自分の痛みとし、その痛みをなくすための「愛」の手だてであり、人びとの幸せをねがう「祈り」だった。

恋愛について、もろさわさんに聞いたことがある。

「私はね、趣味が悪いのよね。というのはね、ダメな男に思いがいって、颯爽たる男には思いがいかないわけよ。「どうしてこう趣味が悪いのかな」と思ったら、父がダメ男だったから（笑）。父の影響というのがあるんだなあって思って」

結婚と恋愛について率直に語った数少ない文章である、五十年近く前のインタビューでもそう話している。

「父は家父長権と母の苦労の上に乗って、威張り、甘えてたわけ。特権に居座った男への憤り。母に〝なぜ離婚しなかった？〟ときくと、〝子供がいたから〟という。ウント反発したの。〝だれかのためにという、その思想がファシズムを育てる。自分を大事にできない人が、なぜ他人を大切にできるか〟って。だから、結婚は絶対ヤダ、母のような結婚生活は二度とイヤだと…。私が女性問題に打ち込むようになったのも、この身近な不合理が、原体験があったから。だから、〝反面教師〟としての父の存在は大きい」

「私にとっての男性は、両極端に分かれてるの。いつでもやさしく私の要求を聞いてくれる父と、自分本位で放とうして母を苦しめた父のイメージと…。（略）私って、男の人を警戒するか、徹底的に甘えるか、どっちかだと、最近、気がついたの。逆境にあって、恵まれないショボクレた男、だらしがなくっていて悲憤コウガイしているインテリ・ヤクザに感情を動かす。考えてみると父と同じ（男性）よォ」

（以上、『信濃毎日新聞』一九七三年二月十八日付）

　二〇一八年から二〇年にかけて行なったインタビューでは、こうも語っている。

「結婚していないことは全然問題じゃなかった、私には。世間の物差しではかられるのは迷惑だし、そんなの私と関係ないよという意味で、全然ね。だけど、今振り返ってみると、恋愛しているうちは風邪と同じ。熱が出るしね、そしてまた同じ風邪を引くのよね、やっぱり。ばかじゃなかろうかって思うけどね（笑）！　どんなに素敵な男でも、素敵であればあるほど重荷になってくるの。そういう男ってね、無意識に旧来の「男」を身に着けているわけ。だから、ある引け目を感じている敗残の男……いわゆる落ちこぼれの、その引け目に、私なんかは目がいっちゃう。相手に出世してほしいとか、養ってほしいとか、打算がないでしょう？　自分で独立してね、対等でしょう？　みんな、一長一短。人間、完璧なんてあり得ない」

「自分を分析するとね、あの男なら自分の言うことを聞いて自由になるはずだ、という支配欲を愛情だと思っていたのね。私自身の、相手に対する傲慢《ごうまん》さがあったと思うのよ。父がダメ男だったせいかな、なんて思っていた

40代ごろの苦しい時期
「煉獄を生ききるとなりたかった境地にたどりつける」

けど、違うね」

女性たちの被害性とともに加害性も明らかにしようとしてきた眼差しを、自身にも向けるところがもろさわさんらしい。

本格的に取材を始める前年の二〇一七年、私がもがいていた時期に掛けてもらった印象深い言葉がある。もろさわさんは当時九十二歳。ジタバタわめく〝孫〟の様子を、興味深く眺め、私も知りえない未来の私をも見通すような澄んだ目を向けて、こう言った。

「三十代、四十代のころは苦しかったですよ。煉獄ですよ。煉獄を通り越して、ここまで命があったから、なりたかった境地になれたんだわ。ともかくね、生ききりなさい。煉獄を生ききるとね、自分が鍛えられて、そこを通り抜けなかったら、この私にならなかったなと、自分自身への感謝が湧くから。ダンテにしろ、ゲーテにしろ、真実を求める人たちは煉獄をみんな通過しています。ゲーテの詩の通り、涙ながらにパンを味わい、泣き明かすからこそ、天の力と出会えるわけよ。そういう意味で、あなたも、私も、それを経てきたから出会えた」

もろさわさんが訴え続けてきた問題には解消したこともあるが、いまだに変わらないものもある。現実は一筋縄ではいかない。それでも、「それを生きられる自分を喜びましょうよ」と全身全霊で投げ掛けてくれる言葉は、きっと自分自身に言い聞かせてきたに違いない。

半世紀ほど前にも「今の若い女の方たちに一言」と求められ、「きのうも来た若い女の編集者を見て、ああ、この人の年ごろ、私も同じように悩んでいたと思ったの」（『わが旅……』210頁、未來社、一九七六年）と応じたやりとりを見つけ、頬が緩んだ。

「どんなに先輩が道を開いてくれても、先輩の道は、先輩がその時代において開いたものでしかない。つぎの時代において、その時点で次の人が生きるというとき、先輩の開いた道は土台にはなるかもしれないけれども、あまり役に立たない。みずから、やっぱり開かなければならない。（中略）いまの若い人は、かわいそうなことに、時間をかけてする仕事に触れていない。本格的なものというのは、すこぶる時間をかけなければならない。ことにいろいろな問題にアプローチしていくときには、むだなような時間がたくさんいる。私は、若い人こそ、ものごとに本格的に取り組んでほしいと思います。女性史の場合でも、問題を、マスコミ次元で取り組まないで、ライフワークとして最初から取り組んだときに、それを生きた足跡の中に、なにかが生まれるんじゃないかと思うんですけれども、どうでしょう」

（同前、210〜211頁）

受難を祝福に変えていきましょう――。

そうやって私を含めた今を生きる〝妹〟たちに語る言葉は温かく、紡がれる言葉に励まされ続けている。

「泣いたり、怒ったり、痛みを感じたりするのは、生きているということじゃないかしら。死んだら何も感じないじゃない？　生きている限りは自分を新しくしていかなきゃ。自己解体しないで、言葉だけ新しいものを求めても、ちっとも歴史は動かない。一人一人が自分を新しくしていくときが、歴史が新しくなるときだと思う」

「もろさわようこ」とわたしたち①

信濃毎日新聞の連載「夢に飛ぶ――もろさわようこ、94歳の青春」に合わせて計三回、読者の意見や感想を掲載した。①では、二〇一九年五月八日に紹介したものを再掲する。

（年齢は新聞掲載時点）

女性の自立へ道筋さらに

秋山淳子さん（80・埼玉県狭山市）

長野県松本市出身の私にとって、もろさわようこさんは信濃の女の大先輩としていつも頭の片隅にあります。影響を受けた女性たちも多かったことでしょう。

私の祖母は明治の時代、教員として共働きをしていました。校務員室で子どもにお乳を飲ませていたとよく聞いたものです。もろさわさんが『信濃のおんな』に書いた人々のように、祖母も市井の片隅でしっかり自分自身を生きた女性たちの一人でした。自分の意見を持ち、判断する――。そんな女性の自立への道筋をさらに広げる努力を、後に続く者としてせねばならないと思っています。

しかし、もろさわさんが言うように、男系男子に皇位継承を限る皇室典範が天皇家に「家制度」をそのまま温存していることが、国民から男性中心の生活習慣や意識がたやすくなくならない一因になっています。どれだけ法律ができようが、条例で規制しようが、男女差別は色濃くあります。

今回の「改元フィーバー」は、先人たちから戦後精神として引き継いだ憲法の下、「主権在民」の原則を改めて考える機会になるのではないでしょうか。

私の中に反権力の土台を根付かせてくれたのは、朝鮮戦争を経験した在日の友人や米軍統治下の沖縄からパスポートを持って上京していた大学のクラスメートら、生きる中で出会ってきた人たちでした。

私は、最後の国民学校一年生として入学し、八月十五日に敗戦を迎えました。小学四年生のとき、軍隊帰りの担任の教師に訳もなく殴られたことが、「軍隊＝暴力＝戦争」と考える今の私を形づくる原点です。同級生にはダムを造るために朝鮮半島から強制連行されてきた人たちの子どももいました。戦争は人権を踏みにじるといった認識から、「反戦」が生き方の根底にあります。

　憲法の前文や九条を未来につなげる責任は重いと考えて、市民団体「憲法九条―世界へ未来へ埼玉連絡会」の代表や、自衛隊の憲法明記などに反対の政党、団体で組織する「オール埼玉総行動」副実行委員長を務めています。安保関連法廃止、集団的自衛権行使を容認した閣議決定の撤回を求め続けていくつもりです。

自分なりに沖縄に寄り添う

田村寿満子さん（70・長野県大鹿村）

　長野県佐久市の交流拠点「志縁の苑」（旧・歴史を拓くはじめの家）ギャラリーの増築工事を息子が引き受けた縁で、五年半ほど前に初めてお会いしました。女性史研究家として名前は知っていましたが、実際にお会いしてみると、高みにいるような人ではなく柔軟。私が生前交流し、お世話になった反戦・反原発などに取り組んだ市民運動家の故・伊藤ルイさん（伊藤野枝、大杉栄の娘）の姿に通じる部分があるように思いました。

　自身が中心になって交流拠点を造っても自分のものとしない。「この家は誰のものでもない。いつでもどうぞ」と言ってくださったことに、心の広さと大きさを感じました。

　もろさわさんと同じように、私も沖縄県名護市辺野古沖で進む新基地建設への抗議活動に行きたいけれども行けない。その代わりに自分ができることをやりたいと思って、新基地建設に伴う埋め立てに七割超が反対した二月の沖縄県民投票結果を尊重し、建設計画そのものの再検討を国や関係機関に求める請願を地元の村議会に提出しました。

増築された「志縁の苑」のギャラリーで

　安倍内閣の姿勢は、沖縄だけでなく、全ての地方自治体にも政府のやり方を押しつけることを表しており、到底見過ごせない地方自治の根幹にかかわる問題です。政府に国民的議論と、沖縄県との話し合い、建設の再検討を行って解決の道を探ることを求める意見書が村議会で可決され、うれしかったです。

沖縄の人々の闘いは尊厳を守る闘いです。負けても諦めない沖縄の人々の傍らに寄り添えるよう、自分の居場所でできることに取り組んでいきたいと思います。

相手の立場理解する努力を

高橋五男さん（63・長野県飯山市）

大先輩であるもろさわようこさんの教示が胸に刺さりました。「部落の女たちの解放がなければ、女たちの本当の解放はない」。まさにその通りです。私は部落解放運動の同盟員として日々活動していますが、周りでは「これからは同和の問題より人権問題が大事だ」「部落差別は解決したのでは」と言われているのを耳にします。が、残念ながら、今日に至っても部落差別はなくなっていません。

現在二十九歳の息子は昨年十月に結婚し、親族が一堂に会し盛大にお祝いすることができました。さかのぼること六年前、妻になる女性との交際に際して、相手の両親の承諾を求めましたが、反対されてしまいました。息子は小学一年生から中学卒業まで「解放子ども会」で部落差別をなくすための学習を重ねてきたため、「（女性の）両親や兄弟を説得し、必ず結婚してみせる。だから、少し時間を与えてほしい」と、親の私たちに心の内を明かしました。結婚は「二人の固い絆」が大切と、そっと見守りました。

二〇二〇年は平和の祭典、東京五輪・パラリンピックが開かれ、世界から多くの人々がやってきます。だからこそ、この日本に差別や偏見があってはなりません。その二年後は、全国水平社創立大会で採択された水平社宣言から百周年に当たります。日本で最初の「人権宣言」として、なお大きな影響を与えています。差別撤廃に向けて、常に相手の立場を理解していく努力を怠ってはなりません。

第二章　志縁に生きて

2013年5月、「志縁の苑」ギャラリーびらきであいさつする（左）

既成の価値観や様式から脱することを目指し、地縁や血縁を超えて、志や生き方の共感で結ばれる「志縁《しえん》」が生きる拠りどころと考えるもろさわようこさん。それを実践する場として、出身地である長野県佐久市望月に構えた交流拠点「志縁の苑《その》」は、前身の「歴史を拓くはじめの家」の開設からおよそ四十年を迎えた。信州の拠点をはじめ、姉妹施設の沖縄県南城市と高知市の拠点には、環境、平和、部落差別などの問題に立ち向かう人や、かつての教え子、親子二代で交流する人が集う。第二章はもろさわさんと志縁で結ばれた人々に迫る。

（年齢はいずれも二〇一九年の新聞掲載時点）

1　佐久の拠点「志縁の苑」
――集う人を照らす「灯台」に

この時期なら本来は開いているはずの扉に鍵を差して、回す。二〇一九年五月三十一日、長野県北佐久郡立科町の山之上俊枝さん（七〇）は、佐久市の交流拠点「志縁の苑」にいた。冬期休館で閉じていた雨戸と窓を開け放って畳に掃除機をかけ、床を拭く。

例年、もろさわようこさん（九四）は五月からの半年間を佐久市で暮らし、女性史に関する蔵書や親交があった画家の絵画を公開するため、拠点の開け閉めを担っていた。しかし一九年は、「終の棲家」と住民票を移し、春と秋の一カ月余りを過ごす高知市で転倒して左の大腿骨《だいたいこつ》を折ってしまい、手術とリハビリのため現地で入院した。佐久市に向かう予定の二日前のことだった。

掃除を終えた「志縁の苑」では、運営に関わる八人が県内外から集まって会合が開かれた。川崎市から車で駆け付けた演出家の米倉日呂登さん（六〇）は「もろさわさんがいないかもしれない夏をどう過ごすか。試金石になる年」と話した。

前身の「歴史を拓くはじめの家」は、解放運動や生活の課題を受け止め、常識とされていることを根本から見直し、実践する場として設けられた。関わりたい人が参加の仕方を自分で考え、自らの責任で行なう「自由」が原則。建設を呼び掛けたもろさわさん自身も「生涯の思想と実践の総括の場」として関わるが、参加者の一人であると繰り返してきた。従来の運動と一線を画する思想運動のため、規則や会費はない。「心と財布の中身に応じた」カンパで営まれてきた。

もろさわさんは家びらきの報告集にこう書いている。

「いま自分が生きて存在することへの問いを原点に、「いかに生きるか」を模索する場であり、多様な人たちとの多様な交流の中で、参加者が自分を探し、自分を確立する媒介の場となればという、ねがいのもとに発足しています」（9頁）

毎年のつどいには、全国各地から共感する多くの人が参加した。約百平方メートルの木造平屋には、女性史や女性問題をはじめとする蔵書が壁一面に並ぶ。営みの方向性として、与謝野晶子や平塚らいてう、識字学級で学んだ女性の言葉、水平社宣言、沖縄の古代歌謡『おもろさうし』の一節、宮澤賢治の「雨ニモマケズ」の詩がふすまに刻まれる。和室では出会った人同士が泊まって夜通し語り合ったり、もろさわさんの著作をテキストにして勉強会や交流会を開いたりした。

こうしてオープンスペースを運営できるのは、掃除や管理など日常の下働きをボランティアで担う人がいてこそだ。

今回掃除していた山之上さんは親子二代で鍵を預かる。母親は戦後の青年団活動でもろさわさんと出会い、拠点の開設準備中に再会。全国から寄せられた物品の整理、足りない物の買い出し、会計管理など三十年近く支えてきた。山之上さんがもろさわさんのことを知ったのは母親が参加し始めたころ。全国から人が集まるイベントを手伝ったことはあったが、関わりは母親が二〇一〇年に亡くなってから深まる。

イベントでは台所仕事を仲間と担い、笑顔でおもてなし。冬季に水道を止め、庭や国道から約百メートルの坂道に生い茂る草を刈り取るボランティアなどの手配を引き受けている。

もろさわさんから頼まれて、自宅の掃除やごみの片付けを手伝い、買い物の送迎もしてきた。もろさわさんに母の面影を引きずっているのか、一度も負担に思ったことはない。「毎日の食事は自分で作るという方なので、料理だけは手伝ったことがないんです」。身近でもろさわさんが、料理を〝リハビリ〟と楽しみ、食事を〝薬の代わり〟と大切にする姿に接してきた。「一つ一つの家事は生きることそのもの。全ての原点という、そんな姿勢に共感しています」

自身も、日々の生活の中で、暮らしに直結する社会問題に向き合ってきた。

一九八〇年代に地元でゴルフ場を含む大規模リゾート開発が持ち上がったときは、「ゴルフ場ができると農薬が使われ、上水道の水源の心配、洪水の危険もある。安易につくってはいけないのではないか」と、福祉の仕事と子育ての傍ら反対運動に奔走した。中部電力が高圧送電線を敷設したときには反対運動を支え、仲間の女性たちが地方議会に挑戦するときも応援した。原発は反対。農業と環境問題への取り組みはライフワークで、環境問題に幅広く取り組もうと九〇年代から消費者の会をつくって勉強会などを開き、二〇〇四年には周りに呼び掛けて循環型社会を目指す「たてしなエコ・クラブ」を立ち上げた。暮らしの中から環境を考える営みは数年後、立科町環境フェアの開催へと広がる。表に立つことは好まず、裏方で支えるほうを選んできた。

そんな山之上さんが今、開け閉めを担っている「志縁の苑」は、もろさわさんの思想を照らす「灯台」であればと願っている。そう思う背景には、深く関わるようになる前に交わした会話があるという。地元に建設した「はじめの家」を「女性がいつ来ても大丈夫な駆け込み寺」と思っていた山之上さんは、姉妹拠点がある沖縄や高知に行っている期間に閉じてしまうのはもったいないのではないか――と、もろさわさんに尋ねた。「灯台みたいなものでいい」と返ってきた、この言葉が忘れられない。本人不在の時間は増えるかもしれないが、「これからも地元との連携役として関わっていく覚悟です」。穏やかな笑みの中に芯の強さがのぞいた。

2　「今を生きるあなたが後世の女性史」
――平和願う舞に生きざま

愛しい人への思いを表す琉球舞踊「加那《カナ》ヨー」が始まって間もなく、機動隊が米軍新基地建設に抗議して座り込む市民の排除に取り掛かった。二〇一九年三月四日正午すぎ、沖縄県名護市辺野古の米軍キャンプ・シュワブゲート前。那覇市の源《みなもと》啓美《ひろみ》さん（七一）が機動隊を鋭くにらみながら、凜とした美しさを漂わせて踊り続ける。

三月四日は、三線《さんしん》の語呂にちなんだ「ゲート前でサンシンの日」。三線の演奏と、その音色に合わせた琉球舞踊で平和を訴える。喜びのとき、悲しみのとき、恋をしたとき……。その時々を彩り、困難

米軍キャンプ・シュワブゲート前で琉球舞踊を舞い平和を祈る源啓美さん
（写真は上下とも 2019 年３月４日）

その後座り込みをして機動隊に運び出される

を乗り越えるときに奏でられる三線は沖縄の心そのものだ。

源さんは三年前のこの日もゲート前で舞い、機動隊に抱えられて運び出されても踊りをやめなかった。その様子を地元紙・琉球新報は、源さんの「何があっても踊り続けようと思っていたから動じなかった」「いろんな方法で新基地建設を止める。諦めない」という言葉とともに報じている。

今も週一回、ときには数回。那覇からバスで一時間以上かけて、埋め立て用の土砂を搬出する安和《あわ》や辺野古に通い、ブログで状況をつぶさにつづる。

源さんが平和を求める活動の原点は沖縄戦にある。出身は沖縄本島・那覇から西へ約三十キロに位置する渡嘉敷島。一九四四（昭和十九）年の米軍による空襲で祖父は亡くなり、米軍が上陸した四五年三月には住民三百二十九人が「集団自決」で犠牲になっている。母は沖縄本島で米軍からの逃避行中、親族と一緒に手りゅう弾で自決を試みたが一命を取り留めた。

その約二年半後の四八年一月、源さんは六人きょうだいの二番目、長女として生まれた。小学生のときから、登校前に家族の朝食を準備。学校から帰ると、宿題は後回しで畑仕事や弟と妹の子守り、夕食の支度とその片付けが待っていた。兄や弟は勉強だけでいいのに、「何で私だけ？」。疑問だった。「私だって勉強して本を読みたかった」。小学五年生のとき、両親は男兄弟だけを連れて沖縄本島へ。「女の子の私一人、祖母と島に残されたのもつらかった。何で私のことは連れて行かないの？　女だから捨てられたと思うじゃないですか」

女性というだけで差別される理不尽さを感じることは年齢とともに増えたが、それだけではないとも感じていた。兄にいじめられたとき、祖母は「アッタル（大切な）ウナイ！」「あなたを守るのは彼女なのだから」と守ってくれた。沖縄では、姉妹をウナイ、オナリと言い、その力が兄弟を守るという「オナリ神」信仰がある。家での祖母の存在感は大きかった。沖縄では祭祀《さいし》は女性が仕切り、集落で尊敬されるのもノロ（神女）。女性差別とは対極にある。

「『元始、女性は実に太陽であった』という言葉は理屈でなく、肌で分かる」。十四歳まで祖母と暮らしたことで、沖縄の女性の豊かさを全身で受け取っていた。例えば、祖母が怒るとき、「こんなことはしてはいけない！」と源さんを怒鳴るのではなく、自分の思いをそのまま即興の歌にして諭す。祖母くらいの年代の女性たちは思いを全部歌に託し、地域の行事も女性たちが円陣を組んでお祈りから始まるのが日常だった。素朴さのなかに強さと美しさがあった。

母の実家がある宜野湾市の高校を卒業後、六七年に那覇市に本社があるラジオ沖縄に入社した。報道部に配属されると、いきなり番組を持たされ、七二年の「本土復帰」前後の歴史的な出来事の現場に立ち会った。「四月十日の婦人週間の取材などで女性問題や性差別という言葉を初めて聞くわけです。まだ二十歳になったばかりで、そこで目覚めていきました」

当時、女性問題は社会教育や労働問題の一環として扱われていた。沖縄の婦人少年室長だった伊波《いは》圭子さんにくっついて沖縄中をまわって取材。もろさわようこさんと交流があった伊波さんから教えてもらって、もろさわさんの著作を読むようになった。「性差別という言葉を知ったことで、私は自分自身がだめだからそういう目に遭うのではなくて、女性に生まれたからだった」と分かった。

琉球新報社が開いたもろさわさんの女性史講座を受講し、取材したのは七九年。自分のことを「先生」と呼ばせず、講演のときも高い場所ではなく平場で話す「人間としての対等性」に感激した。もろさわさんが自身の女性の解放像の原点を沖縄の女性に見いだしたことにも感動した。

有名な女性たちより、その陰にあって日常や生産の底辺で働き、支えた多くの女性たちこそが「女性史の本流」――。「今を生きるあなたたちのありようが、後の世代にとっての女性史」と、生き方を問われている気がした。

もろさわさんは八二年に無組織・無規則・無会費が原則の「歴史を拓くはじめの家」を郷里の長野

県に開設する。源さんも家びらきに駆け付け、琉球舞踊を披露。沖縄の拠点「うちなぁ」に飾られる色紙の言葉「ちゅいたれーだれー（お互いに足りないところを補い合う助け合い）」とともに、交流を通じて学んだもろさわさんの思想が、源さんの活動に受け継がれる。

その一つが、呼び掛け人として一九八五年に立ち上げた「うないフェスティバル」だ。国連女性の十年の最終年だったこの年、ケニア・ナイロビでは世界女性会議が開かれ、帰国した女性たちが沖縄の問題を女性目線で捉え、展示や討論、芸能、ラジオでの発信など、あらゆる表現で平和を考えた。源さんが所属していたラジオ沖縄の開局二十五周年の一環として行なわれ、源さんと同僚のアナウンサー、那覇市の婦人相談員、編集者、憲法学者ら六人は約五カ月間毎日のように顔を合わせて準備した。この時期、午前九時半から始まる女性向けの番組の放送を担当していた源さんは仕事の合間を縫って駆け回った。

フェスティバルは、男性と対等に尊厳を持ち、ともに生きる願いを込めて「うない」と名付ける。家庭では男兄弟たちの守り神、共同体では神女として司ってきたウナイの思いを受け継ぎつつも、夫への忍従と貞節が求められる「良妻賢母」に回帰するのではなく、新しい意味を見いだそうとした。

参加する全員が主役で、それぞれが責任を持つという考えを貫き、実行委員長は置かない。こうして七十団体が立場や方法論の違いを超えて、女性であるという点で手をつないだフェスティバルは成功し、その様子を放送した十二時間番組はその年の日本婦人放送者懇談会賞（現放送ウーマン賞）などに輝いた。

源さんは二〇〇八年に定年退職する少し前までのおよそ二十年間、朝六時に出勤し、七時からの報道番組と九時半から正午までのバラエティー番組が合体した生放送を担当した。平和、女性、環境、沖縄がテーマの番組制作に力を注ぎ、運動にも携わり、二〇〇〇年からは市民団体「基地・軍隊を許さない行動する女たちの会」の事務局長を務めている。会費はなく、軍隊による性暴力を問う点でつながる緩やかな連帯で、参加者が得意分野で関わり、足りない部分を補い合っている。一九年六月には、米兵に殺害された女性の緊急追悼・抗議集会を開催。「彼女」は「私」だったかもしれない――。そんな声をすくい上げた。

もろさわさんが「女性史の原点」と表現する沖縄で、命を育む自然を新基地建設によって破壊する動きに抵抗し、戦争への道を伝統文化の表現で否定する女性たち。源さんの生きざまそのままに、脈々と伝わっている。

3　紡績工場の学院で学んだ教え子

――「社会に貢献を」の言葉胸に

「看護婦、保健婦になったのは先生たちの教えがあったから。その土台は鐘紡《かねぼう》の……先生たちの教育のおかげね」。新元号が発表された二〇一九年四月一日、横浜市の滝沢千代子さん（八七）宅に集まった高木明子さん（八六、横浜市）、月井はるさん（八六、東京都足立区）を前に、猫田陽子さん（八六、千葉県流山市）が明るい声を弾ませた。

四人は戦後間もなく、長野県小県《ちいさがた》郡丸子町（現上田市）にあった鐘淵紡績丸子工場で十代から働いた仲間だ。寮に住み込んで働く合間に、年少の労働者教育のために設けられた寮内の丸子高等文化学院で、後に女性史研究家になるもろさわようこさんや社会福祉学者になる一番ケ瀬康子さん、鐘淵化学工業（現カネカ）社長を務める新納真人さんらに学んだ。義務ではなく、希望者が出席。国家予算や社会の成り立ちなどを勉強した。自分たちも含めて給料のほとんどを実家に仕送りした人が多かった。

戦中や戦後の貧しさを体験しているため、反戦の思いは強い。月井さんは、安倍首相が憲法への自衛隊明記を打ち出すと、一軒ずつ回って一人で反対署名を集めた。猫田さんは「みんな先生の血を引いている」と思いながら聞いていた。

猫田さんは、軍部の発言力が大きくなる五・一五事件が起きた一九三二（昭和七）年、川崎市に生まれ、東京・品川区で育った。三歳で両親が離婚。母と二歳下の弟の三人で暮らした。太平洋戦争が始まった四一年ごろに母親の腎臓病が悪化すると、簡単な料理や洗濯など家事全般を引き受けるようになる。

「苦しいから医者を呼んで」。母にそう頼まれて暗い街を走った四四年十一月十七日未明。猫田さんが医者を連れて戻ると、母は既に亡くなっていた。寝込みがちの母が、食糧難にもかかわらず材料をかき集めて赤飯を炊いてくれた十二歳の誕生日の十日後だった。葬式の最中も近くに爆弾が落ちて空襲警報が鳴り続け、爆撃の振動だったのか、家が揺れたことを覚えている。

母方の実家に弟と引き取られ、長野県小県郡富士山村（現上田市）へ。勉強らしいことは何もせず、毎日山に行き、切ってあった木を引き出した。四五年八月十五日、祖母と一緒に出かけた温泉の入浴

鐘淵紡績丸子工場内に設けられた丸子高等文化学院の
教員をしているころのもろさわさん（中央）

中に敗戦を知る。「『日本が負けた』と大騒ぎになって初めて分かった」

伯父の家に畑はあったが田んぼはなく、貧しかった。居候の肩身は狭い。村に紡績工場の勧誘員が来て工女の募集をしていたことや、伯父が乗り気だったことが重なり、今の中学校に相当する国民学校高等科を一年で中退して、四六年、十三歳で鐘紡丸子工場に働きに出た。「両親は亡くなっているし、弟の面倒もみなければいけなかったから鐘紡に行くことはしょうがないと、抵抗はなかったけれど……」。学べる人がうらやましく、学校の友だちに別れは告げなかった。

二本の絹糸を一本に合わせる「合糸」という作業を担当し、紡績台を駆け回り、糸が途切れないようにつないだ。トイレに行くのも駆け足で、作業効率を上げるためローラースケートを履かされた時期もあった。出来高が張り出され、それに一喜一憂したという。

面会に来る祖母に給料のほとんどを渡し、弟の新制中学校卒業を支えた。工場では、食料不足で思うように食べられず、たびたび目が回った。入って間もないころ、祖母が面会に持ってきてくれた炒り豆が袋ごとなくなったときは大声で泣いた。もろさわさんが実家から持ってきたサツマイモを分けてくれたときは、心からありがたいと思った。朝早く起きることがつらかったものの、八時間労働の前後に勉強した学院で、もろさわさんの文芸の授業などに「すごく救われた」。詩を読む穏やかな口調。「なんとはなしに厳しいんだけれど、みんなすごく憧れていた」と語る。

もろさわさんが学院の教師として在籍したのは一九四八年秋までのわずか一年半ほどだが、教え子に与えた影響は大きい。「どんな小さなことでも、社会に貢献できる人になってください」という言葉に背中を押され、猫田さんも戦後を生き抜いた。

「先生が辞めた直後は切なくて、その影響もあって東京に行って何かやろうと感じたんですよね。紡績の女工ってばかにされるじゃない？　それも嫌で、社会で役に立つ人間にならなければといろいろ考えた」

寮の図書室の新聞で看護師の募集を見つけ、「これだ！」と思ったが、受験するために必要な学歴がない。「私は高等科に一年しか通っていない。そのときの先生に相談して、卒業とは書けないから、「一年修了」ということにしてくれたんです。願書を受け取る学校側が気付かなければ受け取ってくれるはず。通ればお前に運が付いている、と」。伯父や祖母は、猫田さんの収入がなくなるため鐘紡の退職に反対したが、五回目の受験で合格をつかみ取り、十八歳で進学。鐘紡で共に働き、学んだ親友が学費を二年間出してくれるなど支えてくれた。

病弱な母を見て育った経験から、働くうちに病気になる前に予防する大切さを痛感。看護師として三年勤めた退職金二万五千円を学資に長野県保健婦学校で学んだ時期も、仲間が資金面で援助してくれた。

結婚後、夫の転勤先だった熊本市の精神科病院で勤めたことが転機になった。「「普通の人と同じように接してほしい」と言われてやってみるうちに、自分に偏見があることに気付いた」。自分を変えていかなければと奮起。千葉県我孫子市役所への再就職後はアルコール依存症の支援に携わり、退職すると私財をなげうって精神障害者の作業所を開設した。

「社会に貢献するにはどうしたらいいのだろうか」。その言葉がいつも頭の片隅にあった。七〇年代から精神科病院で看護師として働き、病を抱える人が暮らす場所にも出向いてケアを行なってきた猫田さん。軍国少女だったもろさわさんが戦後、「つらい立場の人のそばで考え続ける」と決めた覚悟が重なり合う。同時に、戦争を再び起こさないための一票を投じようと、選挙だけは欠かさず行っている姿勢も通じる。

一方、子育てしながら働いていた七五年にNHK学園高校を五年かけて卒業。長い間気がかりだった「高等科修了」を実現できて「ほっとした」。

「歴史を拓くはじめの家」が設けられてからは、鐘紡時代の仲間と同窓会を兼ねて出掛けるのが恒例になった。しばらくの中断をはさみ、二〇一八年には月井さんと滝沢さんとともに前日から訪れて、もろさわさんを囲み、昔話に花が咲いた。

「いつ、何があるか分からないから。後悔は嫌」。耳下腺がんの切除手術を受けた三カ月後の一九年三月、初めて一人で飛行機に乗ってもろさわさんの講演を聞きに那覇まで出掛けた。その情熱と行動力はもろさわさん譲り。会うたびに刺激をもらい、励まされている。

4　部落差別に声を上げる女性たち
――「あなたのままで」と励まされ

真っすぐ前を見つめ、一歩ずつゆっくり足を踏み出す。二〇一九年六月十七日、もろさわようこさん（九四）は高知市内の病院でリハビリに励んでいた。左大腿骨の骨折と手術から約一カ月。自力でトイレに行けるまで回復した。

高知との関わりは三十年以上に及ぶ。講演をきっかけに、高知で部落差別と闘う女性たちが一九八八（昭和六十三）年から「歴史を拓くはじめの家」のつどいに参加した。その十年後、もろさわさんは人権を学ぶ拠点を高知市長浜地区に構えた。ここは六〇年代、小中学校で使う教科書の無償化を求めた闘争の発祥地。毎年度新しい教科書を買う負担が大きかった被差別部落の母親が中心になって、憲法二十六条にある義務教育は無償という文言を掲げて勝ち取り、全国に広がった。

もろさわさんが「終の棲家」と決めて、二〇一〇年に住民票を移した高齢者向け住宅は、部落解放同盟高知市連絡協議会を母体とする一般社団法人いきいきシルバー会が運営している。入るように勧めた竹村美也子さん（七八）は一九八八年から「はじめの家」の交流会に通い、姉妹拠点の責任者を開設時から務める。もろさわさんが入院している病院に新聞を届ける竹内千賀子さん（六七）とともに同協議会で指導的役割を担っている。

　同協議会は男女雇用機会均等法が八六年に施行される十年前から女性がリーダー的立場で女性の目線で仕事保障に取り組み、さらには介護保険事業に乗り出すなど注目を集める。信州から何度も視察に訪れた女性たちの中に、佐久市望月の清水篤子さん（六六）の姿もあった。

「人間解放の思想を知るには、部落と女の問題がリトマス試験紙」と主張するもろさわさん。清水さんは「闘士のような怖い先生」と想像し、地元にある「はじめの家」とも「私たち一般の人とは違う」「話は分かるだろうか、いていいのだろうか」と距離を置いた。いざもろさわさんと会って話をしてみると、自分を主張するよりも「あなたたちが自分の意見を、自分の言葉で言ってください」と促された人間性に触れたことで先入観が崩れていった。「はじめの家」のイベントでは台所仕事を手伝い、もろさわさんの信州滞在中は近くの温泉に送迎する間柄になった。

「悩み、迷ったとき、先生の「あなたのままでいいのよ」という言葉に励まされたんです」

　清水さんは、長野県小県郡丸子町で生まれ育った。実家のある地区が被差別部落だと、親から聞いた記憶はない。「はっきり分かったのは中学生。気にしたことも、嫌な思いをしたこともなかった。そういえば、社会科の授業で身分制度について習ったな、というぐらい」。自分の住んでいる場所は、地区外に比べて田畑のない家が多かったり、一軒に一家族が住むはずなのに二家族が住んでいたり、リヤカーが通るくらいの細い道しかなかったりした実状がそのためだとは知らなかった。

　一歳上のいとこと同じ境遇の高校生の集まりに参加したものの、テニス部の練習や試合に忙しく、途中から通わなくなった。差別体験の話を聞いても意味が分からず、他人事のような感じがした。「何で私が？」。そんな思いも抱えていた。身元調査も行なわれていた時代だったが、就職差別や職場で嫌な思いをしたこともなかった。

部落問題が「自分ごと」になったのは、結婚を考え始めたころだという。

一九七五年、二十二歳で「出身が同じ」夫に見初められて結婚した。「結婚するなら部落の人がいいのかなという思いがありました。お互いに部落同士だと、出身を相手にどう話すか、または話さないか、悩まなくて良かった。分かりますか？」。そう問われ、私は言葉を継げなかった。

清水さんが問題を学び、解放運動に関わり始めたのは、七六年生まれの長男が小学生になり、差別に立ち向かう意識を育む「解放子ども会」に通うようになってからだ。当時、地区の子どもたちは全員が解放子ども会に参加するような雰囲気だったという。引け目を感じずに育ってほしい——。そんな願いに加え、子どもが困ったときに「自分はこうだったんだよ」「こういう考え方もあるよね」と助言できる親になりたかった。どうして差別されるのか、どう立ち向かうのか。疑問はどんどん湧いた。

近年、インターネット上で被差別部落の地名が書き込まれる嫌がらせ、いわゆる暴露が続いている。一度拡散されると削除は難しく、情報は一人歩きしてしまう。時代の変化を踏まえた部落差別解消推進法が二〇一六年に施行されたが、差別の実態は大きく変わってはいないようだ。一七年の内閣府の世論調査で、部落差別を知っているなどと答えた人に、現在も差別が存在する理由を複数回答で尋ねると、「昔からある偏見や差別意識を、そのまま受け入れてしまう人が多いから」という解答が五五・八％で最も多かった。

「一番は結婚差別」と教えてくれた清水さんに、私は「今でもあるんですか」と聞いたことがある。部落差別は昔のこと、という思い込みが私にはあった。清水さんは即答した。「うちも長男がそうでした」。十年ほど前のことだという。「結婚式は挙げましたけど、相手の家からは誰一人来なかったです」

親として、二人の結婚をみんなに祝福してもらいたい。息子に「私たち親が出て行って「認めてください」と頭を下げようか」と聞いたが、うなずかなかった。

「今まで大きな悩みはなかったし、これまでの体験を隠すことも、恥ずかしいとも思わなかったけれど、そのときだけはどうしていまだにそういうことを言う人がいるのかな、これだけ一生懸命やっているのにどうしてなのかなと思いました」

そっとしておけば差別はなくなる「寝た子を起こすな」という意見もある。

しかし、清水さんは「長い歴史の中でなくなってこなかった差別が、何もしないでなくなることは考えられない。できるか、できないかではなくて、やっぱり自分たちの思いを言っていかないとだめだと思うんですね」と、声を上げる大切さを感じている。

半世紀近く前、同じように、もろさわさんは郷里の信濃毎日新聞に連載した「信濃のおんな」（一九六八年六月十九日付）に「部落差別が、日本の社会の体質にその病根を持っている以上、自然消滅を期待するのは、あまい幻想にすぎない」と書いた。被差別部落にルーツを持つ人たちを「人間差別の受難を、人間解放の栄光へ転化するため、努力を惜しまない」と表現した姿が、清水さんに重なる。

5　集い「何か」を見いだした女性たちの記録集
――営みや思い、未来に託す

梱包が解かれた瞬間、「すごい」「おめでとうございます」と感嘆の声が上がった。もろさわようこさん（九四）が出生地に構えた交流拠点「志縁の苑」の運営を考える会合が開かれた二〇一九年五月末、そこでの営みや関わる人の思いを編んだ記録集『志縁』の創刊号が届いた。

一九八二年に前身の「歴史を拓くはじめの家」が開設されてから三十七年。もろさわさんは今回の記録集に、看板や備品の由来などを記した。「次の号が出るまで生きていられるかどうか、分からないから」。営みを未来に託したい――という願いを込めたことが伝わる。

全国各地からさまざまな境遇の女性たちが共感しては集い、また離れた。カウンターカルチャーを創造する場は、関わりたい人たちが参加の仕方をそれぞれ考え、自分の責任でものごとを行なう自由を基本に据えたため、従来の運動体の概念では捉えきれない部分がある。

全国から営みに共感した人たちが集まる交流会について、もろさわさんは「各自がかかえている問題を、「家」を手がかりにして、方向性をみいだしてゆく模索の作業の一つとして」開いていると八三年の報告集に書いた（13頁）。対話する側の在り方がそこに映し出される拠点の場が「自分にとって何なのかと問いを持つこと、そしてその人なりの答えをみいだしてほしい」（62頁）と訴え、それを手放さずに関わらなければ自立への道はひらかれないのではないかとも言及する。もろさわさんも完璧ではない。理想に向かって飛び続ける自己脱皮の途上で、九十代半ばの今も「自分にうぬぼれていた」と反省することもしばしばだ。

「はじめの家」と、三十年を経て発展的改組された「志縁の苑」。世代を超えて「何か」を見いだし、引きつけられて来る人は今も続く。記録集『志縁』に寄稿した長野県上田市出身の天野沙紀さん（三八、東京都品川区）もその一人だ。東日本大震災直後の二〇一一年四月に訪ね、「感覚や感情など論理にならない言葉を大事にし、個人の経験を尊重し合える」とぬくもりを感じた。

もろさわさんが信濃毎日新聞で一九六六年から六八年にかけて連載した「信濃のおんな」は、実家で「バイブル」だった。天野さんの曽祖母の祖母にあたる小島弘子は明治時代にキリスト教の伝道に尽力。女性伝道者として全国で活動した後、上田に戻り、地方の教会として最も古い上田教会の設立などに関わった。弘子の曽祖母で、江戸時代に国学や和歌を学び、「女丈夫」と呼ばれた沓掛なか子とともに、「信濃のおんな」に登場する。

そんな歴史ある家の長女に生まれた天野さんは、実家にどう向き合うか迷い、葛藤を抱えていた時期に訪問。もろさわさんと話すうちに、女性であるが故に味わう悩みや理不尽さは「自分一人だけの個人的な問題ではなく、昔の女性たちも抱えていたという歴史につながった」ことで救われる思いがした。

長野県上水内郡信濃町出身の出版社社長、小林淳子さん（五四、東京都中野区）も「ここでなら自分の思いを話せて、自分を取り戻すことができる実感がある」と語る。初訪問は一九九五年。疎遠な時期もあったが、拠点を運営する一般財団法人の理事を二〇一三年の設立時から務め、今回の記録集の編集・進行管理を手掛けた。これまでの記録集を読み返す中で、他者の痛みを担い、忍耐の中で能動性を見いだすことがもろさわさんの解放像であり、その能動性が形式や立身出世を願うような功名に焦点が当たると、ただのエゴイズムになってしまうと考えているのだと思い至る。

理事の依田弘子さん（六五、長野県千曲市）は、もろさわさんの著作に「どの時代に読んでも古びない、計り知れない言葉の深さが眠っている」と魅力を感じる。読み返すたびに「新しい自分」との出会いにつながっている感覚がある。

昨年秋、基本的な考え方に気付かされた出来事があった。草創期から三十号を数える記録集は、どこにも値段が書かれていない。少しでも多くの人に読んでもらい、販売の手間もかからないように値段を決めて代金を入れる箱を置こうとしたら、もろさわさんに「欲しいと思う人が、自分の心と財布の中身に応じて決めればよい。そこで考えることが大切なのよ」と指摘された。多くの組織が「常識」としている会費を集めることは便利なシステムの一つで、「資本主義の効率優先の思考を、思いがけない深さで我がものとしていた」と気付く。依田さんは記録集でこう振り返った。

問われているのは「家」との関係性、己の生き方。基地や原発、人権問題について、自分にできることを模索し、どう行動につなげていくかを考えることと、記録集をどう手渡すかということは、同じ地平にあるのだ。

（『志縁』創刊号 89頁）

今回の記録集もこれまで通り値段の記載はないが、製作・発送にかかった約三十万円を賄うお金が寄せられている。

女性の権利が制限された家制度や、大政翼賛会の下部組織だった隣組などが「常識」で、着る物からヘアスタイルまで画一的に決められた戦前を生きたもろさわさん。社会保障の仕組みがある社会を前提に、自由と平等があって、個人が尊重される生き方ができると考え、生き方への共感で結ばれる志縁は「志を持てる自由」があってこそ育めると思う。米軍基地や原発、戦争への反対など、「世界中に志縁が広がっている」と語る。

かつて人々が縛られていた共同体の力が弱まり、抑圧から自由になった。インターネット上では共感は集めやすいのに、「無縁社会」という言葉に象徴されるように孤立してしまう人も多い。もろさわさんにはそんな現代が「自然が荒れ、効率が重視される社会で、命の濃さが薄れてしまった」ように見える。「お互いの人格を敬愛すること」が、志縁を成り立たせるために必要だという。

三十数年続いた営みは、長い歴史から見れば緒に就いたばかり。「これからの未来を生きるあなたたちが、あなたたちなりに受け継いでくださったら何てすてきだろうなと思っています」。いつもより少し軽やかな声が電話の向こうから聞こえてきた。「志縁の苑」で会合が予定されている七月二十日、未来に向けた模索がまた始まる。

「もろさわようこ」とわたしたち②

信濃毎日新聞で本書第二章収録の記事を掲載すると、鐘淵紡績丸子工場の鐘紡丸子高等文化学院でもろさわようこさんから教えを受けた猫田陽子さんが懸命に生きた様子を伝えた記事（89頁）と、部落差別と闘う女性たちを取り上げた記事（94頁）に共感の声が寄せられた。②では、二〇一九年七月二十四日掲載の感想を紹介する。

（年齢は新聞掲載時点）

誇り持つ大切さ、教わった

小森教子さん（86・さいたま市）

「上田の紡績工場の学院で学んだ教え子——「社会に貢献を」の言葉胸に」に登場する猫田陽子さんは私の恩人であり、親友であり、姉のような存在です。記事を読んだ夜、電話で一時間もおしゃべりしてしまいました。

鐘淵紡績丸子工場内の丸子高等文化学院創立の理念は「勤労文化の創造・人間平等」。早出・遅番・昼勤などの勤務の前後二時間ほどでしたが、戦前の軍国青年・良妻賢母を育成するのを目的とした教育とは全く違い、文芸・社会・新聞・良識などユニークな教科がありました。

戦争が終わって平和になったというのに、家が貧しくて進学を諦めて就職しなければならないことは本当に悲しいことでした。私も中野高等女学校をわずか四カ月で退学。夏と秋は母の実家の農作業を手伝い、冬は取り締まる警官の目を恐れながら夜行列車に乗って、分けてもらったリンゴを上野・浅草へ売りに行く闇屋を二年しました。貧乏は悲しい、つらいとつくづく思っていました。

そんなとき、貧乏に負けず、誇りを持って生きる大切さと、学ぶ楽しさを教えてくださったのはもろさわようこ先生と、後に社会福祉学の第一人者となられた故・一番ケ瀬康子先生でした。当時の友人と、お二人から教えを受けられた幸せを語り合っています。今の自分があるのは先生方のおかげと感謝しています。

七月二十一日の参院選投票日、娘に投票所まで連れて行ってもらい、改憲阻止のための一票を投じました。

「私たちは一票しか闘う場所がない」というもろさわ先生の言葉を胸に刻み、改憲を阻止する大切な一票を持つ身と自覚して病と闘っていこうと自分に言い聞かせています。

1948年、鐘紡丸子高等文化学院1年生の終業式を終えて
前列左から2人めがもろさわさん、右隣が小森教子さん、
後列左から猫田陽子さん、滝沢千代子さん

いつも笑顔だった継母

山口昭子さん（75・長野市）

両親は一人っ子同士の夫婦で、私も一人っ子です。一歳のときに実母と死別。数年後に父は再婚しましたが、その女性は被差別部落出身だったようで、婚姻届を出さないまま、私は育てられました。継母は読み、書き、そろばんができません。

数字が分からないので電話をかけられなかったり、行き先が読めないのでバスを全部止めて確認したりしていましたが、厳しくも優しく、いつも笑顔で慈悲の心を持った女性でした。

貧しい生活だったので、中学を卒業してすぐに私は就職することに。全ての就活の面接で「父子家庭の子どもは採用できません」と言われました。同じとき、別の学校の女子が「部落出身」ということで不採用になり、新聞記事になりました。父子家庭と被差別部落と違いはあれ、私もその方同様スタートからつまずき、今で言うパートとして働いてきました。

四十年前に継母が交通事故死したとき、警察の事情聴取で実生活での親子関係は認められましたが、戸籍上は親子関係になかった事実を突きつけられてショックを受けました。

父、継母からかわいがられて育ったので、「部落差別に声を上げる女性たち――「あなたのままで」と励まされ」に登場した女性が、親から実家は被差別部落と聞いた記憶はなく嫌な思いをしたこともなかった――という話は、継母の出身を聞いたことのない自分の経験と重なります。

今、豊かな生活になり、差別の内容もいろいろな意味で変化しているように考えさせられています。もっとお互いを思いやる心が育ってほしいと願うとともに、差別について関心を持ってもらうために努力を惜しまない関係者を応援したいと思っています。

社会貢献、生きる喜び

青木智恵子さん（84・長野県上田市）

私は昭和九（一九三四）年十一月、上田市の生まれで、戦争がひどくなった国民学校五年生のとき、埴科郡坂城町にある母の実家に疎開しました。父の自転車をこいで行ったことを覚えています。そこで終戦を迎えました。

もろさわようこさんが戦後間もなく、鐘淵紡績丸子工場内の学院で教えた生徒たちを取り上げた連載記事で紹介されていた「どんな小さなことでも、社会に貢献できる人になってください」という言葉に共感します。

長年介護した夫があっけなく亡くなった体験があり、「人生は分からないもの」「きょう一日が勝負」と生きてきました。

現在八十四歳。八十歳から、旧上田藩士の赤松小三郎（一八三一～六七年）の顕彰会が作った紙芝居「上田生まれの赤松小三郎さん」の読み聞かせを始めました。市内の小中学校や福祉センター、東京・浅草フランス座演芸場東洋館でも読ませていただくことができ、すごくうれしかったです。社会に貢献できているのかなと生きる喜びを味わっています。

第三章　志縁を拓く

1970 年代、沖縄で女性史講座の講師を務める

女性を指す言葉として「婦人」が一般的だった一九六〇年代に、やゆされる言葉でもあった「おんな」をあえて前面に打ち出して歴史の理解を深め、女性が抱える課題に向き合ったもろさわようこさん。自身が味わった苦難を原点に、女性たちが生きてきた道筋をたどり、自身の生き方を模索した著書は時代を超えて読み継がれている。私たちはもろさわさんのどんな視点に、何を学べるのだろうか。第三章では、もろさわさんと交流のあった識者や、功績に注目し、著作や問題提起から思索を深めた研究者の話を手掛かりに考える。七人の言葉から、ひと言では説明しきれないもろさわさんの足跡を多角的に見つめる。

1　もろさわさんは「私たちの歴史家」
——どう生きれば、足元照らす

翻訳家　斎藤 真理子さん

さいとう まりこ／一九六〇年、新潟市生まれ。八〇年から韓国語を学び、九〇～九一年に韓国・延世大学語学堂在学。『カステラ』（パク・ミンギュ、共訳）で第一回日本翻訳大賞受賞。『ヒョンナムオッパへ』（チョ・ナムジュ他著）で韓国文学翻訳賞翻訳大賞受賞。訳書に『ディディの傘』（ファン・ジョンウン）など多数。

韓国で百三十万部を超えるベストセラーとなった『82年生まれ、キム・ジヨン』（チョ・ナムジュ著、筑摩書房、二〇一八年）は、ヒロインが成長する過程で向き合った違和感や差別が描かれ、日本でも共感の輪が広がった。同じ年に生まれた私も「自分の物語だ！」と心が揺さぶられ、若手作家による短編小説集『フィフティ・ピープル』（チョン・セラン著、亜紀書房、一八年）とともに韓国文学に引き込まれるきっかけになった。この一九八二年に、もろさわようこさんは故郷に交流拠点「歴史を拓くはじめの家」を開設している。

新聞連載の準備で「はじめの家」の記録集三十冊を読み返していると、惹かれて読む韓国文学に必ず翻訳者として刻まれている斎藤真理子さん（東京都）の名前が飛び込んできた。多くの翻訳を手掛け、現在のブームを牽引する立役者の一人だ。

私は三年前にはじめてもろさわさんのお話をきき、熱狂した。

「モノに流されず、地位に甘んじることを目的とせず、自分は誰とともにあればいいのか、をつねに考える……それが、女の解放像、一人ひとりの解放像の基になると思います。それをなくしたとき、ちょうど民主々義の中味が空洞になり、内側から私たちをくいあらしていったように、女性解放の中味もうつろになるのでは……」

この一言で熱狂した。ぼんやりと考えていたことが、はじめてはっきりと語られたから。それで「家びらき」にでかけた。（23頁）

一九八四年に開催された二周年のつどいの寄稿で、この一節を見つけたときの興奮を忘れることができない。「一周年にも二周年にも、遅刻しながらかけつけた」と続く文章からは、そこに向かった切実さが漂ってくるようだった。『82年生まれ、キム・ジヨン』の版元の編集部を通じて、斎藤さんに取材を依頼したのは二〇一九年六月。「もろさわさんのことならお引き受けします」と、斎藤さんは七月、『ドキュメント女の百年5　女と権力』（平凡社、一九七八年）と『おんなろん序説』（未來社、八一年）を手に東京の信濃毎日新聞東京支社に現れた。もろさわさんが繰り返し主張してきた、歴史や社会の中のどこに自分がいるかを見定める重要性から、『82年生まれ、キム・ジヨン』への共感に潜む危うさまで話は広がり、気付くと三時間近くが過ぎていた。

＊

——大学時代から、もろさわさんの本を読んでいたそうですね。

女性問題を勉強するサークルで、先輩に勧められて『おんなの歴史』を読んだのが最初でした。もろさわさんは「私たちの歴史家」でした。日本の女性たちが歴史として叙述されるとき、誰が誰のために書き、記録しているかという視点が大切ですが、もろさわさんの本は、十年後、二十年後、私たちがどう生きていけばいいか、足元を照らすために書いていてくれた感じがあります。

当時はよく分かっていませんでしたが、もろさわさんが編集・解説された『ドキュメント女の百年』全六巻（一九七八〜七九年）のうち『女と権力』は出色の出来です。巻頭解説では、幕末に一人の女性が書いた『小梅日記』を取り上げています。歴史を俯瞰《ふかん》して見るのではなく、歴史の中にいた個人の声からアプローチして読み手を引きつける。部落問題や戦争責任問題を扱い、日本で朝鮮人の文学について研究した任展慧《イムジョネ》さんの文章をいち早く紹介し、大正時代のアナキスト金子文子の裁判記録も収録しています。歴史は、誰が語るかによって異なることがよく分かります。

私がそのころよく読んでいたのは、九州を足場に女性交流誌『無名通信』を創刊した森崎和江さんや、無名通信のメンバーでもあった石牟礼道子さん、それから河野信子さんの著作でした。彼女たちの書く言葉は東京の作家や学者の先生たちとは違う魅力があり、鋭さがあると思ったんですね。九州以外の人でそう感じたのはもろさわさんしかいませんでした。大学生だった八〇年代初頭はバブル前夜で、時代は繁栄に向かい、日本の戦争責任が空白化しているような感じがあった一方、もろさわさんをはじめ当

時私が惹かれた人たちには戦争責任が体の中心軸にありました。
韓国と縁ができてから、日本の加害性と向き合わなければいけないシーンが多く、葛藤も多かったので、もろさわさんが日本の加害性をしっかり書いてくれていたことは頼もしいことでした。女性は被害者であるけれど、加害者でもあると指摘している。その上で、どう考えればいいかを教えてくれる一人だった。私たちの星だったし、みんなの姉さんのようでした。

――「歴史を拓くはじめの家」の一周年、二周年のつどいに参加し、記録集に寄稿しています。

「はじめの家」の家びらきに参加した夏に、私は初めて韓国に行きました。韓国でショックを受けて、その後、休養のようなつもりで信州に出掛けたと思います。

一周年か、二周年だったたか。つどいの後に、「はじめの家」に一泊したときのことが忘れられません。十人にも満たない人たちと一緒に、もろさわさんを囲んで話をしたときのことです。

もろさわさんが、東京に働きに出た被差別部落出身の女性の話をしてくれました。女性は都会で有象無象の人に会ってもリテラシー（知識や経験値）がないため、相手がだまそうとしているか否かを見分けられない。知識がないことで人生の選択で危険を招くことがある、と。

その場にいた地方出身で東京に暮らす大学生の女性が、自分も「いつでも底辺に落ちうる恐怖感がある」と言ったら、もろさわさんがバシッと「違います。あなたの場合は階級のネットワークが助けるんです」と返したのです。今は社会のセーフティーネットが弱まっているため社会階層の保障はなく、一昼夜で転落することがありますが、当時、四年制大学に進学した女性の多くが、自分や親が属する階層内のつながりに支えられていたことは事実でした。

大事なのは、自分が歴史的、社会的にどこにいるかを客観的に見定めること。人間は社会的な生き物なので、自分の気持ちだけで存在していません。もろさわさんはその自覚と、そこから出発して考えることを彼女や私たちに促した。歴史を元に自己を俯瞰する必要があります。自分の親がどういう階級に属し、それがどう進展して、自分がいるのかという足場を理解した上で、初めていろいろな経験と照らし合わせることができる。

単なる共感には危うい部分があります。同じかもしれないと思っても違いがあり、そのときの女性のように「あなたはそうはならない」という事実を一回くぐり抜けないと、何に共感したらよいかという発見がありません。それなしの共感は実を結ばないことがあるし、立場が変わった途端に消えてしまう。『82年生まれ、キム・ジヨン』に共感する読者にも同じことが言えます。

共感が広がった背景には、日本の女性が、自分も男性社会に我慢してきたと本書を読んで初めて気付くという事実があり、それはとても大事なことでした。一方でこの物語に共感しない、できない人もいる。共感したら、その後に何を考えるかが大切です。

――女性史を切りひらいた高群逸枝さんの『火の国の女の日記』を読み、もろさわさんみたいだと思ったそうですね。

歴史学で果たした役割から見たら全然違いますが、ともに詩歌を生み出す際に発揮されるような直感を持って歴史を著述しようとしたこと、それなしには自分が成立しないような動機づけがあったことが似ているように感じます。自分が明日からどう生きようか、というときに、私に響いてきたのはジャンルを超えた人々の筆致でした。

女性問題が学問化していく八〇年代、先鋭的に、今で言うフェミニズムを意識していたのは女性の詩人たちです。茨木のり子さん、石垣りんさん、滝口雅子さん、高良留美子さん、永瀬清子さん、新川和江さん、吉原幸子さん……。彼女たちの詩を通じて、まさにフェミニズム的な考え方の息吹に触れることができたし、自分の成長がそのまま戦争への歴史と重なり、敗戦で何もかもがゼロになった女性たちが持つ言葉の広がりみたいなものも感じられました。

「はじめの家」を訪ねたころ、掲げられている「愛にみちて歴史をひらく」がよく分かりませんでした。大事な言葉なのだろうなとは思ったけれど、愛という言葉に当時の私は警戒心を持っていたんですね。今は、「愛にみちて」というのは、共同体のことではないかと考えるようになりました。女の解放は一人ではできないし、恋人や伴侶との間だけで、また核家族だけでできるものではなく、さまざまな形の愛情の在り方によって切りひらかれていきます。善き人間関係の積み重ねで実現していくのではないでしょうか。韓国の小説にはそこを追求している作品がよく見られます。

もろさわさんが思っている愛とは、共同体を維持するために最低限必要な助け合いや弱い者を労り合うことが当たり前に存在し、そういうことをした人が報われるようなもの。それぞれの愛が妨害されずに発露できるような社会になれば、ジェンダーのバランスの悪さが解消され、男女の役割分担も変わった形になっていくように思います。

『おんなろん序説』にある「女が指導的地位につくことはたいへん望ましいが、管理者になって人間差別を再生産する側に加担することは望ましくない」（43頁）といった文章は古くありません。男女がお互いをばかにしないで、尊重し合いながら生きていけるときに、何をするのか。解放の後でどんな社会をつくり何をするのか。中味が問われていると、もろさわさんは言い続けてきました。国内外で排外主義が強まり、多くの人が不安に脅かされる今こそ、もろさわさんの著作は読まれるべきだと思います。

2　『おんな・部落・沖縄』の問題提起
――女性史・ジェンダー史研究の入り口

信州大学人文学部教授　大串　潤児さん

おおぐし　じゅんじ／一九六九年、東京都生まれ。一橋大学大学院社会学専攻科博士課程単位取得退学。二〇一八年四月から現職。専門は日本現代史。主な著書に『「銃後」の民衆経験』、共著に『国策紙芝居からみる日本の戦争』『歴史を未来につなぐ』など。

二〇一八年夏からもろさわようこさんにインタビューを重ねる中で、もろさわさんが敗戦翌年の一九四六年十二月に長野市で開催された「全信州男女青年討論大会」に出たことを聞き、戦後の青年団について調べていると、会社の先輩が、『戦争と民衆の現代史』（現代史料出版、二〇〇五年）に収録された「戦後地域女子青年団運動の思想と行動」を紹介してくれた。著者は信州大学人文学部教授の大串潤児さん。「長野県女性史にあってはもろさわようこの仕事を無視することが出来ない」（112頁）という一文があった。同時に一九二〇年代から上田小県《ちいさがた》など東信地方を中心に全県で盛んに発行された村報・時報が戦後復刊、再刊されているが、そこにもろさわさんが寄稿していたことも分かった。その一つが、出生地近くの北御牧《きたみまき》青年団が毎月一回発行していた北御牧村時報だった。四七年二月十五日号に掲載されていた北御牧村島川原青年会講演会の「感想記」は、「人と人が触れ合えるものそれは言葉でなゐ、求める情熱が空間に於て火花を散らすのだ」と詩的表現にあふれ、後の女性史研究家の片鱗《へんりん》が見える。

もろさわさん自身も忘れていた七十年余り前の寄稿を記録してくれた大串さんを松本市の信州大学に訪ねたのは二〇一九年七月。戦後の青年たちがどういう思想や文化の影響を受けて自分たちの意識をつくっていったのかを研究する中で、もろさわさんの文章と出合ったという。長野県の女性史での位置付けなどを解説してもらった。

＊

――どんな時代背景や土壌から、もろさわさんという女性史家は生まれたのですか。

近代日本で、地域の「才女」たちは、自分の才能を開花させていくために進学し、都市に出て、物書きや研究者になっていくのが基本的な生き方でした。日露戦争ごろからは、出征する兵士の家族を援護するなど戦争への協力を通じて地域の名士として顕彰されていく女性もいます。女性が社会的地位を上げていく場合、この二つのベクトルが主なものだったのでしょう。

もろさわさんは尋常小学校六年生で都市に出ます。地域から抜け出したい思いはあったでしょうが、後に「信濃のおんな」を書いたように信州という地域へのこだわりもありました。近代の地域の才女たちの生き方そのものに違和感を覚え、地域に関してある種のアンビバレント（相反する感情が同時に存在するさま）な気持ちがあったのではないでしょうか。

戦後間もない一九四六（昭和二十一）年に全信州男女青年討論大会に出場するなど、民主化を担っていく青年団活動に接近するのも早いと言えます。戦前は軍国少女だった彼女が、どうして青年団で自分の意見を堂々と述べることができたのか。とても興味深い。大げさかもしれませんが、彼女なりに自分の戦争責任を考え、戦争経験を総括するためだったのではないかと考えられます。

――「信濃のおんな」は地域女性史の先駆けと言われています。

地域女性史が全国で本格化するのは七〇年代のことです。例えば、名古屋では主婦や労働者が手弁当で集まって、新聞記事を抜き出して年表を作るなど自分たちで叙述していく。書き手も、書かれる対象も「普通の」女性でした。

長野県内の例では、伊那谷から三重県四日市市の東亜紡織（現トーア紡）泊工場に就職した女性たちによる生活記録集『母の歴史』（河出書房、一九五四年）が五〇年代に出版されています。

また、本の入手が容易ではなく、女性が公然と読むこともはばかられる雰囲気が残っていたこの時期に飯伊婦人文庫も結成され、感想文をまとめた本が出版されるなど、女性たちが生活経験や生活の中のこまごまとした違和感を表現する媒体はあり、表現欲求も広がっていました。

八〇年代には、松本市で性風俗産業の施設建設が持ち上がると反対運動が起こり、松本女性史の会が記録集『〝買春〟許すまじ』（銀河書房、八四年）を刊行します。住民が地域や家庭、自己実現の問題など切実な悩みについて考えていったのです。

それに比べ、六〇年代という早い時期にもろさわさんが一人で「信濃のおんな」を書いたことは突出していると言えるでしょう。さまざまな長野県内の女性史を見ても、これを超えるものはなく、問題意識が鮮明です。当時の長野県では、女性が女性史を作るという風土ではなかったのかもしれません。県内の女性史において、もろさわさんの仕事を無視することはできず、県内でどう読まれていたかを調べてみると面白いと思います。

――今、もろさわさんの著作を読み、学ぶ意義はどこにあるのでしょうか。

長い歴史の中で、女性たちは今と全く違う考え方や価値観で生き、生活していた時代があります。現代の問題だけを見てもその本質や意味は分からないこともある。長いスパンで歴史の流れを見ることは、歴史は誰によってつくられていくものなのかを考えることにもなります。原始・古代から書いてある『信濃のおんな』（未來社、一九六九年）を辞典のように読むことができますし、問題意識が鮮明な長野県女性の通史としても読む意味があります。

六〇年代に一般的だった婦人ではなく「おんな」という言葉をタイトルに使った意味をわれわれは考えるべきでしょう。社会的な位置付けの中で他から与えられた「主婦」のような名称ではなく、社会的身分や地位は別として、一人一人が自分らしく、「私は私自身」であるという思いをすくい上げやすい表現です。

さらに、七四年刊行の『おんな・部落・沖縄』（未來社）で、「女性史を両性史とするとき、男女双方の関係の責任が問われてくるのではないか」（258頁）と言っています。日本史で男性史が意識されてくるのはここ数年で、問題提起としては相当早い。もろさわさんの仕事は沖縄や部落問題のみならず、女性史・ジェンダー史研究を考える入り口としての意義もあるのではないでしょうか。

3　スケールの大きい思想
――自明の理論見直す契機

近現代日本女性史・ジェンダー史研究者　平井　和子さん

ひらい　かずこ／一九五五年、広島市生まれ。専門は近現代日本女性史、ジェンダー史。著書に『日本占領とジェンダー　米軍・売買春と日本女性たち』（山川菊栄賞）。共編に『戦争と性暴力の比較史へ向けて』、共著に『創られた明治、創られる明治』など。

もろさわようこさんを「ジェンダー史の萌芽《ほうが》的存在」と受け止める一橋大学大学院ジェンダー社会科学研究センター客員研究員の平井和子さん（静岡県清水町）に初めて会ったのは、二〇一八年十一月、東京・新宿の婦選会館近くの喫茶店だった。ジェンダー研究の先駆者たちが、どのように学問の道などを志し、課題を探究してきたのかに迫った『ジェンダー研究を継承する』（人文書院、二〇一七年）で、平井さんはパイオニアの一人としてもろさわさんを挙げ、一橋大学の大学院生たちと一四年九月に聞き取りを行なった。

そんな平井さんに、もろさわさんが女性史研究の系譜に正当に位置付けられていないように感じていることを率直に尋ねてみたいと思ったのだ。「歴史を拓くはじめの家」の記録を読み返していると、平井さんは一九八七年に開かれた五周年のつどいの第一部「自分史をとおして語る」で「小さな町で「国家秘密法」を反対して」と題して発表。結婚して間もなく、家事の問題や「扶養」家族など妻が置かれる現状に直面するうちに、「性差別がいつ、誰れによって何のためにつくられたのか知りたくて」(4頁)、女性問題や女性史の本を夢中で読み、もろさわさんの本を読んで問題意識が明確になったことが記されている。結婚をきっかけに感じた性別役割分担や家制度への疑問から研究を始めた点は、もろさわさんが女性であるがゆえに抱えた葛藤を歴史と社会から問い直したことと重なる。

新聞連載用のインタビューは二〇一九年六月に静岡県三島市で行なった。平井さんは、一九八二年の「家びらき」を朝日新聞文化面の記事で知り、すぐに電話をかけたという。「テキストでしか知らなかったもろさわさんが呼び掛けるのがうれしくて、どきどきしながら会いに行った」と楽しそうに振り返ってくれた。この取材で、女性の身体性や母性性からフェミニズムを打ち立てたエコロジカル・フェミニズムに、もろさわさんの思想を位置付ける視点を提供してくれたことが印象に残っていたため、およそ一年半後の二〇二〇年十一月に改めてその話を聞いた。

＊

――もろさわさんの思想が平井さんの研究の背骨になっているそうですね。

一九七一(昭和四十六)年出版の『おんなの戦後史』(未來社)で、もろさわさんは「女が差別されているときは男もまた同じような差別状況を生きなければならない」(294頁)と書いています。これは、まさにジェンダー視点です。男性もまた性差別構造の中でつくられた存在であることを明示しています。日本にジェンダー史を打ち立てていかねばいけないと言われるのは九〇年代で、日本ジェンダー史学会ができるのは二〇〇四年。当時、ジェンダーという言葉は使われていませんでしたが、もろさわさんの概念にジェンダー史の萌芽を見ます。

同じころ、女性の戦争体験については『石ころに語る母たち』（未來社、一九六四年）や『あの人は帰ってこなかった』（岩波書店、六四年）など、戦争で子どもと夫を奪われた被害者の面ばかりに目が向けられていました。私は広島出身なので、原爆投下について被害者意識や悲惨さばかりを聞いて育ち、戦争は自分たちの小さな力ではどうにもならないもの、不可抗力の天変地異のような語りに違和感を覚えていました。

もろさわさんは軍国少女だった反省から、戦後、自分自身を変革する中で女性の戦争の共犯性を主張し、六〇年代後半に自己の戦争責任に向き合うべきだと言ったのは女性史研究の流れに先駆けています。戦後の母親たちの涙は「ナルシシズムにも似た自己愛惜の中で、戦争時代を情緒的に回想、その不幸を涙でしめらせることはあっても、戦争反対のための行動に大きく立上がっていないのは、戦死者の妻たちにおいても同じである」（『おんなの戦後史』48頁）という一節から、非戦争体験世代の私自身と歴史の関わりを考えられると実感しました。戦争を悲劇的な昔話として、「そのときに生まれなくて良かった」と聞いていた自分が、無自覚のまま共犯者になったり加害者になってしまったりするんだ、と。アジアの女性たちに対する加害性の指摘もまれな思想です。

さらに、もろさわさんは七五年からの国際女性年とその盛り上がりを熱い思いで迎えたけれども、このころ、人間や自然が「お金儲けの

道具となっている今の資本主義社会の中で、男女平等が実現しても、そこに輝かしい解放像を見ることはできない」と中央ではなく、矛盾や抑圧性が集中的に現れる「辺境」に向かいます。

従来の女性史を被害者史観にとどめず、そこで暮らす女性たちが作るボロ織りの帯やこたつの上がけ、刺し子など生活に根差した労働を「女ばたらき」と表現し、能動的に労働を楽しみ、美しいものをつくり出していることに光を当てている。一番被害を受けた人たちの中にある能動性（エイジェンシー）を見逃しません。それまでの女性史には欠けていた鋭い視点です。そんな点に新しさと光を失わない射程の長さを感じます。

――ウーマンリブ（女性解放運動）の提起を、もろさわさんが真摯に受け止めたことを評価しています。

リブを担った世代より上の女性史家たちは、リブを否定的に受け止めた人が多く、現在でも女性史の主流が編む歴史にリブが正当に位置付けられているとは言えません。そんな中、もろさわさんは当事から意義を認めています。聞き取りでは「近代の男仕立ての理論を脱ぎ捨ててすてきじゃない？」と言い、リブが東京・銀座で行なったジグザグデモは男の運動の踏襲ではないかと鋭い指摘もしました。

歴史的にみると、リブから女性学に、在野からアカデミズムに変わり、女性史が学問になっていくにつれて専門が細分化されていきます。私自身の専門も、近現代史の中の戦後の占領期と限定的。時代もテーマも細かく精緻になり、史料を読み込んで実証性も必要になる。そうすると、もろさわさんのように原始・古代から現代まで語れるような人はいません。スケールの大きいもろさわさんの思想と言論をきちんと位置付けられていないのは現代女性史・ジェンダー史の限界なのかもしれません。

オーラル・ヒストリーの分野でも優れた実践者として位置付けるべきです。かつては、語ったものを書き手が解釈して書くことが多かったのに対して、『ドキュメント女の百年1　女の一生』（一九七八年）に被差別部落出身の女性の語りを生かした聞き書きを既に収録している。読み手が自由に解釈できる資料の提供です。当時珍しかった本人に語らせる手法をなぜ採ったのか、聞いてみたいですね。

――もろさわさんの思想や発言はエコフェミニズムにどう位置付けられますか。

女性の身体性や母性性からフェミニズムを打ち立てたエコロジカル・フェミニズムは、反原発活動に寄与しました。私自身は、母性は近代以降につくられた幻想と考えていますが、もろさわさんの思想をエコフェミに位置付け、フェミニズムとエコロジーの結節点に持ってくると、国連が進めているSDGs（持続可能な開発目標）などグローバルな課題などともつながる気がします。

エコフェミは、近代科学によって破壊された環境を女性の文化で取り戻していこうとする「カルチュラル・エコフェミニズム」と、それを女性間にある階級や文化、人種的差異を無視していると批判し、資本主義や家父長制社会を乗り越えていくことを目指した「ソーシャル・エコフェミニズム」に大きく分類されます。もろさわさんの思想はどちらにも関わるように思いますが、母性については「後から付けられた女への囲い込み」とし、女性の身体性の特徴を母性に結び付けることには慎重で、社会政治や文化的な構築を重視するソーシャル・エコフェミニズムに近い。

もろさわさんが言うように、かつて母性は愛国心に回収されて、息子を戦場に送り出す母という痛ましい歴史や、戦後の高度経済成長を支える性別役割分担の肯定につながっていました。近年は、母性がこれまで引き受けてきた育児や介護など他者を看《み》るケア労働の観点から、エンパワーメントや抵抗の拠点となり得るという考え方が生まれています。二〇一五年発足の「安保法制に反対するママの会」は、「だれの　子どもも　ころさせない」と血縁を超えて次世代の命や環境を守ることを掲げている。そこにはかすかに近代や家父長制の批判もあると、肯定的な受け止めが始まっています。

一方、日本ではエコフェミが発展してこなかったという前提を再考する必要があると思います。もろさわさんが実践の場として設けた「歴史を拓くはじめの家」や「うちなぁ」、「よみがえりの家」に集った人たちは、環境保全運動をはじめ差別問題、夫婦別姓訴訟などを担うさまざまな人たちがいました。私が「はじめの家」のつどいに参加し、その帰りに仲良くなった人は、脱原発のために電力会社から電気を止められてランプ生活をしていました。中央やアカデミックな場だけで見ていると、日本のエコフェミの議論は深まらなかったと言われますが、「辺境」に行ったもろさわさんや、そこに集った人たちの実践を見れば、日本でもしっかり蓄積されていたと見直すこともできる。「家」の記録集からそういう人たちの姿が見えてくるのではないでしょうか。

――もろさわさんの著作のどんな点に着目して読み直すと、私たちが未来を拓く一歩になるでしょうか。

六〇～七〇年代に「婦人」でも「女性」でもなく、「おんな」を掲げたことは、急進的な女性をやゆした「ブルーストッキング」の和訳をタイトルとした文芸誌『青鞜《せいとう》』や、被差別部落の人たちが自分たちを「エタ」であると誇った水平社宣言などに通じる高らかな精神があります。あえて差別用語を使うことで、それに負けずに闘う意志と、どうして差別が生み出されたかを問い直していく意志の表明です。近年、「変態」と否定的意味で使われていた「クィア」を性的マイノリティーの当事者が戦略的に使うようになり、異性愛を前提とする社会を問い直す運動もそうです。

もろさわさんは、理論の中でずっと解放像を求めてきましたが、アニミズムの社会に生きる女性たちの愛と祈りから「直感」的に感じた解放像が自分にはフィットしたと言っています。相手の痛みを共有し、それをどうにかなくそうとしていく中に解放像がある、と。この解放像は近代的な知性では捉えることが難しく、日本のフェミニズムは理論で武装している面が強いため、もろさわさんが重要視される「直感」と相容れない部分があるかもしれません。ただ、最近になって歴史学で試みられているジェンダー感情史から見ていくと、もろさわさんが思想の基本に据えた視点に学問が追いつこうとしている気もします。

もろさわさんは近代の思想が行き渡る前の地域からの提起として、沖縄をフィールドとした一連の仕事の中で祭祀《さいし》に女性たちの愛や祈りを見たと書き、それをヤマトにも応用しようと試みている。今読み直すことで、女性史・ジェンダー史が自明としている理論を見直すきっかけになるかもしれません。

4　最も痛み深く生きる人々の場から見つめる
――常に問われ続けて

信州農村開発史研究所長　斎藤 洋一さん

さいとう よういち／一九五〇年、千葉県生まれ。学習院大学大学院人文科学研究科修士課程修了。佐久市五郎兵衛記念館学芸員、小諸市郷土博物館長などを経て、二〇一七～二〇年小諸市古文書調査室長。著書に『被差別部落の生活』、共著に『身分差別社会の真実』など。

世界かんがい施設遺産の「五郎兵衛用水」近辺で栽培されたブランド米で有名な長野県佐久市浅科。用水路開削の経過や史料などが展示される佐久市五郎兵衛記念館に併設された、信州農村開発史研究所の所長を歴史学者の斎藤洋一さんは務めている。この地域がまだ浅科村だった四十年余り前、被差別部落の人々の住む土地は一坪もないから早く出て行け――という「部落差別はり紙事件」が発生した。なぜ自分たちは差別されるのか。暮らせる土地は本当にないのか。住民たちは地域の歴史から差別の理由がないことを明らかにしたいと立ち上がった。歴史を取り戻すために古文書を持っていると思われる旧名主宅を訪ねると、史料が学習院大学に寄贈されていたことが分かり、村として大学側に返還を要求する。古文書の返還をきっかけに、一九八〇年に信州農村開発史研究所ができた。

助手として母校である学習院大学の史料館に勤めていた斎藤さんは、古文書の返還を巡る交渉の場に立ち合っていた。史料を追い掛けるように斎藤さんは八五年春に小諸市に移住し、地道に研究を続けてきた。私が斎藤さんに初めて会ったのは、二〇一九年五月、長野県の被差別部落の古老の聞き取りをまとめた柴田道子さんの『被差別部落の伝承と生活』（ちくま文庫）刊行の取材だった。眼差しは優しく、口調は穏やか。しかし、鋭く問題の本質を追求していく様子と古文書を真摯に読み解き、解説してくれたことが印象に残っていた。その姿に、もろさわさんが被差別部落の女性史解明に「およばずながら私もお手伝いしたい」と語った慎み深さの中にある使命感が重なった気がした。ゆっくり話を聴きたいという思いは二〇年七月と十二月に小諸市古文書調査室でかなった。学問や研究は「もっともいたみ深く生きる人びとの場」に立って行なわれるべきだという、もろさわさんの考え方が斎藤さんの研究姿勢に直結している。

＊

――もろさわさんとの出会いは。

長野県内では、長野市の善光寺町にあった近世の被差別地域とそこの住民について取り上げた論文を巡る「長野市史考事件」がありました。本の出版は一九六九（昭和四十四）年でしたが、部落解放同盟長野県連合会が問題にしたのは八一年のことです。史料に書いてある通りに所在地を図面入りで記載したことが取り上げられたのですが、それが問題ではないか、と。その後、長野県連は、識者にこの事件についてどう思うかという意見を求めた特集を出します。差別を助長しかねない、学問・研究の自由だというさまざまな論考が寄せられる中で、僕はもろさわ先生を知りました。

歴史を研究していると、どういう角度から史料を見るかが常に問われます。もろさわ先生の文章は短かったですが、「執筆者に、それらの人びとが味わった、疎外の極限状況を生きなければならなかったいたみに対する人間的共有があったならば、その資料考察は、差別をなくすために大きく貢献するものとなったはずである」（『続『長野市史考』と部落解放の課題』24頁）という言葉には考えさせられました。身分制社会で文字を書き残せた人たちの大半は、「差別する側」に属した人びとであるとも指摘しています。他者の痛みの上に、学問研究の「成果」を上げた学者の業績が厳しい批判にさらされた背景には、そうした痛みに無自覚だった研究者の存在があったと思います。

もろさわ先生が開設したオープンスペースの「家」は、全部「現場」にあります。女性差別を痛感した出生地であり原点の佐久市望月。次に沖縄、部落解放を目指す中で教科書無償運動が始まった高知市長浜。そういう「現場」に常に身を置いて、その人たちと話をし、発想する活動の中から史料を見ると、見え方は違うはずです。

こんな話もあります。毎年、信州農村開発史研究所の所員会議が開かれ、研究成果を発表する紀要を作ることになったとき、当時の所長だった歴史家の奈良本辰也先生が「若い人を励ますために、紀要の原稿には原稿料を出したい」と提案した。すると、もろさわ先生が「私たちは志で集まったのだから原稿料はいらない」と猛然と反対したんです。無会費で運営してきた「歴史を拓くはじめの家」（現「志縁の苑」）と同じ発想です。結局、研究所の紀要の原稿料はなく、所員会議の旅費も出ませんでした。

――もろさわさんの言葉で一番印象的なものは何ですか。

「部落の女は部落として差別され、さらに女として差別された」です。それまでは「部落」と一括りで考えていて、部落の中にもさらに考えなければいけない問題があることを知りませんでした。

部落問題に踏み込むと、「何か特別なことをやっている」と他の研究者たちから距離を置かれる面があります。歴史学者として、ちょっとはみ出してしまっている、と。僕でもそう感じるので、もろさわ先生の時代はもっとすごかったと想像します。一九七二年に、部落解放全国婦人集会の基調講演で、「部落の問題と女の問題はリトマス試験紙」と話したことも、後で読んですごいなと思いました。
「はじめの家」のふすまには、大事な言葉がいっぱい書いてあります。被差別部落に生まれ、差別によって学ぶことができず、後に識字学級で学んだ女性のこの言葉にはがつんとやられました。

ほんがよめても
じがかけても
ちえのないかたがおおい

ちえをまなぶぎろんだ
りくつはだれでもしっている
これはかいほうではない

ちえをうむことがかいほうである
じぶんたちのあしもとから
かえてゆくことがかいほうである

あしもとといえば
さべつのおもいをしてきたことだ
おやからふりかえること

旧浅科村が学習院大学に古文書の返還を求めた交渉の場で、大学側の「穢多」「非人」と書かれた史料だけを返すという提案に、住民たちは「先生たちが見て分からなくても、私たちが見れば分かるから全部返してほしい」と主張しました。例えば、村で会合があっても部落の人は呼ばれず、史料に出てこないことがある。書かれていないことが実は差別なのだと、現に差別されている自分たちが見れば差別があることは分かる、と。頭では分かっていたし、研究者のような顔をしていましたが、全然分かっていなかったわけです。知恵のない方の一人だと痛感しました。

——全国水平社から二年後の一九二四年に長野県水平社を創立し、四八年結成の部落解放全国委員会長野連合会委員長を務めた朝倉重吉（一八九六～一九六七年）に関する原稿を書くとき、もろさわさんの談話が参考になったそうですね。

長野県水平社は、二四年から入会権闘争で逮捕者がでる三一年まで差別との激しい闘いを展開します。その中心にいた一人が朝倉重吉さんでした。カナ文字の普及や、被差別部落から製糸工場に働きに行った女性が多くいたことなどから農民運動や労働運動との連携に努めます。一方、日中戦争下で、戦争政策に同調していったことが長野県連の大会のポスターから分かります。三七年は「ファッショ反対」とあったポスターは翌年の長野県連十五周年記念大会で、デザインは前年と同じなのに「国民精神総動員ニ協力セヨ」と記されました。運動方針にも、生活困窮を克服するために「満州農業移民の積極化」を入れ、会場に国旗を掲揚し、皇居遥拝、国歌斉唱、皇軍慰問感謝黙とうをしたようです。

活動をしていくためには、資金など必要なことがいろいろあったのでしょう。朝倉の生まれ育った小諸には、戦前から国会議員として活動し、初代小諸市長を務めた小山邦太郎という大政治家がいましたが、彼とつながっていたという話や、長野県内での組織の路線対立もあり、評価が分かれます。

『全国水平社を支えた人びと』（解放出版社、二〇〇二年）という本で、朝倉さんについて原稿を書く機会がありました。僕は朝倉さんに会ったことがないので、もろさわ先生に伺ったら、「すごく凜とした人だった」とおっしゃった。先生がそう言うのなら間違いないだろうと思い、いろんな評価はあるけれども、僕は先生の人物眼と評価をもとに「朝倉は、戦前・戦後をつうじて、ひたすら部落のために闘ってきた。戦時中のことも、朝倉からすれば、部落のためによかれと思ってしたことと思われる。（中略）そこには誤りと思われることもあった。しかし、朝倉が自ら求めることなく、ひたすら部落のために活動していることは信じられた」（73頁）と書いた。

もろさわ先生は研究者ではなく、現場に身を置いて、現場の声を聞きながら考え続けてきた人。付き合っている人たちは、それぞれ自分が抱えている問題に人生をかけて真剣に取り組んできている素晴らしい人ばかりで、その人たちを励ますような活動をしてきた。僕にとってもろさわ先生は「先生ならどうするだろうか」と考えさせられる一人。いつも背中をたたかれて刺激を受けると同時に、背中を押されています。

5　地域女性史を継承すべき歴史に
――ジェンダー視点で再評価を

立命館大学准教授　柳原　恵さん

やなぎわら めぐみ／一九八五年、岩手県生まれ。お茶の水女子大学大学院人間文化創成科学研究科博士課程修了。著書『〈化外〉のフェミニズム』で二〇一八年度女性史学賞受賞。二〇年四月から現職。

立命館大学准教授で、ジェンダー研究や地域女性史などが専門の柳原恵さんは、もろさわようこさんが編集・解説した『ドキュメント女の百年』に収録されたエッセーとの出合いが後の研究につながったという。取材のきっかけは、もろさわさんの連載を準備していた二〇一八年秋に柳原さんの著書『〈化外《けがい》〉のフェミニズム――岩手・麗《うら》ら舍読書会の〈おなご〉たち』（ドメス出版、二〇一八年）を読んだことに遡る。

東北で女性、女の子を意味する「おなご」という言葉を使い、国の統治が及ばない地方を意味する「化外」という視点から、岩手独自のフェミニズムの活動に迫る筆致に、もろさわさんの『信濃のおんな』や、けなされ、蔑まれるときに使われる「おんな」にこだわり、そこから問題を考える姿勢に通底するものがあるように感じたからだ。柳原さんは私と同世代で、男女雇用機会均等法が成立した一九八五年生まれなのも気になった。そんな思いをあたためた二〇二〇年十月、東京で話を聞いた。

＊

――ジェンダー研究に関心を抱いた経緯は。

出生地の岩手で生活する中で、「おなご（女の子）だから」とよく言われて育ちました。働いていた母が、「同じ仕事をしていても、給料が男の半分。本当に女は損だ」と愚痴を言っていたのを、子ども心におかしな話だと思っていました。成長し、大学進学にあたって、「女の子なのに大学に行っても金の無駄だ。どぶに捨てるようなもんだ」と言われたこともあります。「教師か看護師になるなら大学に行くのも分かるが、それ以外ならどうせ結婚したら終わり。そんなの意味がない」と。

こうしたことが学問として研究されていることを、大学入学前に高校の図書室で読んだ本で知りました。今まで思っていたもやもやを説明する言葉があり、「これはすごい」と、進学した筑波大で勉強しました。

卒業論文のテーマは、一九七〇年代の日本のウーマンリブ（女性解放運動）でした。国や家、男性に支配されていた女性の身体性を取り戻そう、問い直そうとしていたリブを勉強している中で、タイトルにぴんときて『ドキュメント女の百年4　女のからだ』（一九七九年）を読みました。収録されている岩手の故石川純子さんの「垂乳根《たらちね》の里へ」という、男性に統括された職場で働く自分と、わが子に乳を求められる母としてのはざまで「私とは何者か」を問うエッセーに引きこまれました。本をぱらぱらめくっていたときに、石川さんの言葉には飛び込んでくるような、惹きつける魅力がありました。

大学の図書館には、リブに関するちらしやミニコミなどを集めた『資料 日本ウーマン・リブ史』（松香堂書店、九二～九五年）もあって、そこには私が怒りを覚えたようなことが既に書かれていました。裏を返すと、全然変わっていないということ。大学院では、東北の地から性差別問題を提起した岩手独自のフェミニズムの活動を研究しました。

――もろさわさんからどんな影響を受けましたか。

もろさわさんに二〇一八年に初めて会ったとき、『ドキュメント女の百年』は、「歴史の流れにたゆたう花びらを拾い集めた」と聞きました。男性が記録した歴史を本流に例えると、女性の声は誰も気に留めない、一枚の花びらのように浮かんではすぐ消えて流されていってしまうようなもの。けれど、それに気付き、後世に残す価値を認めたもろさわさんが本に編んでくれたからこそ、思いがつながって、私の世代に手渡されたのです。

地域女性史の主な手段だった聞き書きや、学問研究ではなくリブのミニコミやビラの言葉を編んだ本には、森崎和江さんや石牟礼道子さんら有名な方も含まれていますが、全国的に知名度が高くない方の文章も収録されています。

また、もろさわさんは、「婦人」や「女性」ではなく、さげすみの表現「おんな」という言葉を使い、そこから差別について考えた。その視点が私は一番好きなところです。沖縄、被差別部落、アイヌ、東北という「中央」ではない女性たちへの眼差しにも影響を受けていると思います。

――性暴力を告発し、撲滅を目指す「#MeToo」運動やフラワーデモなどの動きが広がっています。

女性たちは長く沈黙していたわけではありません。デモの発端になった実父による娘への暴行など家庭内の性暴力はこれまでもありました。一九一一年に『青鞜《せいとう》』を創刊した平塚らいてうの時代から一顧だにされない状況が続いてきました。女性たちは声を上げてきたのに、社会はそれを聴く耳を持ってこなかったのです。

戦時中、岩手では夫の出征中、舅が嫁に性行為を強要する「粟まき」という問題がありました。地域の国防婦人会長を務めた伊藤まつをさんが相談にきた女性たちの声を記録し、石川さんが拾い上げ、私も引き継いで『〈化外〉のフェミニズム』で取り上げました。「隠すべきだ」「単なる家庭内の問題」などと言われがちで、私の本の記述を巡ってもSNSで「嘘じゃないか」とも書かれました。性暴力の告発という強い言葉ではないけれども、否認が根強い中で、当時は書き残すこと自体が抵抗です。闇に葬らないという意味で、「#MeToo」運動とも通じるものがあります。

性暴力の概念は、セクシュアルハラスメントと同様にフェミニズムから生まれ、八〇年代から使われ始めました。それまではメディアも乱暴やいたずらと報道し、暴力という認識がありませんでした。性暴力は人権侵害ではなく、男性中心的な意識に基づく女性の貞操観念の保護の問題とされてきました。「貞操を失った」「辱められた」被害者が偏見にさらされることへの配慮から、二〇一七年の刑法改正まで旧強姦罪が親告罪に留め置かれてきた問題ともつながってきます。被害当事者も性暴力が暴力だと認識を持つことができなかった。声を上げれば「本当に嫌なら逃げたはずだ」「加害者とされる男性を攻撃するためのうそだろう」などと二次的な加害も受けました。

フェミニズム的な考え方が社会に一定程度浸透したことを背景に

「#ＭｅＴｏｏ」の運動が生まれ、恥ずべきは被害者ではない、私も声を上げていいんだという力になったのではないでしょうか。

――今、地域で女性がどう生きたかを掘り起こしてきた地域女性史に取り組む意味は。

『ドキュメント女の百年』の言葉は、四十年以上経った今も響きます。例えば、農繁期の妊娠、出産が歓迎されず中絶した長野の女性の記録は、今で言うマタハラ。農村で女性がお腹の空く間がないほど妊娠し続けたという話は、避妊に協力しないことが暴力で、ドメスティックバイオレンス（ＤＶ）の範疇に入れることができます。アフターピル（緊急避妊薬）を薬局で販売するか議論されているように、女性の体を巡る問題は古びていません。もろさわさんが提起されてきた問題はいまだに解決されず、女性の体を巡る社会的状況は全く変わっていません。

地域女性史は、男性目線でしか捉えられない地域の歴史への反発から、その地域に生きる女性として、女性の歴史を探ろうと始まっていきました。八〇年代に入ると国際女性年の流れも受けて、自治体の女性政策の一環として女性史が作られるようになります。すると、遊郭や売春の話は恥ずべき歴史なので公表しないでくれと、行政目線で残しておきたい歴史になってしまった面がありました。女性の体が売買され、性が商品化されていた点は女性史で欠かせない視点なのに、切り落とされてしまう。九〇年代以降は自治体で作るところも少なくなり、担い手も高齢化しています。

ただ、地域女性史が掲げたテーマ「ここに生き、ここを変える」を実践することは、とても大変なことでした。都市部の女性にはピンとこないかもしれませんが、地域では女性だけで学習会を持つことがまず難しい。衆人監視のコミュニティの中で、「嫁いだ」女性が地域の集まりや婦人会、ＰＴＡと関係のない会に、家のことを差し置いて集うことが抵抗です。東京で生まれ育った方から見ると、岩手県北上市の小原麗子さんのように自宅を兼ねた「麗ら舎」を設立し、読書会を主宰することは感覚として普通かもしれません。でも、村社会の中で女性が独身で生きて、家を買うことは「逸脱行為」。そうした点に、今のジェンダー研究やフェミニズム研究は目が向いていないように感じます。

地域で生きてきた女性の歴史はあまり興味を持たれず、そもそも学べる機会もありませんでした。大学で女性史やジェンダーに関心がある人も、地元の女性の生き方にはやはり興味を覚えない。だからこそ、地域女性史を継承すべき歴史と位置付けて、戦後から残されている膨大な聞き書きの資料や、地域のサークルの冊子、そして『ドキュメント女の百年』などの文献をジェンダー研究の資料として読み直したいと思います。女性の歴史は残されていないので、聞き書きが主な手段でした。岩手でも戦後すぐに男性の地域史家や社会教育主事が記録していますが、研究資料として全然扱われていないのはもったいないことです。

一般的にジェンダー研究は、草の根の女性解放運動としてのリブ、学問的なフェミニズムの流れの上に成り立っています。学問の抽象的な理論や枠組みから問題を見ていくと、地域で働きながら子どもを産み、育て、介護をしている女性たちの生活感からどうしても離れていってしまう部分がありま す。私の両親は高校を卒業後に地元で就職し、祖父母も中学を卒業後に働き続けていた環境で育ち、私自身、高校を卒業したら働こうと思っていました。

ところが、ジェンダー研究の中では、私の周りにいたようなキャリアウーマンでも専業主婦でもない女性たちの姿は出てきません。都市部では過半数を超える大学進学率も、出身地の岩手では四割ほど。大学教育に触れていない、草の根の女性たちにフェミニズムを伝え、歴史を生の言葉で手渡す手段として、地域女性史が残してきた言葉があるのではないかと思っています。

今でも嫁しゅうとめ関係に悩んでいるというSNSへの投稿をよく見ますが、そうした問題は昔からありました。性暴力の問題や、女性の労働、貧困、健康問題も今に始まったことではありません。それはどうしてなのか。地域女性史を読むと、男性が主な稼ぎ手で、その補助に女性が位置付けられてきた近代社会の歴史が通底していることが分かったり、「私だけの苦しみじゃない」と救われたりするかもしれない。個人的な問題は政治的な問題、というのがフェミニズムの考え方。過去、歴史を学び地域女性史を目にすることで問題を普遍化できる可能性があります。ジェンダーの視点から地域女性史の資料を読み直し、再発見、再評価し、ジェンダー研究にも地域女性史の視点を接続することで研究がより豊かになっていくのではないかと思っています。

6　女性の視点で沖縄の歴史を捉え直す
――後世のために、記録し残す

沖縄女性史家　宮城　晴美さん

みやぎ はるみ／一九四九年、沖縄県座間味村生まれ。『座間味村史』を編集・刊行後、那覇市の女性史編集に携わる。新沖縄県史編集委員会副会長。著書に『母の遺したもの』、共著に『性暴力被害を聴く』など多数。

沖縄県教育委員会が発行した『沖縄県史』には、各論編八巻に沖縄の歴史を女性の視点から捉え直した『女性史』（二〇一六年）の巻がある。全国的に女性史は女性政策関係部署での発行が主流の中で、都道府県史として出されるのは珍しい。

もろさわようこさんは「女性史の原点は沖縄にある」と、一九七二年夏の訪問を皮切りに、時間とお金をやりくりして沖縄に通い始める。琉球新報社の事業部で働いていた島本幸子さんと親交が深かったことから、琉球新報の過去記事を調べると、七四年十月四日開催の「第二十四回新報女性ホール」に関連して、告知などが掲載されていた。講演は「女性史と沖縄」について。もろさわさんは「沖縄が女性史の宝庫であること。本土にある限りの婦人問題がここに凝縮した形でみられること。そして沖縄の女たちが沖縄の女の伝統を発展的に生かし、近代的女の解放を乗り越えた新しい女性像を確立してゆくとき、日本の女の解放を沖縄の女たちがさきがけとして開いてゆく可能性が大きいことを存分にしゃべってみたい」（十月三日付）と語っている。それから二十年後、現在の南城市に沖縄の生活文化と平和について考える拠点「歴史を拓くはじめの家うちなぁ」を構え、沖縄と関わりを深める。

そんなもろさわさんが現地でどのように取り上げられているかが気になり、沖縄県立図書館で『沖縄県史』の『女性史』を手に取ったのは二〇一九年二月と記憶している。ページをめくると、もろさわさんと沖縄の関わりが記されていた。驚いた。わずか一行の記録が彼女の貢献を知る手掛かりに思えた。全国的にも珍しい都道府県史の女性史がなぜ沖縄で生まれ、どんな意味があるのか。そして、もろさわさんの眼差しから学べることは何か。二〇年九月、新沖縄県史編集委員会副会長で、女性史編さんの部会長を務めた沖縄女性史家の宮城晴美さんを那覇市に訪ねた。

＊

――どういった背景から『沖縄県史 女性史』はできたのですか。

琉球王国時代、沖縄の女性は学ぶ機会を与えられず、男性に記録されてきました。女性が表現するようになるのは近代教育以降です。戦後は沖縄戦体験を中心に記録する女性たちが現れ、一九七〇年代以降は自身の経験から沖縄の社会を見つめ直して歴史を書き進めました。もろさわさんは七九年、琉球新報社の女性史講座で講師を務めます。それをきっかけに、受講生は女性史研究グループ「沖縄の女性史をひらくつどい」を立ち上げ、毎月テーマを設けて女性史の学習を続けました。女性たちは県内外の研究に触発されて女性たちによる女性史への関心が高まった時期でした。

さらに「国連女性の十年」最終年の八五年、女性たちが開いた「うないフェスティバル」（「うない」は沖縄の言葉で「姉妹」の意味）の盛り上がりが、女性の主体的な社会参加につながります。ラジオカーと電話による生中継インタビューに、もろさわさんも出演してもらいましたね。同じ年に那覇市は女性行動計画を作って、沖縄で初めての女性史の編集事業を打ち出し、大田昌秀知事時代の九四年、県史の女性史編さんが決まりました。

――女性の視点で歴史を捉え直し、記録して発信する意味についてどう考えていますか。

私が女性史に関心を持ったきっかけは、沖縄戦の「集団自決」です。祖父母は、米軍が初上陸した座間味島で起きた「集団自決」の生き残り。沖縄戦で、日本軍は米軍に情報が漏れるのを恐れ、「敵に捕まると強姦されるので、その前に玉砕を」と強要した。朝鮮の女性が日本軍の「慰安婦」として連れてこられていたことも、捕虜になれば自分もそうなると恐怖をあおられました。捕虜になるまいと家族を手にかける悲劇を調査していくと、犠牲者は圧倒的に女性と子どもでした。男性だけの家族で犠牲があった記録は見たことがありません。

米兵にレイプされる恐怖からなぜ女性は死を選択しなければならなかったのか。その背景には、明治時代に「琉球処分」で日本に併合され、夫への忍従と貞節が求められる「良妻賢母」教育の広がりがあります。沖縄では、琉球王国時代から儒教思想がもたらした父系血縁集団の「門中《ムンチュウ》」という制度が士族層で維持されてきました。家や位牌は長男が相続、継承するというルールがあり、女性は夫の「家」を継承する男児の出産が義務付けられました。こうした慣習は士族層に限られ、庶民層は関係なく生活していました。むしろ、一般には女性のほうが男性より地位が高いとされ、非常に伸びやかに生活していたのです。それが明治民法下で、家父長制が門中制度とミックスしたかたちで一般民衆に入り込んできます。

沖縄戦で敵を前にしたときに、家父長制が女性を死に仕向けてきたことを証言で聞き取っても、女性の言葉や視点で記録されることはほとんどありませんでした。記録をして残しておかないと、後世の人が思い込みや都合の良いように書いてしまう危険があり、読んだ人が判断するためにも記録は大切です。

沖縄戦での米軍上陸以来、沖縄の女性に対するレイプ事件が続いています。事件のたびに、女性たちは会見を開き問題を訴えてきましたが、メディアはほとんど報じませんでした。性犯罪の抗議に対し、男性たちからは「基地問題を女性問題に矮小化《わいしょう》化するな」と非難もされましたが、九五年の米兵少女性暴力事件で基地問題が初めて女性の人権問題として認識されるようになりました。

沖縄で起きていることを知ってもらいたい――。そんな思いから、米軍による事件の実態を本で取り上げたり、「基地・軍隊を許さない行動する女たちの会」の一員として被害の年表をまとめた冊子を作ったりしています。

――もろさわさんの沖縄とそこに生きる女性たちに寄り添う眼差しに学ぶところがあるそうですね。

昨年度（二〇一九年度）まで非常勤講師を務めた沖縄国際大学の「女性と歴史」という授業で、もろさわさんが沖縄・久高島の祭祀「イザイホー」を解説したテレビ番組を活用しました。一九七八年を最後に途絶え、神秘性を増していますが、三十歳から四十一歳の女性が「神女」になる儀式です。貞操観念に基づき、神女になれるのは夫以外の男性と性交渉の経験がない、結婚している女性だけ。レイプされたとしても参加する資格はありませんし、結婚前に好きな男性と性交渉があった場合はノロのところに行って許しを請うて、お詫びして参加するというプロセスがあるそうです。独身女性はなれません。

番組で、もろさわさんは祭祀における「良妻賢母」思想を「共同体からはみ出させないための統制、今日的に言うと良妻賢母にするために組織したのではないか」と指摘しています。

学生たちには、祈る女性たちが男性たちに都合よくまつられ、歴史とともに家父長制の論理が加わって、「良妻賢母」思想の呪縛があることを知ってもらいたいと考えました。

もろさわさんは、イザイホーには女性たちが伸びやかに生きてきた精神があるとも捉えた。その一方で、本土では女を蔑視し、卑しみ、苦難に耐えさせたことに対し、「沖縄ではあがめて、尊んで、人間的地平から上へ上げていろんな苦労を耐えさせた。聖化と蔑視は裏表」と分析していて、なるほどと思いました。

昨年受講した七十人ほどの学生からは、この祭りが七八年を最後に消えてしまったという残念さや、復活してほしいというストレートな反応がありましたが、家父長制が入り込んできた歴史背景を踏まえて、復活するのであれば祭りはどうあるべきか、新たな見方を準備できるという感想もありました。もろさわさんが番組で「祭りの原点は忘れず、形は変わっても心はますます磨いて伝えてほしいと思う。マイナスをプラスにして続けていってもらえたらうれしい」と発言しているように、今まで当り前にたたえられてきたことをジェンダー視点で捉え直し、新しい意味を見つけていくべきだと、私も思います。

九〇年代にヤマトの著名人が沖縄に移住してメディアをにぎわせましたが、数年後にその話題は消えました。「オキナワ」がテーマでは売れないという言葉が残り、常駐したことで排他性を感じた人もいたようです。そんな沖縄で、もろさわさんは、女性たちとの交流を通して、女性史を学ぶ機運を高め、長年にわたって県内外にメッセージを送ってきました。その中には、沖縄の人が忘れた、あるいは教わらなかった言葉の再発見もありました。

那覇市史で女性史編を作ることが決まり、それを作るために市民対象の女性学講座を九一年から始めたときのことです。もろさわさんにも、その年の十一月に二回、沖縄の古謡「おもろ」の解釈を交え、「沖縄女性史と日本女性史」について話してもらいました。「おもろ」に取り上げられている神女たちの歌「上がる三日月や　神ぎや金真弓」という言葉に、自然の中に神を感じ、感性豊かに体感している大らかな世界像に共感したこと。船人である男性の歌「吾がおなり御神の／守らてゝ　おわちやむ／やれ　ゑけ／弟おなり御神の／綾蝶　成りよわちへ／奇せ蝶　成りよわちへ」では、姉妹が兄弟を霊的に守るというおなり神が蝶々になって自分を守ってくれるという解説に感動したことを覚えています。

うちなぁ（沖縄）女の心の機微に寄り添い、政治に翻弄《ほんろう》される沖縄を発信し続けるもろさわさん。民俗学や言語学に及ぶ広い視野から女性の歴史を見つめ、歴史の中の女性たちの深層心理にまで入り込み、女性史研究を超えてその存在がある。その言葉の持つ重みを次世代に橋渡ししていきたいと思っています。

7　被差別部落の女性史を明らかにする
――分断と対立進む今に必要

近畿大学人権問題研究所教授　熊本　理抄さん

くまもと　りさ／一九七二年、福岡県生まれ。神戸市外国語大学在学中、留学先のカナダで先住民族や性的少数者の人権運動に出合う。国際人権NGO「反差別国際運動」日本委員会事務局で働いた後、二〇〇二年より近畿大学人権問題研究所教員。一九年より現職。

被差別部落のコミュニティで育った近畿大学人権問題研究所教授の熊本理抄さんは、マイノリティ女性の人権問題と社会運動を専門にしている。熊本さんが初めてもろさわようこさんに会ったのは、二〇〇九年十一月に沖縄県南城市で開かれた「歴史を拓くはじめの家うちなぁ」十五周年のつどいだったという。その十年後、私はインターネットでもろさわさんを取り上げていた熊本さんの論文を見つけ、彼女の存在を知った。しかし、当時は私の準備不足で取材はかなわなかった。

気になり続けていた熊本さんをもう一度意識したのは、翌年七月、もろさわさんと親交が深い信州農村開発史研究所長の斎藤洋一さん（本書124頁）への取材だった。熊本さんに取材を依頼し、承諾とともに送ってくれた『被差別部落女性の主体性形成に関する考察』（解放出版社、二〇二〇年）を読み進めるうちに、もろさわさんが「部落の女たちの歴史が、あきらかにならない限り、日本の女性史は完成されたものとはいえません」（『おんな・部落・沖縄』165頁）と訴え続けたことの答えが、そこにあったように感じた。何より、あとがきに記されていた非識字だったという祖母からの手紙とその意味、自身が置かれる歴史的・社会的状況を引き受けて「嫌でも社会が忘れさせてくれないものを、自ら積極的に担うことで、抵抗する」（『被差別部落女性の主体性形成に関する考察』438頁）覚悟を目にして胸を打たれた。

二〇年十月の夜、会議アプリ「Ｚｏｏｍ」を使って大阪と長野を結んだ取材は三時間半に及び、『おんな・部落・沖縄』に収められている講演録の一節が研究や本の執筆、米国に差別の歴史を学びに行きたいという思いを膨らませたことなどを語ってくれた。

＊

――女性史の中で、被差別部落の女性はどう位置付けられてきましたか。

一九二二（大正十二）年に創立された全国水平社に関して書かれたものは数多くありますが、戦後の女性史研究では、被差別部落の女性は研究対象とされてきませんでした。女性解放運動の中でも中心課題にならず、在日外国人、沖縄と同様にいつも付録的に扱われてしまう。マイノリティー女性の差別は一括して「女性の人権」と捉えられ、置き去りにされがちです。

部落問題と女性問題をそれぞれの枠組みの中でしか捉えていなかった七〇年代に、もろさわさんが部落差別と女性差別を切り離せないものとして捉える視点を提示したのは画期的でした。

私は福岡の部落で育つ中で、解放運動で置かれた女性の待遇に強い抵抗感を持っていました。祖母は非識字で、祖父から見下されるような侮蔑的な扱いを受けていた。祖母と同年代のもろさわさんが部落の女性に眼差しを向け、その女性たちの抑圧に関心を払わなかった女性解放運動や女性史研究を問うた意味は大きい。

米国のアフリカ系の女性たちが、複数の差別が絡み合うことで一人の人間にのしかかる抑圧が増幅する「交差性」という言葉を生み出すのは八〇年代後半で、それが国際的にも起点とされています。全国水平社の時代から、部落の女性たちは二重、三重の差別について言われてきましたが、もろさわさんの提起から議論が進んでいたら、日本発の思想として注目されていたのではないかと残念です。

部落解放同盟の全国婦人集会（全婦）が全国女性集会に名称が変更された九三年、運動方針で「部落解放と女性解放は一体のもの」という認識に立つことを掲げます。部落の女性たちが水平社時代とは違うかたちでの複合的な差別や、女性の権利について言い始めたのは、七九年に国連で女性差別撤廃条約が採択され、女性の地位向上を目指して開かれた世界女性会議という国際的な影響が非常に大きかったと思っています。

――部落解放運動の中で女性たちは主体性をどう確立していったのでしょうか。

高度経済成長の時代に、部落住民の社会的・経済的地位の向上を目的に同和対策事業が始まり、七〇年代に本格化します。保育所が建ち、子どもたちは高校に行けるようになる。雇用も生まれ、生活が見事に変わっていった。そんな行け行けどんどんだった時期に、「同和対策事業はもちろん生活を豊かにはしてくれるけれども、それだけではだめ」だと立ち止まったのは女性たちでした。なぜ差別されるのか。部落問題とは何か。六〇～七〇年代にかけて識字学級や解放子ども会などを生み出し、学びによって自身を解放しようとしました。部落の女性たちは自分たちの置かれている状況が単に二重の差別を受けているということではなく、女性解放運動やフェミニズムの考えや、反差別の人権という枠組みそのものに対して画期的な思想を生み出していきます。部落の女性たちがもろさわさんに惹かれていった理由の一つに、もろさわさんが自分の中から、思想や理念、哲学を生み出すことにこだわり続けられているところがあったのではないでしょうか。

　もっと学びたい、知りたい、語りたい――。そうした欲求の中、長野県で開かれた七二年の第十七回の全婦で、もろさわさんが講演します。女性差別を内包したまま部落差別撤廃を掲げる男性を批判し、自分たちがもやもやしていたものを言語化してくれた会場の一体感は感動的だったと思います。

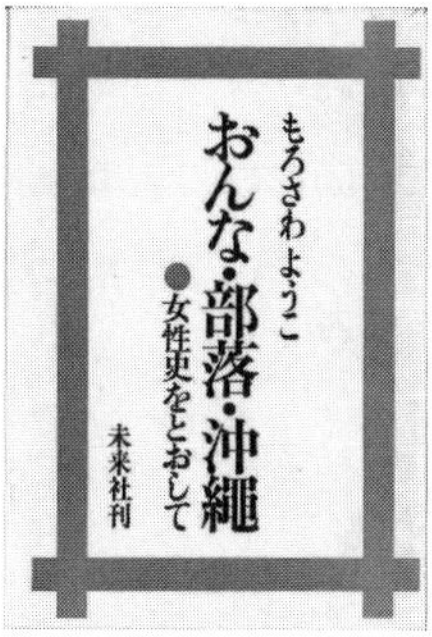

　その前に全婦で基調講演をした女性は、六七年の第十二回に婦人民主クラブ初代委員長を務めた松岡洋子さんだけです。全婦の計画を立てていた男性たちの中にも、これからの解放運動に重要なことがもろさわさんの話にあるという認識だったのでしょう。

　もろさわさんも、高度経済成長下での社会や人間のありように「本当にこのままでいいのか」という問題意識を抱える中で、部落女性たちと出会い、自分の理想や期待、希望を見いだした。でも、当時の部落解放運動の限界もあり、進みませんでした。

――二〇一六年に部落差別解消推進法ができて取り組みは進んでいますが、ネット上に差別を助長する書き込みがされるなど問題になっています。

部落問題の難しさは、被差別部落の出身ではない人が、自分の問題としてどう捉えていけばいいのか分かりにくいことです。「ブラック・ライブズ・マター（黒人の命を軽くみるな）」という構造的な人種差別撤廃を訴える運動に、白人の若者たちが賛同する動きがあります。しかし、日本では部落差別を受けていない人が結婚差別や、差別的な発言を「私はしません」とは言えても、自分の問題だと声を上げることはほとんどありません。経験や怒りなど問題を共有できる切り口や引き寄せて考える軸がないと、歴史性や社会性にひるみ、思考停止になってしまいます。

穢れ観や優生思想、能力主義をはじめとする部落差別を生み出してきた社会意識や、それらを支える家制度や戸籍制度など社会構造の中で生きる限り、誰もがそこから逃れられません。今の社会では、自分が差別、貧困、排除といった状況にいつ置かれるか分からない不安を抱えて生きていることも、そうした意識に根差す、部落問題とはかたちを変えて現れる別の差別を自身が受ける可能性を避けたいという防衛反応かもしれません。

近年、部落出身者との結婚差別は「相手が部落だから」という明確な理由というよりは、よく分からないもの、リスクを避けたいというものに変質しています。被差別部落の土地を買いたくないのも明確な理由があるのではなく、よく分からないものを自分の生活や環境からできる限り排除したいという安全志向によるものだと思います。それぞれが問題を引き寄せて考える切り口……部落差別への怒りや不安の共有という、小さくとも大切なものの積み重ねからしか始まらないのではないでしょうか。

個別の違いや認識を大切にして、差別や問題を突き詰める。その結果、違いを理解し、相手を尊重できる連帯の可能性が開かれることにつながっていくと考えています。部落差別を突き詰めていくことで、私はダリット（インドやネパールのカースト制度の被差別者）の人たちと出会い、女性であることを突き詰めながら部落の中の女性差別の葛藤や、女性を巡る多様性の問題に出合いましたから。

――自分ごととして部落問題に向き合ってきたもろさわさんの提起をどう受け止めますか。

私は部落差別を解明することに関心があります。それは自分の、そして日本社会の解明でもあるからです。もろさわさんが七〇年代から提起した部落解放と女性解放が一体のものという認識は部落解放運動の中では定着してきていますが、先駆的な指摘の分析や評価がされていません。「私の問題」として考え、対話を続け、連帯の意志を手放さなかったもろさわさんのような在り方から生まれる運動と思想こそ、分断と対立、マイノリティーへのバッシングが蔓延している現在に必要だと思います。

七二年の全婦で、もろさわさんは「(部落の女性史を)皆さん自身の手で是非あきらかにして、日本の女の解放の方向づけをうちだしてほしい。およばずながら私もそのことにはお手伝いをしたい」(『おんな・部落・沖縄』165頁)と語っています。これが彼女の信念であり生き方だったのでしょう。半世紀前の提起に応えるのが、私に課せられたこと。差別を生き延びてきた人の尊厳を取り戻す闘いの歴史について、研究を深めていきたいと考えています。

「もろさわようこ」とわたしたち③

第二章に登場する演出家の米倉日呂登さんが信濃毎日新聞連載の識者インタビューを読んで気づいたことは、父で俳優の米倉斉加年さん（故人）の絵画にまつわるものだった。両親と親交が深かったもろさわさんが、実は斉加年さんが画家として活動するきっかけをつくっている。

もろさわさんが米倉さん宅を訪れた際、斉加年さんの絵を見て感動。出版社に推薦して雑誌連載が決まった経過がある。そんなもろさわさんに小さいころからかわいがってもらっていたという日呂登さんが思ったこととは――。

③では、二〇一九年九月十一日掲載の意見を紹介する。

（年齢は新聞掲載時点）

人間の栄養になる言葉

米倉日呂登さん（60・川崎市）

父に『おとなになれなかった弟たちに…』（偕成社、一九八三年）という絵本があります。戦争被害を描いた作品ですが、単にそれだけでなく、弟のミルクを飲んだ自身の懺悔《ざんげ》録として読まれてきました。

その本にある「母に」という献辞を、私は単純に母親へのオマージュだと考えていました。しかし、連載第十六回（本書では第三章収録の近現代日本女性史・ジェンダー史研究者である平井和子さんによる「スケ

ールの大きい思想――自明の理論見直す契機」117頁）にあった「女性の共犯性」という言葉に撃たれました。父がその言葉を知らぬはずはありません。絵本『おとなに――』は自身の懺悔録、母親へのオマージュでありながら、子どもへの加害性も隠すことなく書けていたのではないか。そのために、読み続けられる作品となったのではないかと思いました。

私たちはリアリズム演劇を目指していますが、それは本来、社会と最も近い芸術で、そもそも芸術とは人間が人間として生きていく上で、最も重要な栄養であると、私は思っています。同様にもろさわさんの言葉は、人間が人間として生きていくために、必要な栄養となるはずです。もろさわさんの言葉は私たち自身の心の声、志です。

「志を持てる自由」は至言

桂木恵さん（66・長野県上田市）

第二部（本書では第二章）に出てきた「志を持てる自由」は至言です。家制度や地域の共同体など、かつて女性をきつく縛っていた仕組みは緩くなってきました。しかし、それがなぜ「志を持てる自由」にすぐには結び付かないのか。また、自由であるはずなのに、どうして分断や空虚に置き換わってしまう「無縁社会」なのか。

連載が提起した大きな二つの課題は、単に女性問題だけでなく、今日の日本社会そのものが抱えている病理であり、もろさわさんが言うところの「命の濃さの薄れ」です。便利なツールであるはずのネット空間でデマが拡散されたり、弱者が執拗にバッシングされたりすることまで起きています。

これらの課題はあまりに大きくて重いものですが、答えになるものがあるとしたら、歴史を真摯に見つめて学ぶことから探し出すしかありません。もろさわさんの営みに象徴される地縁・血縁を超えた「志縁」の歩みを知ることもまた、その大きな柱になり得るものだと思います。

励みと元気もらった

森志げ美さん（74・長野市）

もろさわ先生の『信濃のおんな』『沖縄おんな紀行』

『南米こころの細道』などを読み、励みと元気をもらっています。

五年ほど前の沖縄旅行で、平和と沖縄の生活文化を学ぶ「歴史を拓くはじめの家（現「志縁の苑」）うちなぁ」を訪ね、先生の話を聞きました。帰りには「生き抜きましょうね」と握手してくださいました。沖縄に関心を持ち、そのときに続き昨年も、米軍新基地建設が進む辺野古に行きました。

私は長い間、音訳録音図書を作るグループで活動してきました。数年前に、『信濃のおんな』上下二巻、約三十六時間をCDに残せたのが大切な経験でした。普通の主婦ですが、できる限り学習していきたいと思います。

人権感覚培うとは

山屋秀夫さん（63・長野県木島平村）

部落問題を扱った連載第七回（本書では第一章収録の「基本的人権、生き得ていない自分に気付いた」49頁）は、思わずどきっとして何回も読み返してしまう部分が多かった。これまでの自分を振り返ることになり、納得と共感、そして自問させられるところがあったからだと思う。

もろさわさんの言葉に「その人の人間解放の思想を知るには、部落と女の問題がリトマス試験紙」「何気なく使う言葉に加害性が潜み、無自覚に傷つけてしまう」「偏見に基づく差別意識が生活文化の中で培われてきましたから、今までの自分を解体しなければ向き合えない。部落の問題はあらゆる差別をなくす原点」とあった。

「人権感覚を培う」ということは、常に自分の意識と発する言葉、そして行動に対して鋭敏な感性を持ち続けて見返し、自問しながら生きるということか……。それにしても、「今までの自分を解体しなければ向き合えない」とは、厳しい指摘であると思った。と同時に、もろさわさんの本質を見つめる鋭い感性と、温かな人間性を感じた。

第四章　おんなたちへ

――もろさわようこが紡いだことば

2018年10月、長野の「志縁の苑」で執筆

第四章では、もろさわようこさんの論考や、講演などで紡いだことばを年代順に掲載する。

毎日出版文化賞を受賞した地域女性史の先駆け『信濃のおんな』、いち早く女性の戦争責任を問うた『おんなの戦後史』を抄録。『信濃のおんな』は新聞連載記事と書籍文章で異なる記述があり、新聞、書籍の良い部分を補い合うように再編集した。一九七〇年代の優れた論考である「女性史研究の中から」も収録。「女もまた天皇制をつくった」は文意を損なわないように読みやすくした。思想を実践する場として郷里の長野県に八二年に開設した「歴史を拓くはじめの家」について、草創期に行なわれた学習会で話したことばを、もろさわさんの「私感」を交えて構成し、掲載した。「歴史を拓くはじめの家」が二〇一三年に「志縁《しえん》の苑《その》」となった経緯について語ったことばも再掲する。

論考には、現代の人権意識などから見れば不適切と思われる差別語・不快語、表現が使われているが、時代背景や当時の発言意義を踏まえてそのままにした。また、最近の歴史学や部落問題の研究では、江戸幕府が被差別身分をつくりだしたという近世政治起源説は否定され、それ以前から存在していたと指摘されている。現在の研究などに基づくと収録文章には適さない表現もあるが、女性や虐げられた人々の視点や痛みから差別を見据え、当時もろさわさんが発言した意味は大きいと考えて原文のまま掲載する。

明らかな誤記はもろさわさんの著作などを参考にして修正した。送り仮名は「「歴史を拓くはじめの家」はどうしてできたか」を除き、原則として転載元のままとした。

『信濃のおんな』より

軍国の女たち

「吾子ならぬ大き皇国の御子なりと妊りし身を夫と語らう」(松本市・金原良子)

はじめて身ごもった若妻は、ほこらかにうたった。ときは太平洋戦争ただなかの昭和十七年。その年、文部省は「戦時家庭教育指導要綱」を発行、なかにしるしている。「家生活ハ単ナル家ノ生活ニ止マラズ、常ニ国家活動ノ源泉ナルコトヲ理解セシメ、一家ニ於ケル子女ハ単ニ家ノ子女トシテノミナラズ、実ニ皇国ノ後頸《こうけい》(あとのそなえ)トシテコレヲ育成スベキ所以ヲ自覚セシム」

「国家観念の涵養《かんよう》」とされたこの方針は、戦時になってから、新しくたてられたものではない。明治二十三年に発布された「教育勅語」に、すでに示されている。基本的人権を自覚した「市民」ではなく、天皇の忠良なる「臣民」形成が、明治期以来の教育の基本方針である。女子教育においても、このことは例外ではない。わが子を「吾子ならぬ大き皇国の御子」とする、けなげな「軍国の母」たちの出現は、権力側が志向した教育の効果だった。

「軍国の母」の典型は、戦前、小学校の国語教科書にとりあげられた「水兵の母」であろう。高千穂艦に乗り組み、日清戦争に従軍したわが子に、彼女は書き送った。「聞けば、そなたは豊島沖の海戦にも出ず、又八月十日の威海衛攻撃とやらにも、かく別の働なかりきとのこと。母は如何にも残念に思ひ候。何の為にいくさに御出なされ候ぞ。一命を捨てて君の御恩に報ゆる為には候はずや」

わが子の生還を望まない母はないのに、天皇のために死ねと言いきる母。「軍国の母」の鑑《かがみ》とされる、この「水兵の母」を見習い、わが子やわが夫の出征をはげまし、その戦死に際しても、「天皇陛下のため、御国のためなら……」と弔問客にけなげに応待する母や妻たちがいずれの戦争のときにも数多くいた。人間性の自然をおし殺し、犠牲と忍従をその生活原理とする女たちの、自虐を生きるすがたは、これら「軍国の母・妻」たちの中にあざやかにとりあつめられている。

日清・日露戦争における県下の軍国美談の傾向はさきにみたが、昭和期におけるものは、長野県学務部と松本連隊区司令部が昭和七年に編纂《へんさん》した『満洲事変・上海事変に長野県の生んだ美談佳話』に、百三十あまりの例がまずみられる。その大半は、出征する者も送る者も、生活苦や家庭の事情をかえりみず、君恩・国恩にむくゆるはこのときとばかり、勇躍しているすがたがとりあげられており、「軍国悲話」が「軍国美談」にすりかえられているのは、明治期とかわらない。

女たちの場合を、みだしによってみると、「御国の為にと愛児の使用を願出づ」「病夫に代つて愛児の出征に厳訓す」「生活苦の中にある母尚其愛児の出征を喜ぶ」「生活苦に対する憂を除き快く夫を出征せしむ」「新婚の妻克く夫の出征を激励す」「独息子の名誉の負傷に動ぜず」等々、「軍国の母・妻」たちが称揚されているほか、献金や慰問、戦勝祈願の例もあり、その他、血書による従軍看護婦採用の嘆願などもある。

明治期にくらべ昭和期における「軍国美談」の女たちの特色は、婦人会や女子青年団など、組織の慰問活動が目立つほか、従軍の血書嘆願という戦争参加の積極的な姿勢である。満州事変に際し、松本連隊へ寄せられた女たちの従軍志願の血書は五通六人。

「新聞の報導で知ります悲惨な満州事変は残念に思ひます。躍る胸を打ち鎮め、女子出征の時を待つて居ました所、昨日の新聞を見ますと彼の地は益々寒気が猛烈となり、死亡兵が多いとのことですが、妾も日本女子である以上之を唯見逃す事は出来ません。就ては彼の地に行き兵士様の為につくし度く存じますが、何も手蔓《てづる》がない為一人で迷つておりますから、甚だ失礼とは存じますが、連隊長様妾に彼の地で働く事の出来る様に御取計をお願申上ます。云々」（南佐久中込町・高橋とめ）。他の五人もほぼ同じような文面で嘆願している。また、夫の召集を夫と連署の血判で嘆願している妻もいる。

〃十五年戦争〃の発端である満州事変は、昭和六年九月十八日、関東軍がみずからの手で奉天郊外の鉄道を爆破、これを中国軍の行為であるとし、「自衛のため」といって戦争をはじめている。国民はそんな舞台裏を知らない。教育勅語の教えどおり、「一旦緩急アレハ義勇公ニ奉シ以テ天壌無窮ノ皇運ヲ扶翼」するため、男たちはあらゆる私事をかえりみず、ふるさと遠く大陸の野にいで立って行った。のこされた女たちは、「軍国の母・妻」として、「忠義」の観念と、人間的情愛の相剋《そうこく》に人知れず泣き、「軍国の乙女」は、報道される「忠勇無双の勇士」の上に、若いおもいを熱く燃えたたせた。

上海事変のおり、国民に熱狂的な感激を与えた戦場美談に、「爆弾三勇士」のことがある。三人の工兵が、攻撃路をひらくため、自分の生還を期せず、爆弾を抱いて鉄条網へ体当りし、壮烈な戦死をとげた話である。

このことが大きく報道されると、さっそく劇や映画にされ、また浪曲、講談などでも語られ、三人の銅像もたちまち建ち、その武勇がたたえられた。日露戦争のおり「君死に給ふことなかれ」と、反戦の志をうたいあげ、〝乱臣賊子〟との指弾にも屈することのなかった与謝野晶子すら、「爆薬筒を抱いてとびこんだ勇士の心を、歌をよむ心にしたい」と語っている。

だが、こんにちでは、このはなしは、創作されたものであることがあきらかにされている。導火線の長さを間違えたために生じた三工兵の事故死を、謀略にたけた軍関係者が「爆弾三勇士」美談につくりあげ、国民の戦意高揚をはかったのである。（加藤秀俊「美談の原型―爆弾三勇士」＝『朝日ジャーナル』昭和四十年四月十一日号）

つくられた美談はこのほかにもある。たとえば小学校の国語教科書にあった「一太郎やあい」の軍国美談もまたそうである。日露戦争のおり、港を出て行く軍用船に向かい、息せききって見送りにかけつけてきた老婆が「うちのことはしんぱいするな。天子様によく御ほうこうするだよ」と出征の息子へ叫び、人々を感激させたと美談は語る。ところが、老婆が大声で「其の船に乗つてゐるなら、鉄砲を上げろ」とよびかけたむすこは、バクチに身を持ちくずした放蕩《ほうとう》むすこ。祈祷《きとう》師として、ほそぼそ生計をたてている母のヘソクリ金を持ちだしてそのまま出征、母がおどろいて追いかけて来た事件が、軍国美談に仕立てられたのである。（津森宗太「偽られた軍国美談〝一太郎やあい〟」『読物時事』第五巻第九号）

このように美談のうらがわを知ってみると、さきにあげた「水兵の母」美談も、素直に信じられなくなる。母性愛のぬくもりみじんもない手紙のことばは、男の手による創作のにおいがたぶんにある。しかし、小学生の年齢では、まだそんな批判精神はない。つくられた美談によって、好戦的・国家主義的国民意識の形成がたくみにおこなわれていったのである。

うその美談を喧伝《けんでん》する一方、権力側は、まことの報道や真実の指摘を、きびしく抑圧、戦争を満州事変から次第にエスカレートさせ、太平洋戦争へと拡大していった。

二・四事件といわれる教員に対する大弾圧があったのは昭和八年。その夏、信濃毎日新聞（信毎）主筆桐生悠々は、関東防空大演習の無意味を、紙面で指摘した。敵機が関東の空に来襲するようになったら、戦争は負ける。そんなことのない作戦をこそたてるべきだ、と。このことによって、桐生は信毎を追われた。軍部の支持を背景に県下の在郷軍人代表たちが、強い圧力をかけたのである。桐生は、信毎退社後、名古屋郊外に住み、弾圧にめげず、雑誌「他山の石」を発行、死にいたるまで権力批判をおこない、戦争拡大の愚を叫び、戦時下日本の良識として、その存在がこんにちでは高く評価されている。

当時、県下における好戦的世論の形成は、もっぱら男たちがおこない、女たちの積極的な動きはみられない。ただ、官製婦人団体の幹部たちが、権力の同伴者として、オウムのような口まねで、「聖戦」の意義を説き、戦争協力の先棒かつぎをおこなっていた。

官製婦人団体である愛国婦人会（内務省系）、大日本連合婦人会（文部省系）、大日本国防婦人会（陸・海軍省系）は、昭和十七年、戦争協力へ一本化され、「大日本婦人会」となった。県下でも同様な統合がおこなわれたが、支部長の人選が軍部と官僚との対立できまらず、副支部長三人を置くといういきさつがあった。

「皇国伝統ノ婦徳修練」「家庭生活ノ非常準備確立」「家庭教育振興」「国防上必要ナル訓練」「軍人援護」などをその事業にうたいあげている婦人会は「兵隊さんは生命がけ、私たちはたすきがけ」のスローガンのもと、銃後活動に動員された。長野県厚生課の調べによると〝十五年戦争〟の出征兵士は、現役・応召者数陸軍だけで二十七万六千余人いる。おもてむきは、「勝ってくるぞと勇ましく」おくりだされた男たちであるが、かげでは、涙の愛別離苦がだれにもあった。

南佐久郡内山村（現佐久市）の赤沼ハツ子は、当時、郡でただ一人の女理容師。労務者として働いていた夫は養子。体格はわるかった。「うちのとうちゃんに召集くるときは、日本が三角にかしがったときだ」と、彼女はのどかに笑って言っていた。その夫に召集令状がきた。彼女はおどろいて夫に言った。「たいへんだ！　とうちゃんに身のおさめの札が来た！」。ときは昭和十八年。かぞえ五歳の長男をかしらに、三歳と生後八カ月の三人の子があるほか、なお妊娠中だった。出征の前夜、ハツ子は夫に迫って言った。「とうちゃん、金鵄《きんし》勲章もいらないし、階級も上がらないでいいから、かならず生きて還《かえ》ってきておくれや」。夫はかたく約束して行ったのに、ついに還ってこなかった。

「軍国の母・妻」とたたえられても、女たちはみな、子の、夫の生還を、胸のうちに血のしたたる切なさで、ねがっていた。〝十五年戦争〟における長野県の戦死者は、陸・海・空合わせ五万三千余人（県厚生課調べ）。こころえぐられる悲しみは、死者よりも生者にのこされている。

理知を触覚として、つねに自分の生きる意味を、人間としての場所から思索していた諏訪高女補習科一年の千野敏子は、昭和十六年夏にしるした。「私は戦争をあさましく思ふ世の反逆者である。世を挙げて戦争に挺身《ていしん》してゐる時に、私はどうしてもその時流に乗る事が出来ないやうな気がする」（『葦折れぬ』）。

その彼女ですら十二月八日には、つぎのようにしるしている。「日米開戦の報が伝はつた。もう全然どうすることもできない〝偉大なる現実〟が、私達の頭上に蔽いかぶさつて来たのだ。私とてもかうなつたらもう人一倍血湧き肉躍つてゐる」（前出）

国民のおおかたは緒戦の勝利に熱狂した。「しかし、私は不思議にそのニュースを聞いて〝そんなことをして日本は最後に勝てるつもりだろうか？〟と主人に反問したことを覚えている。何も深い知識があってのことではない。私の常識的な予感であった。その後引き続いてあの軍艦マーチをテーマとして発表する勝利の発表のニュースがあるごと、主人に笑われながら、私は首をかしげて、その勝利を疑うことがしばらく続いた」（『青春不滅』）と、当時を回想する若麻績八重子は、善光寺常円坊の主婦。太平洋戦争当時、彼女は四十歳、二男二女の母でもあった。くらしを誠実に生き、地味に生活の知恵をつんで来た者の常識と理性には、どうにも太平洋戦争が、無謀なものにおもえて、素直にうなずけないのであった。

太平洋戦争を含む第二次世界大戦は、三つの性格が、複雑にからみあっていたと指摘されている（遠山茂樹ほか『昭和史』）。

その①は、いわゆる枢軸諸国（日・独・伊）と反枢軸諸国（米・英・仏・その他）との、双方の側からの帝国主義戦争という性格。その②は、ファシズム（極端な民族的傾向を持つ暴力的独裁）に対し、民主主義を守ろうとする反ファッショ戦争の性格。その③は、被圧迫民族の民族解放戦争という性格である。

太平洋戦争の開戦理由として、日本は、ＡＢＣＤ包囲ライン（注＝Ａは米、Ｂは英、Ｃは中、Ｄは蘭）の突破をまずうたいあげた。この包囲ラインのＡ・Ｂ・Ｄラインは、アジアにおける米・英・蘭帝国主義と、日本帝国主義との対立激化のもっとも切迫した緊張状態であり、こんにちでも「大東亜戦争」肯定論者たちの有力な論拠になっている。だが、これは、太平洋戦争の、その①の性格の側面だけを強調したものであり、その②、その③の性格の側面に対する考察をまったく欠落させている。

さらに日本は、開戦理由の一つに、欧米諸国の植民地支配にくるしむアジア民族の解放をうたい、「大東亜共栄圏」の確立を言った。このことはあたかも、日本がアジアにおける民族解放戦争の推進者であるかのごとき錯覚を与えるが、まことの意図はそんな高邁《こうまい》なものではない。欧米諸国にかわり、日本が植民地支配者たらん野心のもとの「大東亜共栄圏」構想なのである。民族解放戦争の側面は、日本の侵略に抗戦する中国側にこそあった。

真実をみる眼をそなえた人たちは、これらのことをするどくみとおしていたが、治安維持法による弾圧と、きびしい言論統制の中で、彼らの声は、一般国民にまではとどかなかった。真実を知らない国民は、たしかな理性でみとおしたならば、負けるとわかりきっている戦争へ、飼い慣らされた家畜さながらのおとなしさで、指導者の狂信的なムチさばきのまま、追いたてられていった。

国家あって個人なし。戦争中の国民生活だった。政府は昭和十六年十一月、「人口政策確立要綱」をつくり、「一夫婦の出生児数を平均五児にすることを目標にする。そのためには、男女の初婚年齢を現在の年齢より三年早める」として、男は二十五歳、女は二十一歳までに結婚するよう奨励した。ために、「人的資源」の生産者である女たちは、食料も衣料もとぼしい配給生活の中で、「産めよ殖やせよ」

と、生物次元での多産と早婚が奨励された。

『北佐久郡志』（第三巻）によると、昭和十八年、岩村田町（現佐久市）では、未婚者に、「お国のために結婚して下さい」とよびかけ、兵事厚生課では「結婚は必勝の国策なり」と宣伝している。そして、地方事務所長・方面委員会・町村会長・結婚相談所長連名の要請状は言う。「結婚は単なる自己の都合や利害を中心に考えその時期を決する様な時代ではなくなりました」

国策に沿い、同じような奨励は県下いずれの市町村でもおこなわれたのだろう。かくして結婚したばかりの夫を戦地におくる新妻、父の顔を知らない子を背に負って遺骨をうけとる若妻の悲劇をあまた生み出している。

女たちは、早婚・多産を奨励される一方、戦線に狩り出されてゆく男たちに代わり、生産現場に大きく動員された。青壮年のいなくなった農村において、生産のおもなにない手は、女と老人であり、中等学校生をはじめ国民学校上級生もそこへ大きく動員されている。また十六歳以上二十五歳未満の無職の未婚女子は、昭和十九年一月以降、女子挺身隊員として、県内はもちろん、県外各地の軍需工場へ派遣されていった。その隊員の一人は言う。「父は軍務に服せない年齢だし、弟はまだ小学生だし、直接お国のためになる人が、家族の中に一人もいなかったので、私は学校の募集のとき、家族にも相談しないで、まっさきに手をあげて希望した」（当時上田高女生・新井高子）

若い女子挺身隊員たちのほとんどは、「お国のため」意識を強烈に胸に燃えたたせ、出征兵士さながらに、日の丸の旗と万歳の声に送られ、ふるさとをあとにした。

非民主的な政治体制下においては、国家機構は支配層のためのものであり、国民のためのものではない。にもかかわらず、国民のおおかたが「お国のため」にと、すすんで自己犠牲と献身の行為に出たのは、明治期以来、文盲率皆無を期した「臣民」教育の大きな成果である。

空に神風特別攻撃機が、海に回天魚雷が現われたのは南方の島々の日本軍全滅がつたえられ、アメリカの機動部隊による沖縄攻撃がはじまった昭和十九年秋なかばすぎである。

みずから操縦する飛行機や魚雷とともに、敵艦に突入、大きな戦果をあげようとする体当り戦法は、青春のただなかにいる若者たちによっておこなわれた。

青春とは人生の門出の季節。燃焼はげしい心が、生きる意味を求めてのたうつ季節でもある。身もこころもまだ若葉かぐわしいその季節に死だけが待っていた戦中の若者たち。若麻績八重子の長男隆は、大正大学国文科を繰り上げ卒業とともに、海軍予備学生となった。彼は一年間の予備学生生活のおわりに、決死隊にすすんで応じた。その日、隆は、遺書がわりにしるしていた「残記」のなかで、自分の決意をも一度、問いつめ、確認している。「生命が現象であるにとどまる間は、決死行といふものはない。死を生かすところに吾等の消滅がある」

子への愛に生きる母は、子のもつおもいをあたたかくつつんで、おのれのものとする。太平洋戦争に疑問を持っていた八重子であるが、わが身よりもいとおしいわが子が軍人となってからは、勝ったためにはと、「軍国の母」の高揚したおもいをもつようになっている。

隆は、哲学的な思索をこのむ繊細多感な青年だった。学生時代、好きな映画もみたくなくなり、新刊書や雑誌も買いたくなくなったのは、時局にへつらったものばかりだからと、俗物的なものをきらった。航空隊生活の中では「人に奪われしものを追う勿《なか》れ。利用されしを憤る勿れ。一瞬一瞬に凡てを流し去れ。そしてあくまで心を清く保て」と、自己浄化に精神を集中、訓練ひとすじにはげんでいる。

「宇佐の宮桃咲く梢今澄める」と辞世の句をのこし、昭和二十年四月、沖縄の海にむらがるアメリカ太平洋機動艦隊に体当りした隆は、若さまばゆい二十三歳。かねて覚悟していたことであったが、母の八重子は、知らせを聞いたとき、「急に高い巖上《がんじょう》から、突き放されたような空漠とした感じで」ボンヤリとなってしまい、涙がとめどもなくこぼれるばかりだった。父の智顗は「なぜ死んだか！」と仏前にすわったなり、読経をはじめたが、こらえてもせきあげる嗚咽で読経がとだえがちだった。

善光寺本堂うらに昭和三十六年、遺家族や有志によって建立された「神風特別攻撃隊」の碑がある。わきにならんだ県下の特攻隊戦没者氏名の中で、最年少は十六歳の小山良知（長野市松代町）。つづいて十七歳の半田昭穂（同上）と広沢文夫（佐久市）がいる。十八歳は十一人、十九歳十六人、二十歳十六人、二十一歳―二十四歳三十六人、二十五歳以上八人。あわせて九十人のうち過半数の四十六人が二十歳以下。彼らは「七つボタンはサクラにイカリ」と、戦争末期、少年たちがあどけなくうたってあこがれた予科練習生であろう。特攻隊員のなかば以上は、まだおとなになりきっていない少年たちだったのだ。彼らは、そのやわらかい魂を、国難を背負って立つ責任感にきびしく緊張させ、敵艦めがけて突入していったのである。

軍隊内は封建期の身分制そのままのきびしい階級差別がある。将校と下士官・兵では、衣食住はじめその他の待遇もまたちがう。不条理な差別と、過酷きわまる猛訓練に耐え、ひたすら、天皇のため、国のためとおもいつめて死んでいった少年たち。その母たちは、覚悟はしていても、やはり、子の死を知らされたときは、ぬけがらのようになった虚脱感の中で、涙にくれはてたはずだ。

死者は、その生を、もっともいつくしみ、いとおしんだ者のおもいの中にながらえて生きる。老いてもなお胸にのこる生み育てたわが子の膚のぬくもりを、母は、いまなお、おのれの生命のありかのようにまさぐっているのだ。若麻績八重子は涙とともに述懐する。「爾後《じご》二十余年、凡人である私は今でも隆の声を聞く。そしていつか玄関に、〝ただいま!〟と帰ってくるようなおもいさえしている」

子を死なせた母のおもいはだれもが同じである。敗色濃い戦局を、一挙に逆転させようと、人間魚雷回天をみずから考案、率先それに乗り、敵艦に体当りしていった仁科関夫は二十一歳。その母初枝は、佐久市前山に住む。海とおい山国の地にあっても、子のねむる海原の潮騒は、いまもなお彼女の胸によせかえし、秘めたおもいがときにせつなくこぼれでる。「わが家の桃太郎は、待てども待てども鬼が島から帰って来ない」と。

回天のもう一人の長野県関係者北村十二郎は、予科練出身の一飛曹。出撃の前、外出を許されたが、父母は台湾にあり、祖父母の住む郷里長野県にも、時間の関係で帰れなかった。彼は愛知県にいるおばのもとをおとずれ、まだ少年の気配おさなくのこるマユをあげ、「十二郎は子として親を思う点で人にまけぬと考えるが、しかしそれ以上に国を思っている」と、父母への伝言をことづけた。（鳥巣建之助『人間魚雷・回天と若人たち』）

特攻隊にすすんで志した若者たちがイメージづけていた「国」とは、よこしまな搾取や専制的な権力支配のない、人間性豊かに花咲く共同体なのだ。そのうるわしき共同体を維持・発展させてゆくために、みずからの生命をいけにえとした崇高な精神の持ち主たち、それが特攻隊員のおおかたではなかったろうか。同胞への没我的な愛の実践として、死におもむいて行った若者たちの誠実なこころは、同じおもいを生きた者のみが知る。

特攻隊の若者たちは、おりにふれてうたった。「九七ひとたび離陸のときは　金波銀波の波乗りこえてよ　誰れとて見送る人さえないが　泣いてくれるはあの娘一人よ」「可愛いあの娘を　じらして泣かす　回天乗りとて　石ではないが　浮世に一つの未練も残しゃ　エンマの前出て　ちょっとてれる〳〵」

日本の敗色おおいがたくなった昭和十九年七月、金原良子の夫は召集された。「召さるれば逃げむといいし夫なれど見返りもせで遂に征きたり」「夫征きて呆けし如く坐り居る昨日も今日も同じ所に」。子をみごもったとき、「大き皇国の御子」と、たからかにうたいあげた良子であったが、平和な家庭から、夫をもぎとっていった国家権力の非情を、まともに身に味わったとき、もはや、模範的な「軍国の妻」ではなかった。

「私が面会に行ったとき、夫は、〝あれはあかずの便所だ〟と教えた。あかずの便所は釘づけされて名の如くあかないのだが、これは軍隊の非常識な生活に耐えられない兵卒が、ここで首をくくって自殺したのだということである。口数のすくない極めて非社交的な夫にしてみれば、さぞかし辛い毎日だったろう。夫が苦労だと言わずに、〝これはあかずの便所だ〟と教えた気持を思うと本当に悲しかった」（松本母の会編『敗戦のあとさき』）

良子の夫は、中年近くなってはじめて一兵卒として召集された。夫と同じく召集された人たちは、いずれも長い市民生活にいたため奴隷扱いにひとしい軍隊生活が耐えがたく、発狂した人も、無理な訓練で死んだ人もいる。それらのことを聞いて、鉛のような重いものが良子の胸につかえた。

うるわしく観念づけていたものが、その中に身をさらしたとき、砂の城さながらにくずれてしまう幻滅は、すすんで徴用されていった女子挺身隊員も味わった。長野県女子専門学校家政科（刊行時は長野県短期大学、現長野県立大学）に在学していた若麻績秋子（八重子の二女）は、学業なかばだったが、みずから志願して、四十六人の仲間たちとともに、名古屋市にある三菱重工業へおもむいた。当時は、「一億一心」といわれ、国民がこころを一にして、難局にあたることが強調されていた。そのおもいにまじりけなく燃えたって、すすんで「産業戦士」となった挺身隊員たちである。

しかし、現実は彼女たちの夢づけていたものとは大きく異なっていた。十二時間労働と粗食・空腹は日常のこと。その上、「戦場の兵をおもえ」と、さらに過重労働がしいられた。

宣伝されていた事実と異なる工場生活の中で、ある日、秋子は工員たちのための特配物資を、会社側で横取りしているのを目撃、大きなショックをうけた。過労な上に、班長としての責任感も精神的な消耗として加わり、秋子は肺浸潤となって倒れた。自宅療養を許され、帰宅した秋子を追って来たのは憲兵だった。仮病かとうたがったのだ。逃亡奴隷を探索するにもひとしい、軍をうしろだてにした会社側の仕うちである。清純な愛国のまごころを、土足でふみにじられる屈辱をおぼえ、まだ起き上がれない病床で、秋子はくやしく泣いた。

「ほんとうのことを学校へ知らせてほしい」。愛知県の豊川海軍工廠《こうしょう》へ動員された長野高女の挺身隊長磯（武田）昭子も、隊員たちからせめたてられた。工員募集のパンフレットとは大きくちがっている殺風景なバラック建ての寄宿舎。不潔な寝具、夏の夜はノミの大軍に襲撃され、安眠できなかった。過重労働・粗食・空腹はここでも日常的。戦時版「女工哀史」がそこにあった。聞くと見るとでは、まったくちがう状況に、はじめ不満だった少女たちも、挺身隊員としてすすんでやって来た以上、弱音ははくまいと、結局、くわしいことはふるさとへ知らせず、互いにいたわりあって生産にとり組んだ。

特攻隊員たちが、みずから死地へおもむいたように、挺身隊員たちもまた、すすんで苦しい労働を身に課した。長野高女の挺身隊長である磯昭子と副隊長の赤羽根久子は、人事部の事務へまわされ、現場で働く人たちより仕事はたやすかった。だが、彼女らはこのことを喜ばなかった。「現場でみんなと共に働きたい」と申しだしても許されなかった。そこで二人は、胸のおもいを巻き紙にめんめんとしるし、機銃部の部長（海軍大佐）へ血判の嘆願書で直訴した。

このときのことを昭子は回想する。「ナイフで小指を切ろうとしたが、意外にも、自分で自分を傷つけることのむずかしいことを知った。痛くてどうしても刃が深く入らない。やっと少し切れて、しぼってみたが薄い血しか出てこない。……灯下管制のおおいをした電灯の丸い光りの下で、自分の小指を傷つけ難く必死になったことと、そしてその傷は間もなく消えたのに、不思議とその時の指の痛みを、今なお、鮮やかに感ずる」（『胸に穴があいた』）。

現場事務所に配属された黒柳（福島）民子・小山（児玉）貞子・上村ヒサ子の三人も、昭子たちと同じおもいだった。兵器生産にからだごとぶつけ、国おもうこころを完全燃焼させたかったのに、小ざっぱりと事務をしているのはいらだたしかった。旋盤やボーリングにとりくみ、油まみれになっている人たちがうらやましく、彼女たちもまた工場長に嘆願した。もちろんききいれられなかった。そこで、考えた末、やはり血書で嘆願、昭子たちと同じく、やっと現場へまわされた。

女学校卒業とともに動員された挺身隊員はまだ十七―十八歳。おりにふれ、ふるさとおもいなみだをこぼした。「足すりて今日も眠らん火の気なき冷たき床は悲しきものを」「病の床《いたつき》にて母呼ぶ友ありき泣きつつ寝入る頬寒し」(増田節子)

彼女たちは若さのさかりである。芋のつるや大豆ばかりのごはんでは、おなかがすいた。外出制限きびしい中を、工夫してはふかし芋の買いだしに出た。保存のきくいり豆は、ふるさとの家へたのんでおくってもらった。家でも食糧難だったが、それでも母は、娘のために工面しては豆をおくった。「あのころはまるでハトを飼っているみたいだった」。いまは笑いばなしになっているが、当時、すでに貨幣はあまり用をなさず、物々交換で豆を手に入れる母の苦労もたいへんだった。送ってもらった食糧は、同じ部屋の人たちみんなでわけあった。食糧泥棒が横行したのも、当時の寮生活の特色の一つ。粗食・過労で倒れる人もすくなからずいた。

鈴木百々代もその一人。車をだしてもらえないため、熱のある病軀《びょうく》を、むかえに来た兄にささえられ、遠い駅までの道のりをやっと歩いた彼女は、そのまま回復せず、一年後に没した。

娘を挺身隊におくりだした親たちは、出征兵士をおくりだしたと同じこころづかいで、家のことは心配させまいと、家人の死をも秘めて知らせなかった。挺身隊の徴用は、はじめ一年間とされ、娘たちも親たちも、日をかぞえて解除の日を待った。しかし、男たちのおおかたが召集されてしまうと、女たちは、生産のにない手としてかかせない存在となり、法があらためられて、さらに徴用が延期された。徴用から解除されるのは、結婚の場合だけである。本土の空襲が日常化され、軍関係の工場がねらいうちされるようになると、親たちは娘の身を心配して、にせの結婚の手続きをおこない、娘をよびもどすこともおこなわれた。

「一億玉砕」がいわれ、本土決戦の覚悟が強調されるようになると、娘たちはその髪を断ちきり、万一の場合の遺品として、親もとへ送った。久しぶりに許された二泊の帰省を、上田市の自宅で楽しんだ柳沢文子。彼女がふたたび豊川へたったあとの部屋には、リボンでたばねた断ちきった髪の毛に、歌が二首そえられていた。「かたみにと二十四年の黒髪を洗いきよめて手先おおのく」「父ゆるせ母も共にゆるされよ我はゆくなりかえらぬこの身を」。文子はその数日後、爆死した。


豊川海軍工廠に大爆撃が加えられたのは、広島に原子爆弾がおとされた翌日、昭和二十年八月七日である。その日、工廠で死んだ人は二千四百七十七人。負傷者は一万人以上。殉難者名簿からひろうと、長野県関係の女子は五十五人いる。惨状は、広島・長崎の原爆惨禍にひとしいものだった。

「廠内は見る影もなく爆破された。片づけきれずに手足や頭がころがり、焼けくすぶっている中を、寮を焼けだされた私達は、残った山の寮へといそいだ。興奮の一夜が明けた。生きていることが不思議に思えた。一応私達は工場へ行った。男工員達は廠内へ死体の整理に行った。掘っても掘ってもいくらでも死体が出てくると云っていた。私達の疎開工場のつづきに大きな松林があって、そこへ手足のはみ出たままの棺桶を山積みにしたトラックが次々と来て、林の中に降していった。きのうまで、くるめくような日没に映えて美しかった松林から、忽《たちま》ち死体の腐敗臭がむんむんとただよって来た。太ももを貫通銃創された男工員の手当を手伝っているとき、看護婦がピンセットにはさんだガーゼを、トンネルのように穴のあいた太ももに通してぐいぐい洗うと、真白いウジが、無数に這《は》いだした。私はそれをみて失神した」（太田みつ）

爆死した挺身隊員のふるさとの家に、からにひとしい遺骨の箱がもたらされたとき、松田照子の母は、愛娘のために用意しておいたよめ入りの振りそでをそれにかけてやって泣きくずれた。小林和子の母は骨箱を胸に抱き、「お家へ帰ってきたんだよ、おかあさんだよ」といつまでもなでさすっていた。等々力保子の母は、「あんたたちは生きて帰れたのに……娘をかえして！」と、娘の同僚にむしゃぶりついて泣いた。仁科保子の母は、葬儀屋へ花輪をたのみにゆく道すがら、「これが娘にしてやれる最後のはなむけ」とおもうと、ふたたびとめどもなくなみだがながれ、大地へのめりこむようなかなしみがつきなかった。

挺身隊員として軍属身分で戦死した人たちに対する国家の補償はまことにうすい。二十年たってやっと、兵の半分の年金が支給されるようになっただけ。弔慰金も国債三万円。「お国のために」死んだのはだれも同じなのにと、遺族たちは、これらの差別に対して、なお、晴れやらぬおもいにいる。

挺身隊員として豊川工廠に働き、爆撃から生きのこった長野高女・上田高女の卒業生が中心になって、当時の記録集『胸に穴があいた』の作成がすすめられ、このほど出版された。戦争の惨禍を、その身にきびしく体験した彼女たちは、憲法の前文にうたわれている「政府の行為によって再び戦争の惨禍が起ることのないやうにすることを決意し」た、信濃のたのもしい女たちの一群でもある。

その多くが、挺身隊員たちと同じ年ごろで、やはり、「お国のために」戦死した女たちに、従軍看護婦がいる。日清・日露戦争の県下の従軍看護婦については、明治期の項でふれた。太平洋戦争に従軍した日赤の「赤十字救護員」で県関係の戦死者は二十九人（日赤県支部調べ）を数える。

（『信濃毎日新聞』1968年6月25日〜7月7日初出／『信濃のおんな（下）』未來社、1969年）

敗戦と女たち

人はそのことにどのように参加したかによって、ことの結果に対するうけとめかたもまたちがう。敗戦のショックもっとも大きかったのは、言われるままに戦争を「聖戦」と信じ、教えこまれるままに「神勅」をまことのものと信じて、絶対主義的天皇制を宗教的次元でうけとめ、殉教にもひとしい純粋な熱情で、戦争に身を挺していった人たちであろう。

戦争中は「神国日本」が強調された。現人神《あらひとがみ》である「万世一系」の天皇の統治する「神国日本」は、どんな難局に立ちいたろうとも、最後には、「神風」が吹いてかならず勝つ奇跡がおこると宣伝されたのだ。

だが、神風はついに吹かなかった。

昭和二十年八月十五日正午、ラジオから流れるはじめて聞く天皇の声。

「ふるえてよく聞きとれないながらもやはりまけたのだった。無条件降伏、完全な背負い投げ。本当に何の心構えも持たなかった私は、目先がまっくらになってしまった。上陸してくるアメリカ兵に殺されるのか、何をされるのか、皆目見当もつかずおびえながらも、それでも〝東部軍管区情報！〟という耳なれた臨時ニュースが入らないことだけでも何となくほっとした。かけっ放しのラジオから、警戒警報・空襲警報のしらせが聞こえないことには、なにかラジオが用をなさなくなってしまったような錯覚をさえ起す」（前出『敗戦のあとさき』）

敗戦ま近の日、一億玉砕を信じ、自分の死ぬことはともかく、いとけないわが子をどのように殺そうかと考えて泣いた金原良子は、敗戦の日をこのようにむかえた。出征した夫は消息不明。彼女は子を背負って、その後、生家へもどった。「農家のこととてただ単純にひたむきに政府を信じていた家族は、呆然《ぼうぜん》として、それでも飼っていた蚕に桑だけはやっていた。誰もものを言わず、思うことはただ一つ、外地にいった二人の息子を、夫を、兄弟を、親は親なりに、妻は妻なりに、私たち姉妹は姉妹なりに考えて、食事の時間さえ忘れた。敗けたことが口惜しかったのか、欺かれた自分がなさけなかったのか。泣いて泣いて眼のあけなくなった妹が、足をふみはずして炉に落ち、大火傷をしたのもこの時だった」（前出）

無条件降伏の日、似たような混乱、虚脱、解放感、あざむかれた怒りと悲しみは、おおかたの国民が味わった。ことに子や夫を戦死させた人たちにとって、その後に暴露された戦争の実態、指導層の厚顔な無責任ぶりを見聞するにつけ、大地にのたうってもなおあきたらない苦しいかなしみがあった。

長野県連合婦人会が刊行した『戦後信州女性史』（辻村輝雄著）には、夫を戦死させた妻たちの死の苦しみよりもなお深い、怒りとかなしみの例がいくつかあげられている。

たとえば、伊那市富県のある妻は、渡された夫の遺骨の箱をあけてみると、中には「けずってもない木片に、〝英霊〟とゴム印がおしてあるだけ」であった。紙きれ一枚の命令でどこへとも知らされずに連れ去られ、弾よけの消耗品として、むざんにその生命を散らされたあげく、死後の取り扱いも冷淡きわまりないのだ。彼女はみじめすぎる取り扱われ方に、怒りと悲しみと夫いとおしさに、夜もすがら寝もやらで泣きとおした。そしてその後一カ月ばかり、くらしに追われる日々を、ともかくささえて惰性のように生きていたが、ある日、天竜川のほとりをとおりかかった。

川は豪雨をあつめ、濁流がうずまいていた。この水に飛びこんだなら、夫のもとへゆかれる。無意識のうちに、彼女は濁流めがけてすすんでいた。濁流にはおそろしさよりたのしいいざないがあった。だが、川へはいろうとした瞬間、衝撃的におもいうかんだのは家に待っている五人の子どもたちのことだった。「征くとき、子どもや家のことをあれほど頼まれたのに、いま自分が死んだらどうなる？死んではならない。気づいたら恐ろしくなって、われ知らず、あとずさりをしてしまった」。彼女はこのときから生きる覚悟を新しくした。「もう自分は、女としては夫といっしょに死んだも同様であるが、母として強く強く子どもを守りぬかなければならないと決心した。それからというものは、男のなかに入って、どんな仕事もできないことはなかった」

また飯田市白山町のある妻は、二十五歳のとき生後二カ月の子をかかえ、夫の出征をみおくっている。遺骨の箱には、〝英霊〟としるされた紙が一枚あるだけ。夫の死のたしかさを、実感的に確認できない彼女は、むなしいのぞみと知りながら、「日本紙に英霊《みたま》とのみの骨箱に主人《つま》はかえると今も待ち居つ」と詠《よ》んでいる。

長野県下には、「戦没者の妻に対する特別給付金」の受給者が八千五百二十人いる（昭和四十三年四月現在）。はじめ約一万五千人を対象としたが、再婚者はのぞかれたため、当初みこまれた数よりはるかにすくない。しかし、それでもなお、女としての人生をあきらめざるを得なかった女たちの存在は、数字的にも、その不幸の大きさが、あざやかに示されている。

県下有権者数は、昭和四十三年六月二十日現在、男六十万九千八百七十九人、女七十万二千六百五十六人。女が男より九万二千七百人あまり多い。このことの原因はいくつか考えられるが、基本的なものとしては、男たちの戦死による男女比のアンバランスがまず指摘できる。また、戦死者は、結婚前の男たちが、結婚した男たちより数多い。ために、結婚の対象年齢層の戦死により、独身をよぎなくされる女たちもまたすくなからずいる。女一人での独立した生活が、あらゆる面で困難にみちているこんにちの社会である。「いかず後家」の「戦争ミス」たちにもまた、戦争の悲劇は、いまなおあざやかにのこされている。

太平洋戦争開戦の日、理性的な日ごろに似ず、おもいを高場させてこれをうけとめた千野敏子は、日をへるにつれ、ふたたび戦争への批判をきびしく持つようになっていた。

真実に対し、するどい触角を持つこの少女は、戦局のうつりゆきの中で、敗戦を予言し、ソ連の参戦もみとおしている。そして権力の手先と化した新聞の報道に対しても、「とにかくこのごろの新聞ほど鼻持ちのならないものはない」と、書きしるしている。軍国主義教育によって、同じ世代の少年・少女たちが、戦争に熱狂してゆく中で、敏子がひとり醒めてことの真実を把握していたのは、女学校時代私淑した教師の導きにもよるが、他者依存の俗物的な自己喪失をきびしく拒否、自分の生きる意味を、自分ではっきり把握していた、すぐれた実存者であったからだろう。

「日本の敗戦が人類全体にとって大変動とは言へぬかも知れないが、日本国民の一人である私にとって大変動でないとは言ひ得ない」。人類的な大状況と個人の小状況とを対比させて、自分の生きる意味をまさぐる敏子は、さらにしるす。「戦争後一ケ月、既に私は自由主義、民主主義の文字に飽き飽きした。私は戦争中に自分の書いた自由主義的な文字さへも唾棄《だき》したいやうな感じさへする」

自分に思想の原点を持たない人たちは、ときの権力の指導のままにその思想を染めあげてゆく。自由主義・民主主義は、人それぞれにまことの自己確立があってこそ、生きてはたらくすばらしいイデオロギーであるが、そのことがないところでは、うすぎたなく空洞化し、衆愚化してゆく。

きのうまで、自由主義や民主主義を、悪の権化のように言いふらし、戦争のお先棒をかついでいた人たちが、敗戦後、おく面もなく、自由主義・民主主義をうたいあげ、ふたたび指導者づらしてしゃりでている恥しらずな光景は、当時、各界各所にみられた。内面的なきびしい自己対決を持たない俗流自由主義者、俗流民主主義者の横行を、敏子は不潔きわまりないものにながめ、自分の自由主義を、彼らのそれと同一化されることをするどくこばんだのだ。

「現在の世の中のありとあらゆるもの、何一つとして信頼出来るものはない。然し私はその為に決して昏迷《こんめい》するものではない。周囲が信頼出来ぬ為に昏迷するものは、自らの真実を有《も》たぬものである」としるす敏子は、このとき二十歳。諏訪高女補習科卒業後、富士見高原にある国民学校教師となっていた。高原の村に住んで自炊生活をしていた彼女は、精神的な潔癖のゆえに、闇買いができず、配給の食糧とぼしい生活の中で、「これで生命が保てるだろうか?」とうたがいつつ、ついに病に倒れた。没したのは敗戦一周年に近い昭和二十一年八月二日、二十一歳。彼女がおりにふれ、そのおもいや思索を書きしるしたノートは、のちに『葦折れぬ』と題して出版された。そこには、戦争と敗戦のひずみ深い状況下、生きる真実を求め、はげしく内面燃焼した、理知するどい諏訪乙女のすがたがあざやかにある。

県下の人口のうごきをみると、敗戦の年の昭和二十年は二百十二万人あまりとなり、県下人口のピークとなっている。疎開者の流入によって急激な増加があったのだ。ために食糧難もまたきびしく、米の遅配・欠配は日常化している。「五日分の米を渡せばそのさきは見込がなしと言ふも悲しき」。当時、南佐久・臼田町の食糧営団につとめていた山下（佐々木）都はつらくうたっている。

県下労働者の生計費調査（長野労基局調べ）によると、昭和二十一年七月は、生計費中に占める食糧費は六五・七％、うち配給食糧費は二二％。翌二十二年七月は、食糧費は六八・四％となり、うち配給食糧費は一七％。食糧の大部分は、闇買いによって補給されている。それでもなお、満足な栄養補給は出来ないのだ。台所をあずかる主婦たちは、生計費の慢性的な赤字の中で、晴れ着や装身具を手放し、食糧とかえた。

戦争中、生産現場への娘たちの進出や、家族の食糧確保のため、見栄も外聞もふりすてた主婦たちの買い出し、さらに、夫の戦死や農地解放により、経済的困難におかれるようになった層の女たちの、職業への進出など、戦争と敗戦の中で、女たちは社会体験をふかめた上、占領軍のうちだした婦人解放政策の中で、封建的な女性観から急速に脱皮していった。

昭和二十一年四月十日。日本の女たちは、はじめて参政権を行使した。全県一区の三人連記制で、長野県の定員は十四人。七十六人の候補者中、女はただ一人安藤はつ。彼女は静岡県出身で、長野市の小さな洋裁塾の三十四歳の主婦。婦人問題や婦人運動に対するなんの業績も持たないまったくの市井の人であり、婦人解放ムードの波にのって名のりをあげたにすぎなかった。しかし、票は彼女に集中、政界の長老植原悦二郎を約四万三千票ひきはなして二位におさえ、十三万三千九百四十五票、一位で当選した。三人連記と婦人参政権行使のアダ花的現象は、全国的にみられ、このとき三十九人の婦人代議士が出現した。その大半は、安藤はつと相似たケースであった。ために、翌年おこなわれた総選挙では、中選挙区制になったことなどもあって、婦人代議士は十五人に減った。このとき第一区を選挙区とした安藤はつの得票はわずか六千百八十七票で落選。

一方、松本市出身である戸叶（旧姓吉田）里子は、公職追放となった夫武の身がわりとして、夫の郷里栃木県から、戦後第一回の選挙に立候補、以来、毎回の選挙に当選しつづけ、議会活動においても、男性議員にまさるともおとらない業績をあげ、こんにちでは、夫武よりも、彼女の議員的力量は、はるかに高く評価されている。

敗戦は、近代日本の第二の文明開化であった。明治の変革の際、社会の基底部になおのこされた封建的な諸制度は、占領軍のうちだした日本民主化政策の中でとりはらわれていった。「完全な男女同権と婦人解放」「労働者の団結と組織の助長」「教育の自由主義化」「専制からの国民の解放」「経済の民主化」。日本民主化の五大指令といわれるこれらのことが、ＧＨＱから日本政府に命じられたのは、昭和二十年十月十一日。女と働く者の運命は、つねに共通していることを、さきにも何度かみて来たが、ここにおいてもそのことはあざやかにみられる。

敗戦による変革において、長かりし封建的束縛をまずとかれたのは、女と小作農であり、労働者も団結権を保障され、女たちとともに働く人たちは近代的な人権の確立を法的に保障された。敗戦による混乱はあっても、生命をおびやかされる戦争がおわり、平和を基盤とした文化国家の建設が、新生日本の方向づけとされたことは、戦争の惨禍を、その身に苦しく体験、自由を圧迫されつづけてきた国民にとっては、大いなるはげましとなった。

だが「まけたからこそ」と、敗戦によってもたらされた人間的な解放感を、人々が、いまさらのように、身にしみて国内で味わっていたとき、敗戦による悲劇が、国外で大きくくりひろげられていた。なかでもっとも悲惨だったのは、国策の名のもと、満州（中国東北地区）へ移民させられた開拓団の人たちの受難である。

集団農業移民として満州各地への入植は、全国で七百九十三団・約二十万人（民間農業移民・義勇団・報国農場まで含めると約二十七万人）。長野県は、はじめ各県との混成開拓団員を千余人おくりだしたあと、昭和十一年から県単位の移民団を五十三団・二万四千四百余人、義勇隊・義勇開拓団などに五千四百余人、計三万人あまりをおくりだし、その数は全国一である。ために敗戦時の悲劇もまた大きかった。

満州への入植者の約半数は、ソ連国境地帯に、また日中戦争が泥沼化したのちの移民は、抗日連合軍の遊撃区周辺に入植させられている。農村不況の犠牲者である貧しい農民たちが、帝国主義的な侵略の布石の一環として移民させられたところに、悲劇の根はまずはらまれていた。

昭和十二年、長野県職業課の発行した『満州信濃村建設の栞《しおり》』は言う。「農村不況の声を聞くは久しい。農村を救済せよの声を聞くことも長い。然し如何に更生を叫び救済を唱へても過剰人口を何とかしなければ結局一時逃れの策に過ぎない。……即ち農村を真に更生に導くには海外移民を以て根本の最良の方策なりと信ずるのである。然らば何処へ移住するか。アメリカ不可、ブラジルは制限付、濠州も駄目。唯双手を挙げて歓迎するのは友邦満州国のみ」

だが、現地の実情は、双手をあげて歓迎する状態ではなかった。「万宝山事件」（昭和六年）、「土竜山事件」（昭和九年）などは、土地取り上げに対する現地人農民の蜂起であり、ことに「土竜山事件」のときは、日本軍によって十七の村が砲撃され、五千人以上の現地人が殺されている。その他、現地人を徴用した強制労働もまた盛んにおこなわれ、匪賊《ひぞく》討伐の名目で、現地人部落が容赦なく焼き払われることもあった。

　日本人の中国における戦争犯罪の告白が、『三光』（カッパ・ブックス）と題されて出版されている。「殺光・焼光・略光これを三光という。殺しつくし、焼きつくし、奪いつくすことなり」と。満州における土地略奪の際も、この「三光」的行為が、すくなからずおこなわれたのだ。

　敗戦によって、軍のバック・アップがなくなったとき、現地人の報復は、無力な開拓団の人たちの上に加えられた。当時、開拓団の青壮年の男たちはすでに根こそぎ的に召集され、のこっているのは中年すぎた男たちわずかと、女と子どもたちばかり。現地人との友好関係がすこぶる円滑にいっていた団以外は、敗戦とともに現地人による襲撃があり、略奪・虐殺が容赦なくおこなわれた。

　信濃毎日新聞社編『平和のかけはし』第一部には、県出身者の敗戦時のいたましい悲劇が、かずかず記録されている。また『下水内出身者満州開拓史』（阿部芳春編）には、下水内郷（東安省宝清県索倫河《ソロンホ》開拓団）の兵役召集者の生還は七八％であるが、その他の団員の生還率は、男三〇％、女二四％とすこぶる低い統計が示されている。他の開拓団でも同じ傾向であったようだ。

　当時の開拓団の女たちのほとんどは、出産期年齢。夫の召集後、おさな児を二、三人はかかえた上、さらに妊娠中の者が多かった。敗戦後の逃避行は身重のからだに、一人を背に、一人を胸にくくりつけ、さらに手にまつわらせて出発したものの、飢えと苦難をきわめる道すがら、ついにそれらのおさな児を、つぎつぎ捨ててしまう者もすくなからずいた。また、早産・流産も逃避行の中で日常的にみられ、子はその場へ産み捨てられ、さらに逃げまどう中で、気力・体力に自信を失った者は、子を殺して、みずからも自殺していった。生還者の一人は、回想記にしるしている。

「見れば親子五人が並んで死んでいました。又、樹の下に、一つねんねこに三人の赤ン坊が入れてあり、ひもじさにヒーヒー泣いていました。先に行った人がおいていったのです。一人の兵士が、腕が肩からとれて無くなり、肩にはウジがいっぱいわいているが、それでも〝牡丹江まで行かなければ靖国神社に祀って頂けない〟と、痛さをしのんで私達と一緒に歩いていました。（中略）九月初に牡丹江に着きました。東安から牡丹江までは汽車でも一昼夜かかる。それをおよそ百五十里の難路を、大きなおなかをして、子を負って、よくも歩けたと思われました。千六百人も揃って出たのに牡丹江に着いたのは三百人位でした」（『下水内出身者満州開拓史』より・大森みつる）

「命ながらえ、帰国できたのは奇跡であり、偶然としかおもえない」。生きて帰れた開拓団員たちは、だれもが感慨深く言う。敗戦の避難行の中で、まず犠牲になるのは、他者の保護がなければ生き得ない乳幼児や病人・老人。自己犠牲の極致として母性愛がたたえられるが、追いつめられた生の極限状況下では、それも通用しない。

避難の群れからおき去られたら死があるばかりのとき、足手まといの子を捨てる母は珍しくなく、飢えもきわまると親子でわずかな食物を争い、けものさながらにいがみあう。あかざの実・山のさくらんぼなど、子どもがみつけ、それをとろうと背のびをして手をのばすと、気づいたおとなが横から奪って、わがものとする。死者の体温がさめやらぬうち、その衣類はうばわれ、丸はだかの死体がそのままころがされた。

　飢えと寒さの越冬生活の中で、妻子を売って、自分だけ食欲と暖を満たす男もいた。敗者側の女は、勝者側の男たちの性のえじきにされるのも、また戦乱の世のならい。ために、女たちは、髪を断ちきり、顔にはすすをぬりつけ、わざとみにくくしてこれをふせいだが、それでも犠牲者は出た。「おとうさん助けて！」。妻が悲鳴をあげて、かつぎだされてゆくのに、銃をつきつけられた夫は、身うごきできず、なすすべもなく見送るほかない場面もあった。

「畜生道・餓鬼道があるからこそ、人間道が言われるようになったのだと、地獄にひとしい生活の中で、つくづくおもいました」。帰りついた北安曇郡池田町のふるさとの地で、七ケタ農業をきずきあげ、いまは平安な生活にいる田中豊秋（六五）、静春（六二）夫妻は、生きて帰れたのは、避難行に際し、武器を捨て、無抵抗でとおして来たことが幸いしたとも言った。

　だが、田中夫妻の家族が、みな無事で帰国してはいない。三女裕子（当時四つ）、二男公人（同二つ）の幼児は、避難行のとき犠牲になっている。団の人たち二百八十人を統率しての避難行である。その責任上、足手まといのわが子をまず犠牲にするほかなかった。このことを知った団の人たちは、その幼児の処分をしきりにたのんだが、わが子はわが責任において処分し得ても、他人の子にはそれが出来得なかった。

　二十六日間の山中の放浪中、十数日は雨降りつづき。身につけた衣類はくさって悪臭を放った。「足がいてえ！　足がいてえ！」。わめき泣く子どもの足に、ボロをまきつけてやり、やっとたどりついた収容所。シラミが媒介する発疹《ほっしん》チフスがはびこり、毎日、何人かの人が死んでゆく生活の中で、田中夫妻に三男が生まれた。「避難行のときは二人のわが子をおのれの手で犠牲にしたのに、とりあえず雨露だけしのぐ生活があると、母体の栄養失調をうけついでいるひよわな子でもなんとか育てあげたい親の本然的な欲求にかられ、そのときできたあらゆる手だてをつくしました」。しかし、その子もまもなく死んだ。淡々と語る夫妻の、ふと伏せた視線のかげに、生きてある限り、癒えることのない胸うずくいたみが、つらくかいまみえていた。

家族の生別、もしくは死別の傷あとは、引き揚げ者のほとんどにしるしづけられている。その中で、新京観象台に勤務していた夫寛人（作家新田次郎）の身の上を案じながら、六歳、三歳、生後一カ月の三人の幼児を連れ、北朝鮮での約一年の流浪生活に耐え、三十八度線を歩いて越えて、三人の子をともかく無事で連れ帰った諏訪市出身の藤原てい。敗戦の悲劇を根性たくましく生きぬいた彼女は、その体験をもとにして、名作『流れる星は生きている』を書きあげた。

あれから二十三年の歳月がたつ。母の背に負われ、死線を越えて来た子らも、すでに二十代なかば。一―二歳の年齢で引き揚げて来たこれらの人たちは、荒野の放浪も、家畜小屋なみの収容所生活の記憶も持っていない。しかしその父母は言う。「テレビでベトナムの難民のみじめさを見ると身につまされ、他人ごとには思えない。いかなる理由があろうとも戦争だけは絶対に反対です」

昭和四十一年十一月、県下の元開拓団員十六人が、中国をおとずれた。そのおり、遺族から託された折りづる・酒・たばこなど松花江の流れに乗せて流し、いささかの慰霊をおこなった。そこに参加した更埴市の塚田浅江は、ソ連軍と戦って大部分が戦死、残った人たちも流浪の中でみじめに死に、たった五人だけとなって帰国した更級郷開拓団の奇跡的な生き残りの一人。

以来、彼女は、自分が生き残ったことの意味をたえず自らに問いつづけていた。そして、慰霊行事のおこなわれた松花江畔で彼女はうつろだった。「こんなことで、あのいたましい犠牲者たちの霊をなぐさめることができただろうか?」。彼女は孤独に耐えかね、涙をとめどもなく流しながら決意する。「形式だけでは、慰霊にならない。アジアの民族が、国が、ともに手をつなぎ、まことの平和をよみがえらせることこそ、犠牲者への唯一つの手向けであるはず。私はその平和を創造してゆかねばならないのだ」と。

同じ訪中の元開拓団員、佐久市の加藤ふみは、いまは中国人の妻となっている娘の孝子と、二十年ぶりの劇的な面会のひとときを持った。その後、彼女のもとには「孝子がツバメでありましたなら、天高く空をまって、マーマー(母)のおそばへゆきたい」と、せつなく書かれた娘の手紙はじめ、中国へのこらざるを得なかった開拓団の女たちからの望郷のこころせつない手紙が、数多くよせられるようになった。

「一日も早く日中の国交が回復して、これらの人たちの里帰りが、もっと自由にできるようにならなければ、無事、故国へ生きて帰れた私たちも、いまもって安らいだこころになれない」。手紙の束を抱きしめ、ホロホロと涙をこぼした加藤ふみ。戦争の傷あとは、いまもなお癒えることなく、これらの人たちの中にうずきつづけている。

(『信濃毎日新聞』1968年7月14日〜7月24日初出/『信濃のおんな(下)』未來社、1969年)

きょうの女たち

明治の末、ひとにぎりの新しい女たちのうごきに対し、与謝野晶子はうたった。「山の動く日来《きた》る……すべて眠りし女《おなご》今ぞ目覚めて動くなる」

詩的虚構の中で、たからかにたたえられた女たちのうごきは、それから三十数年後の、敗戦による社会変動の中で、具体的な事実として広くみられるようになった。

社会が変われば女たちの状況も変わり、女の生き方もまた変わることは、すでに何度かふれた。このことが身近くみられるのが、敗戦を契機としての女たちの状況である。

戦後、もっともはなやかに目立った女たちの状況の一つに、戦前にはまったくみられなかった選挙による公職への進出がある。男と対等に競争、議員としての社会的地位を得た女たちは、県下にもすくなからずいる。昭和二十二年におこなわれた第一回の統一地方選挙の際には、県議会への進出はまだみられなかったが、市議会には、上田一人、飯田一人の当選をみ、町村議会には五十五人の進出をみて、その数は全国一。町村議会婦人議員第二位は埼玉県で三十五人。第三位は群馬県で二十七人。いずれも戦前に養蚕地帯として、女たちの経済的実力が高く評価されていた地方に、婦人議員の進出が目立っている。

つぎの昭和二十六年の選挙では、さらに地方議会への女たちの進出は目立った。県議会に高野イシ

（長野市）、丸山菊江（下伊那）の二人が議席を占めたほか、市町村議会に七十八人の女たちが進出、ひらかれた道をゆく信濃の女の足音は誇らかに高かった。

昭和三十年、戦後三度目の地方選挙がおこなわれた。開票の結果、二人の婦人県議はともに落選、市町村議も、前回より二十五人減となって五十三人。以後、県議会への女たちの進出はなく、また選挙のたびごと、市町村議会への女たちの進出はすくなくなり、今日では、わずか十二人（四十三年四月一日現在）をかぞえるにすぎない。

昭和二十六年の第二回統一地方選挙の際のめざましい進出をピークに、第三回以後から婦人議員が次第にへっているのは、県下ばかりでなく、全国的な傾向である。原因は、いくつかの問題点がからみあっており、単一ではない。だが、その中で、もっとも基本的なものとして指摘できるのは、日本における平和主義と民主主義の後退が、そのまま婦人議員の後退とつらなっていることである。

安保条約とだきあわせにアメリカとの講話条約がむすばれたのは昭和二十六年。この年、女と年少者に対するサービス行政が主となっている労働省の婦人少年局廃止のうごきがでており、職場においても労働基準法で規定されている生理休暇や産前産後の休暇に対するしめつけがきびしくなり、女たちは低賃金の労働部門には大きく動員されるが、管理職や高度な知的専門職の職場からは、次第にしめだされる傾向となってゆく。大きく展望すると、社会的な婦人解放路線は、安保と単独講和が結ばれた年をさかいに、次第にせばめられている。

この時代的な流れの中で、地方議会における婦人議員もまた不振になってゆく。あらゆる社会的分野において女たちの試練の季節がはじまったのだ。婦人議員の場合も例外ではなかった。昭和三十年の統一地方選挙のときには、つぎのような例もあった。

「下伊那郡の県議選の場合、ある男性候補の運動員たちは、妻や嫁たちに、その実家や実家につながる家の者の票をもらいにいかせた。平素、家のなかで、無力なまま生活している嫁などが、こんなときにもなお婦人会の団結に殉じて、忠誠をつくすことはひじょうに困難であった。嫁たちはきめられた日時に、選挙事務所まえにかき集められた。手には弁当と実家へのみやげ物をにぎらせられていた。山村ではまだ冬と春がまじりあった季節であったが、長靴をはき、あるものは子を背負い、コウモリがさで顔をかくした。いくらかの女たちは切なく涙をたたえていた。トラックがきて、まるで女土方を運ぶか、検束でもするような感じで、この女たちを運んでいき、それぞれの女の家のまえにくると、こぼすように女をおいていった」(『戦後信州女性史』)

国会議員選挙の場合ですら、国政全般の展望より、地方的利害が主になっている選挙の現状である。まして身辺的利害と密接につながる市町村段階の地方選挙の場合、部落単位の関係の中でことが処され、超部落的な婦人会の団結は分断される。それらの因習を断ちきる民主主義意識と実践力を婦人会員一人一人が持ちあわせない限り、婦人会を基盤とする婦人議員はえらばれがたい。

敗戦後間もない時期に、婦人議員が地方議会へ目立つ進出ができたのは、民主主義の上昇気流に助けられる一方、彼女たち自身、反封建・因習打破の身がまえをきびしく持しており、それが超部落的に、女たちや青年たちの共感を得、ひろく支持された。ところがこんにちでは、当時と社会的状況は大きくちがう。あらゆる面に近代化のすすむ中で、それにともなう地域や階層格差の生活問題が多面的にあらわれ、封建的・因習的なものは、すでに女たち一般の状況の中で、もっとも大きな重圧ではない。また、封建的・因習的なものも、その根は深く生活問題に根ざしている。ために、社会的なものの見方を深めた意識高い女たちは、「女は女」式団結よりも、どのような政治的立場をとって、ことにあたるかで候補者を判断するようになっている。

政治意識のない女たちは、各部落候補のとりことなり、政治意識を持つ女たちは、政治的立場あきらかな人たちを支持する傾向の中で、政治的立ち場あきらかでない無所属の婦人議員がへったのは、おのずからななりゆきである。県下における婦人議員の減少は、基本的には女たちの政治意識の低さをものがたるが、その一面に、政治意識の高さをもまたものがたるものをふくんでいる。

＊

戦後まもなくの婦人運動は、戦前の遺産をふまえてあらわれている。

「戦後対策婦人委員会」が東京につくられたのは、敗戦後十日目の八月二十五日。婦人参政権と行政機関への婦人参加などを、さっそく政府とＧＨＱに陳情している。この委員会には旧婦選運動者と旧大日本婦人会（日婦）幹部やその他の有名婦人たちがあつまっていたがやがて、それぞれの思想的な立ち場や考えに従い、政党婦人部や新しくつくられた婦人団体にわかれていった。

まず戦中の思想統制の中で受難を耐えていたキリスト教関係の婦人団体、キリスト教婦人矯風会やＹＭＣＡがよみがえって活動をはじめた。つづいて旧婦選運動者である市川房枝や藤田たきらが中心になって、民主主義と婦人の政治意識の啓発を目的とした「新日本婦人同盟（のち日本婦人有権者同盟と改称）」が結成されたのは昭和二十年十一月。同じ時期、旧日婦の幹部によって「中央婦人協力会」がつくられた。「従来の婦人会の組織を活用、君のおんため、民族発展のためいっそうの御奉公」をうたうこの団体は、創立二カ月で、幹部のおおかたが公職追放となり、会もまた解散させられた。

このあと、昭和二十一年三月、ＧＨＱの婦人課長エセル・ウィードのきも入りもあって、「婦人民主クラブ」が生まれたが、団体の組織理論は、主として宮本百合子が指導、やがて帝国主義的側面を強くうちだして来た占領政策と、きっぱり対立するようになっている。

東京におけるこれらおもな婦人団体のうごきは、そのまま県下の婦人のうごきにも影響している。戦後、県下でまずみられたのは旧日婦系のうごき。戦中、大日本婦人会県支部は、各市町村に分会を持つ県下婦人の網羅組織であったが、昭和二十年、本土決戦がいわれ、国民義勇隊の結成がおこなわれた際、婦人会も青年団も、ともにここに吸収され、その組織はなくなっていた。しかし、敗戦後、東京における「中央婦人協力会」のうごきとともに、ふたたび県下においても、旧日婦系の人たちが中心となり、婦人会再建のうごきがあったが、「協力婦人会」の解散とともにあっけなく挫折した。

明治期以来、県下にその伝統を持つキリスト教婦人矯風会もまた中央のうごきに対応してよみがえりをみせ、ささやかではあるが、今日までつづいている。

戦後の公職追放は、男たちに対してはすこぶるきびしく、地方組織の末端の役職者まで追放処分となった。しかし女たちの戦争協力の責任は、中央団体の最高幹部たちに限られ、地方組織の幹部にはおよばなかった。ために、行政機関が後見役となった地域婦人会が各地に発足しはじめたとき、ここへ旧日婦の地方幹部が大きくなだれこみ、ふたたび、幹部におさまる傾向が、全国的にみられたが、県下においても例外ではない。

婦人の解放は占領軍から指令された日本の民主化路線の主要なもの。そのための教養の向上をめざすことが行政のおもなものとされた。昭和二十一年一月、内政部長名で通達された婦人の教養対策はつぎのように目的づけられている。

「我ガ国伝統ノ婦徳ヲ涵養スルト共ニ、道義ノ昂揚《こうよう》ト教養ノ向上ヲ図リ、以テ国家ノ再建ニ邁進シ、世界ノ平和ニ寄与スベキ婦人ノ育成ヲ目途トスルコト」

ここには近代的な婦人解放に対するなんらの理解もみられない。封建的な「伝統ノ婦徳ヲ涵養」され、為政者に都合のよい「道義ノ昂揚ト教養ノ向上」をはかられたら、ふたたび権力に飼いならされた、主体性のない女たちの出現をみるばかりである。

同じ時期、婦人民主クラブは、女たちへつぎのようによびかけている。

「新しい日本が始ろうとしています。本当にわたしたちの幸福のために、私たち自身が考え、選び行動して行ける時代になりました。一人一人の生活がきりはなされて、うれしい顔を知っているのはそのひとの手にもたれた鏡だけ。悲しい涙を知っているのは、その人のつつましい枕だけという人生から、私たちは希望をもって歩み出そうと思います。幸福になるためにお互い扶《たす》け合いましょう。扶け合うためにみんなのよい意志を集めて一つの力としましょう。そして、重い封建の石をわたし達の肩からふりすてて、日本の明るい民主的社会を招来させ、もう二度と戦争のない、生活の安定と向上との約束された未来を、わたし達のものとしましょう」

人間のまことの解放とはどんなことかをはっきりとおさえ、愛にみちて婦人の解放路線を展望している者と、官僚的固定観念の中でものを考える者との発想の相違は、そのまま指導理論の相違となって、その組織の行動にあざやかに反映する。

県下では、地域婦人会が、それぞれのリーダーの識見によって、あるところでは行政機関と密着し、あるところでは自主的に結成されてゆき、昭和二十一年五月、はやくも長野県連合婦人会の結成をみた。会長に推された高野イシは兵庫県出身。戦中、夫が長野市長であった関係で、日婦の長野市分会長をつとめていた人。以来、県議であった期間をのぞき、いまなお県連婦会長としてその地位にいる。

一方、婦選運動の流れに立つ日本婦人有権者同盟は、戦前、運動に個人的に参加していた人たちが中心となって県下に支部がつくられていった。まず昭和二十一年三月、加藤寿々子らによって松本支部が結成され、これに坂城、別所がつづき、伊那、諏訪なども二十年代に支部結成、三十年代にはいり、上田、丸子に支部が出来たが、会員数は、大きくのびることなく、現在、坂城、別所、伊那は活動を停止している。

県下で国際婦人デーがはじめておこなわれたのは、昭和二十二年三月八日。場所は長野市の新田町公会堂、参加者は約五十人。このとき「長野民主婦人同盟」の結成がおこなわれた。中心になったのは、戦前、共産主義運動に参加していた小林実子と宮島（旧姓中村）たけ子。あつまった人たちから「米・みそ・しょうゆがたりない。着がえのこしまきやふんどしすらない」と、物資不足の切ないくるしさが訴えられた。女たちはこの要求をかかげ、市役所へおしかけた。応接室にはいりきれず、廊下まであふれた子づれの女たちが口々に訴える切実な要求に圧倒され、松橋市長は、みそやしょうゆの増配を確約した。その後、民主婦人同盟は、会員約五百人に発展し、婦人会とともに青空幼稚園の開設、保育園の増設運動など活発な動きを見せたが、占領政策転換の中で受難が深まり、昭和二十七年解散。その流れの人たちは「子どもを守る会」や「松本母の会」に拠って活動したのち、いまは、「新日本婦人の会」にあつまり、長野県母親大会の一方の中心になっている。

戦後も二十余年たつ。この間、県下婦人団体にも少なからぬ変化が目立つ。「県農協婦人部」の結成がおこなわれたのは昭和二十五年四月。ついで翌五月、第一回県農協婦人部大会が長野市城山小学校でひらかれたときは、二百六十の単位組織の代表約千人が参加した。県段階の農協婦人部組織は、静岡・福井・滋賀が昭和二十四年に結成されており、ついで長野と愛知の二県が昭和二十五年。「全国農協婦人団体連絡協議会」の発足をみたのは昭和二十六年十二月。このとき十県に農協婦人部が出来ており、長野県代表市川つやが選ばれて初代会長となり、昭和三十二年まで在任した。年ごとに全国に組織をひろげた農協婦人部は、農村においては会員層が地域婦人会と重なるため、組織の純化がいわれる中で、婦人会との対立まさつがみられるようになり、県下においても、また例外ではない。

読書運動において、その参加人員の大きさが全国的な注目をあびた「長野県ＰＴＡ母親文庫」の運動は、昭和二十五年、当時の県立長野図書館長叶沢清介によって提唱されて、長野市の信大付属小学校でまずはじめられ、約十年間に全県的な普及をみている。

「長野県未亡人会」が結成されたのは昭和二十四年。この年四月、南佐久郡の未亡人代表が「一人二十円と米一合」のカンパによって旅費をととのえて上京、衆議院の厚生委員会において、その多くが夫を戦死させている未亡人家庭が、「血を売り、めかけになるよりほかない」生活困窮の状態にいることを強く訴え、世論の注目をあびた。このころから全国的に未亡人会の結成がすすんでいる。

このほか、「日赤奉仕団」や「結核予防婦人会」のうごきも県下にまたあるが、いずれも地域婦人会と密着してことが運ばれるため、末端の婦人会役員の負担をさらに増すかたちとなっている。労組関係では「県評主婦の会」が昭和三十四年に結成されており、県評傘下の労組婦人部や、国鉄家族会、その他社会党系の婦人団体とともに、県母親大会の一方の中心となっている。

こんにち県下婦人団体のうごきで大きく目立つのは、母親大会をめぐるおもな婦人団体のうごきと分裂であろう。

母親大会の運動は、世界の革新的な婦人運動の流れに生まれているが、日本においては、教育委員会もこれを後援、超党派的な支持の中ではじめひらかれている。だが、回を重ねるにつれ、体制批判をきびしくうちだしたため、超党派的支持の線はくずれていった。勤評反対をうちだした昭和三十三年には、各地教育委員会の後援うちきりのうごきがあり、さらにその翌年には、自民党が母親大会非難の文書を全国に流したことにより、一部の動揺や脱退がみられた。しかし、そのためかえって問題意識を持った人たちの結束をかたくし、大会は年ごと発展したが、やがて中ソ対立という共産主義陣営内の対立が、日本の革新運動にも反映するようになると、母親大会の運動内にも対立があらわれ、現在にいたっている。

県下の母親大会の運動は、松本地区にいち早くあらわれ、昭和三十年、第一回の日本母親大会がひらかれた年、地区大会を持ち、さらに塩尻地区においても同じ年、地区大会がひらかれている。第一回の県大会が持たれたのは昭和三十三年。この大会は県教組婦人部の努力が大きく、県下のおもな婦人団体がことごとく参加している。しかし勤評反対や安保反対をうちだした母親大会に反発して、県連婦は第三回以後は参加せず、農協婦人部もまた役員選出や顧問について民主的でないことを不満とし、昭和三十六年脱退した。その後、社会党・共産党の平和路線対立の中で、県母親大会は二つに分裂、昭和三十九年以来、県下では、二つの県母親大会がひらかれている。

戦前、体制側に密着した婦人団体は、戦争政策に無批判に協力してゆき、一方、反体制の運動は、主導権争いからいくつかに分裂、弾圧きびしい中で大きく身うごきできなかったこともあるが、戦争反対のたたかいを有効に組織し得なかった。こんにち戦争参加の不吉な傾向が年ごと強まってゆく中で、戦前と同じく、体制側に無批判に追随してゆく女たちの大きな群れがある一方、政党の主導権争いの中で平和運動もまた分裂、その系列下で女たちも同じく分裂、近親憎悪にも似た争いが愚劣にくりかえされている。母親大会をめぐる県下婦人団体のうごきと分裂には、こんにち日本の婦人運動が当面している大きな問題点がそのまま示されている。

＊

投書による世論のよびおこしは、言論の自由の民主的な側面である。各新聞には、戦前から、男女を問わない投書欄があったが、戦後、女たちにだけ、さらに発言の場をひらいたのは、朝日新聞の「ひととき」欄がそのパイオニア。その後、各紙に同じような企画がみられ、信濃毎日新聞は、昭和二十七年九月、「女の声」欄を設け、それがまもなく「私の声」に改称され、現在にいたっている。各紙が女たちにだけ特に発言の場をひらいたのは、民主主義を育てる上に、家庭や女の問題はないがしろにできない問題であり、さらに女たちが無視できない社会的勢力になっていることに加え、購読する新聞の選択が、都市家庭などでは、主婦によっておこなわれる傾向とも、無縁ではないだろう。

「女の声」以来、今日まで、「両性の平等」をとなえつづけ、すでに五十六編の掲載記録を持つ長野市の岩崎多鶴は、投書の二つの効用について言った。一つは、投書により、同じ問題意識の人たちと、同志的な知りあいとなり、そのことによって、社会性豊かな自己形成がおのずとおこなわれたこと。ほかの一つは、家庭をしあわせにし、社会をよくすることをねがって、世の片すみに生きている者の、かえりみられることすくない声が、投書欄をとおし、社会につながることができるので、切ないねがいが、いささか満たされている、と。

政党色強い婦人団体にはついてゆけず、しきたりのくりかえしで発展性を失った地域婦人会にもあきたらない市民意識を持った女たち。彼女たちが投書を通じてグループ形成をおこないそれぞれの問題意識に沿い、主体的な活動をおこなうようになったのは、婦人運動における戦後の新しい現象である。県下におけるそうした女たちのうごきは、「私の声」の投書にかいまみることができる。

肢体不自由児の問題ととりくんでいる長野市の刺刀玲子や、精神障害者の問題ととりくんでいる東筑摩郡山形村の宮沢寿子など、その代表的な例であろう。

からだの不自由な子を持つ親たちへ、投書によってよびかけ、仲間づくりをおこない、ついに「愛の樹園」を開設した刺刀玲子は、身うごきできない重症の肢体不自由児をかかえた三十代の主婦。かつては社会事業家とよばれる人たちによってこのような運動はおこなわれた。しかし、人権思想がひろくみられるようになった戦後はちがう。問題を持った人たちが積極的に仲間づくりをおこない、共に道をひらいてゆく。古い因習的習俗からぬけでた市民感覚豊かな女たちのすがたがここにある。

「部落問題と精神病の問題はよく似ている。患者とその家族は、部落の人たち同様、つねに世の偏見にさらされつづけている」とその体験を悲痛に語った宮沢寿子も、農作業と家事に追われつづける一農婦。小学生のときに発病し、長い入院生活をおくった娘がいる。はじめは子とともに、死ぬことを考えたこともあったが、彼女はみずからはげまして前むきに立ちあがった。同じなやみを持った人たちと手をつなぎ、精神病患者の福祉対策ととりくんだのだ。壁はあまりに厚く、ザルで水くむにひとしい努力のくりかえしである。ときに自分の行為がむなしくなることしばしばだが、そのむなしさを断ちきるおもいで、投書をおこなって世論に訴え、ともすれば、患者の存在をかくしたがる家族たちへよびかけ、昭和四十三年四月、ようやく「駒ケ根病院こまくさ会」を結成した。

「愛の樹園」も「こまくさ会」も、ことはまだ緒についたばかり、道はなおけわしい。しかし、弱者に対する社会施策すこぶるまずしい現状の中で、一人それを苦しむより、同じ境遇にある者たちが相寄って声をあげ、状況打開にたちむかうことは、すぐれて民主的な行為である。

信濃の女たちには、根性たくましく努力惜しまない生活態度が、その特質の一つとして大きくあることは何度かみて来た。それらの特質は、若い世代にもまた受けつがれている。スポーツでその名をあらわした長久保（高見沢）初枝、宮丸（依田）郁子らのかがやかしい記録の背景には、信濃の女らしいひたむきな努力と、苦難にみずからいどむたくましい根性があざやかにある。

根性のたくましさはそれぞれの分野で、名のあらわれた女たちばかりでなく、町や村の片すみで、人知れず地味に生活と取り組んでいる女たちにもまた多い。母親文庫の文集やその他の文集にも、逆境の中で、人間的ふくらみを失わず、たくましく生きる信濃の女たちのすがたは、あげたらきりのないほど数多くある。しかし、これらの例にみられる彼女たちは、当面したくるしい状況と、とりくむのがせいいっぱいだ。彼女たちをそんな立ち場に追いつめた社会的矛盾や社会政策の貧困にまでおもいがおよんではいない。個人的努力でくるしい状況をともかくきりひらき、やっとたどりついたささやかな足場でとりあえずほっと一息しているのが、一般的な傾向である。

自分の体験をしるし、それを文集に発表することは、その体験を社会化する第一歩である。だが、おおかたはそこでとどまっておわり、つぎの発展的展望を持っていない。なぜそんな苦しみをしなければならなかったのか、自分の味わった苦しみを世の中からなくしてゆくにはどうしたらよいのか、そこまでは考えいたっていないのだ。「私の声」の投書者の中にかいまみえる、いくつかの社会的なうごきはあっても、信濃の女たちの根性のたくましさと努力惜しまない生活態度は、まだ、個人的なわが身、わが家のうちだけにとどまっている傾向が支配的である。

＊

民主主義へ民主主義へと草木もなびいた戦後の時代の風潮の中で、「目覚めて動」いた女たち。二十余年をへたいま、かがやかしい解放が女たちにあっただろうか。残念ながら否といわざるを得ないのは、今日の民主主義の内容と同じく、女たちの解放もまた、その内容において空洞化しているからである。

女たちの状況は、封建的な制度に暗くしばられていた戦前にくらべれば、たしかによくなっている。戦前の婦人運動で叫ばれていた男女同権をもとにした四大目標、参政権・近代家庭・教育の機会均等・公娼廃止は、法的措置の中では、すべて達せられて、いまある。にもかかわらず、女たちのかがやかしい解放のすがたが、なお、ひろくみられないのはなぜなのか。原因は多様にからまりあっているが、まず第一にあげられるのは、女たちの経済的自立が社会的に大きくはばまれていることである。

労働力が商品化されている資本主義社会の市場原理は自由競争。その肉体に種族保存の母性機能を重くになう女たちは、結婚前の若年労働力の需要は大きくあるが、結婚後は、高度成長部門の条件のよい職場からは淘汰《とうた》されてゆく。

労働は商品として消費されるときは有償となるが、私的生活において消費されるときは、無償である。ために家庭という私的な場で消費される女たちの労働は無償とされて日本の賃金体系はたてられており、夫の収入に応じて妻の生活は保障されている。法的には男女平等が保障されていても、経済的には男女平等は確立されていないのだ。

夫の収入を妻があまさず管理し、自由に使うことができても、それは夫の愛情にささえられた虚構の権力の座にすぎない。育児は次代の労働力の再生産であり、家事は夫の労働力の再生産を大きくたすける。にもかかわらず、無職の妻たちは、家事や育児にいかに労働しようとも、経済的には無力者たらざるを得ないのである。経済的自立のないとき人間的な自立もまたはばまれる。加えて、大企業と中小企業の賃金格差が大きくあり、さらに農業が兼業化されている現在、妻の労働の量とその夫から与えられる生活保障とは、まさに逆比例する。こんにちの女たちにみられる二つの大きな問題点は、ここからまた発生している。

その一つは、家庭だけを生甲斐とする良妻賢母教育をうけ、経済的に恵まれた層の妻となった女たちにみられる、自己本位のマイホーム主義と、子産み・子育てをおえた中年以後の人生目標の喪失である。ほかの一つは、経済のやりくりに追われる層の女たちが、内職・パートタイムなどの低賃金部門へ大きく動員され、家事・育児に加えての過重労働にあえぐ一方、働く人たち全体の労働条件向上をはばむ、重い錘《おもり》の役目を果たしていることである。これらの二大問題点のほか、家庭の問題点としては、核家庭の進行と平均寿命の延長による老人問題、農家によめ・むこの来ない問題などの発生は、かつての家父長専制やよめ・しゅうとめ問題をすでに影うすくしている。

戦前にさけばれ、ひきつづき戦後の解放路線も、その上にひかれて来た婦人解放理論では、戦後の日本経済の高度成長のもたらしたヒズミの中で、多様な問題にさらされている女たちの閉塞《へいそく》された状況はきりひらかれない。

戦後、「山の動く」いきおいでみられた女たちの社会的なうごきが、こんにちいずれもマンネリズム化し、停滞と衰弱いちじるしいのは、婦人団体の指導者層が、婦人問題の戦後の変質を問題意識するどくとらえることができないことも、原因の一つとして指摘できる。

県下においてもこのことはあざやかにみられる。その代表的な例は、県下の婦人議員のみじめなほどの減少に象徴されている地域婦人会の斜陽化であろう。目的とする地域社会の女たちの地位、教養の向上、福祉の増進、青少年の健全育成などは、女たちの当面している問題点の理論的・体系的把握の上に立っての対策でない限り、その活動はムード的な根のないものとなり、発展的につみかさねられたものとはなり得ない。

さらに、社会教育団体としての婦人会の問題点は、体制側の意図する社会教育を無批判にうけいれるとき、かつて戦前、戦争政策に無批判に協力していったと同じわだちを、性懲りもなくふたたび歩むことになる。婦人会は、戦後、官製化から脱したはずである。その自主性において、ことを主体的に判断、体制側への協力のけじめをはっきりと持して行動しない限り、反体制の婦人団体のうごきを偏向よばわりはできない。なぜなら、体制側のご用団体化した場合、婦人会もまた体制側に偏向しているからである。

また婦人会の問題点の一つに、上部組織の役員の固定化が指摘されている。その原因として、膨大な組織を運営し、活動をすすめてゆく後継者が、たやすくいないことがあげられている。婦人会活動がダイナミックな発展性をともなっておこなわれてゆく場合、多様な活動の中で、後継者はおのずと育ってゆく。そして、後継者づくりも、婦人会活動を発展させてゆくためには、欠かせないことの一つでもある。後継者がないということは、活動が硬直化すること年久しく、組織運営が、かたちの上では民主的手続きによっておこなわれても、実態においては空洞化しているからであろう。

戦後生まれの人たちもすでに数多く成人、新鮮な身ごなしの社会活動がみられるとき、それらの人たちとの意思の疎通を欠きがちな今日の婦人会は、地域社会の因習打破を目的としながら、みずからが因習的存在におちいる危険性をたぶんにはらんでいる。

もっとも会員数が多かったときは、約二十万、斜陽をいわれている現在でもなお、約十七万七千人の会員を持つ長野県連合婦人会。これとならぶ県下の巨大な婦人組織には、会員数約十六万七千人の県農協婦人協議会がある。目的意識をはっきりと持った自主的な婦人団体の仲間づくりは、困難をきわめるのに、強力なバック・アップがあってつくられてゆく婦人組織は、たちまち、膨大な会員組織となる。だが、数の多さは、会員の意識の高さと比例しない。むしろ逆な場合がほとんどだ。農協婦人部も例外ではない。

戦前、日本の婦人問題のもっともみじめな部分のたまり場であった農村は、戦後、問題のかたちはかわっても、なお、同様な状況にある。しかし、農協婦人部は、農婦たちがこのことを強く自覚、それに団結して対処するためのものとして結成されていない。農協事業推進計画の一環として男たちによって意図され、結成が指導されている。

農協は、農民たちの経済的・社会的地位の向上と、その事業は組合員への奉仕を最大目的とすることをうたいあげている。目的どおりことがおこなわれているならば、その事業の推進は、結果的には農婦たちが当面している苦しい問題点の解決に強く通ずる。だが今日の農協の実態はうたい文句とはいささかちがう。高度成長の谷間にくるしくあえぐ農民の問題点はかえりみられることすくなく、営利事業への傾斜が大きく目立つ。婦人部がこの営利事業の固定顧客対策として存在させられ、その活動が、商品の販途拡張のために利用されがちな現状は、婦人部の「農村婦人の社会的経済的地位の向上をはかる」目的とはほど遠い。

膨大な婦人組織が持つ病の根は、参加者の問題意識が浅く、批判精神が確立していないことである。そしてそのことのために女たちの組織が、男たちにみくびられ、男たちの意図のままに利用されるのであるならば、膨大な女たちの組織は、「婦人の地位向上」のためより、「婦人の地位停滞」のための組織になりかねない。同じ問題点は、かたちは異なるがＰＴＡや、母親文庫の読書運動にもまた指摘できる。

革新的組織とされている労働組合の場合も、職場の女たちの問題点を解決するべく、女たち自身が主体的な要求を出した場合、経営者より以前に、まず労組幹部である男たちの無理解とたたかわなければならぬことが一般的傾向として今日なおある。まして保守性強い地域社会の場合、女たちがその問題点の自主的な解決を志し、たとえば議会への進出を試みた場合、権力意識をあらわにむきだした男たちの妨害は目にあまる。また、農協婦人部も、理事・参与に女たちが進出、経営参加の中から婦人部活動の自主性を強くうちだすことはたやすくない。

女たちの組織の自主性の確立は、男たちと対立・競争するためにいわれているのではない。そのことがなければ、社会も団体もまことの民主化がおこなわれず、正常な発展がのぞめないからこそ、倦《あ》かずくりかえされて叫ばれるのだ。

すでにみて来たように、県下の婦人団体のうごきは多彩である。しかし、その内容にたちいるとき、足どりたしかな発展は、どの団体にもみられず、いずれも、停滞と混迷が現状である。だが、この停滞と混迷は、県下の婦人運動・婦人組織特有のものではない。現在の日本の婦人運動・婦人組織の問題点であり、また日本の現在の民主的な組織・運動ぜんたいにいえることでもある。そしてこのことは、日本の民主主義の空洞《くうどう》化とふかくかかわっているのだ。

しかし一方、こんにちの女たちの停滞をつきくずす、新しい胎動もまた、かすかにみえはじめている。その一つは、戦後の婦人運動が拠《よ》って立った指導理論が戦後社会の変ぼうの中ですでに破産していることを気づいた人たちが、女たちの新しい歴史をひらくため、きょうの女たちの問題点をふまえ、その方向づけを模索しているうごきがあるほか、具体的には昭和四十二年の統一地方選挙によって、地方議会の婦人議員が、ふたたびふえてゆく傾向がみられるからである。県下においては漸滅《ぜんめつ》の道をおたどっているが、これは男たちの妨害の強さとともに、さきにあげた婦人団体の問題点の根が深いことを示す。しかし、私は、県下においても婦人議員がふたたび台頭することを確信する。その根拠の一つは、県下の女たちの政治意識は、全国的にみて決して低くはないことである。身近でないため関心も低いといわれた昭和四十三年の参院選挙の全国平均の女たちの投票率は六八・九八％であるが、県下の場合は、七七・五七％と全国第九位の投票率を示している。

信濃の女たちは逆境に強いことがその特質の一つとしてある。今日、女たちが当面している問題点を、これもまたその特質の一つであるたくましい根性と努力によって克服するとき、婦人議員もまたかならず数をますはずであろう。

社会のメカニズムは、あらゆる人間関係に複雑多様に反映する。男対女の問題として現象しがちな、婦人問題も、その根は、体制のひずみにあるのだ。ところが、このひずみをなくすことを目的とした革新といわれている運動や組織もまた、こんにちではその硬直化や保守化が強く指摘されている。

あらゆる人間疎外からのまったき人間回復。これからの女たちの解放は、このことを強くふまえておこなわれなければ、解放の擬制化ばかりが、いたずらに栄えるだけであろう。

きょうの女たちの解放は、きょうの男たちの状況と同じになることを目的としてはいない。働くことがそのままストレートに個々の人間解放につながっていない現代社会においては、女たち同様、男たちの人間疎外の状況もまた大きい。

女たちの解放が、人間回復をその目的とするならば、男たちの解放もまたその上に、寸分すきなく重なりあう。男と女が、たがいの人間疎外をもたらしている状況をひらくべく、偽善を排し、きびしい人間的緊張の中で、同志的に協力してたたかうとき、こんにちの停滞と混迷の状況に新しい胎動がうまれるのではなかろうか。

民主主義の空洞化と、女たちの解放の空洞化がきっぱり対応するとき、まことの民主主義とはなにかを問うことから、きょうの女たちはあらためて出発しなければならず、このことは、女たち各自のきびしい自己対決がまずいる。社会の新しい歴史をひらくことと相ともなう、女たちの新しい歴史の創造を、信濃の女たちが力強くおしすすめてゆくことを大きく期待しながら、「信濃のおんな」をたずねる旅を、ここでひとまずおわりとする。

（『信濃毎日新聞』１９６８年7月30日〜8月15日初出／『信濃のおんな（下）』未來社、１９６９年）

『おんなの戦後史』より

戦争の共犯者

太平洋戦争における死者は、戦場における軍人軍属の戦死者約百五十五万五千人、負傷者はのべ八百万人、国内における空襲などの死者約三十万人、負傷者約三十五万人と発表されている。国内における死傷者数は関東大震災の約十二倍といわれているが、原爆などによる被災のなかみは、いかなる天災もおよびつかない残酷なものである。空襲によって家を失った人々も約八百七十五万四千人いる。

戦争によるこれらすべての災禍は、人間の行為によってもたらされている。国中の人々が、きっぱりと戦争を拒否したならば、あわずにすんだ惨禍でもある。

太平洋戦争宣戦の詔書は、「自存自衛ノ為蹶然起ツテ一切ノ障礙ヲ破砕スル」とある。開戦を告げた朝日新聞の社説は「いまや皇国の隆替を決するの秋、一億国民が一切を国家の難に捧ぐべきである」と結ばれている。こうした中で戦争に協力した国民は、戦争の主犯者ではないにしても、共犯者なのである。女といえども、例外ではない。

「兵隊さんは命がけ、私たちはたすきがけ」を合言葉に、小旗を振り、歓呼の声をあげ、男たちを戦場に送った女たちの、あざやかな共犯性。子や夫を戦死させた女たちもまた、被害者であるとともに、共犯者でもある背反性を、にがく身に帯びているのである。

こんにち、女たちの戦争体験の記録がすくなからずある。そこにみられるのは、戦争に対するうらみつらみであり、被害者の立場から、戦争について書きしるしているが、共犯者としての、自己の戦争責任に対する告発は、きびしくおこなっていない甘さが目立つ。

たとえば、北上山系の山ふところから、わが子を戦場に送った母たちは、「川原の石ころ、ひろって来て、あらって神さまさあげて拝むと、兵隊の足さ豆できねエっていうのでなス、毎日オラ川原の石ころひろって来ては、あらって拝んだものだエ(注1)」と、当時を回想する。石ころを洗いながら、「気持が良ガンベエ。足ア楽ニナッタンベエ。足ヲアラッテ寝マベシハァ」と、おもいをすりよせていとおしんだわが子が「殺しつくし、奪いつくし、焼きつくす(注2)」戦争の中で、どんな役割を果したのか、彼女たちはみじんも考えることをしていない。

ナルシシズムにも似た自己愛惜の中で、戦争時代を情緒的に回想、その不幸を涙でしめらせることはあっても、戦争反対のための行動に大きく立上がっていないのは、戦死者の妻たちにおいても同じである。

奥羽山脈の山ふところに住む、戦死者の妻は言う。「お国から金もらってナス。ありがてエことだと思うマス。〝なに、生きてたって、酒ばかりのんで、借金ばかり残す男もあるものだ〟っていう人もあるナス。……今度戦争がおきたら、今度もまた誰かにやっぱし当ることだべナッス。世の中ってそんなんだべまっちゃ(注3)」

戦争に狩りだされた男たちは、二十歳から三十五歳にいたる青壮年層が主力である。こんにち四十代なかばから五十代なかばにいたる女は、男より百三十万人も多い。この世代にきわだつ男女比のアンバランスは、戦争未亡人・戦争未婚者が、やはりこの世代に集中していることを物語る。

戦争被害は、日本の女たちだけが大きくうけたのではない。日本に侵略された国々の女たちもまた、傷あと癒えない、くやしい戦争体験を持つ。中国はじめ東南アジア諸国の残酷きわまる戦争被害をみるとき、侵略戦争にくりいれられたことにより、日本の女たちは、加害者としての責任を問われることからもまた、のがれることのできない立場にいるのである。

(注1) 小原徳志編『石ころに語る母たち』(未來社)。
(注2) 中国戦線で日本軍が行なった非人道的な戦術を、中国では「三光」と呼んだ。三光とは殺光(みな殺しにする)、搶光(略奪しつくす)、焼光(焼払う)をいう。
(注3) 菊池敬一・大牟羅良編『あの人は帰ってこなかった』(岩波新書)。

(『朝日新聞』1971年8月13日初出/『おんなの戦後史』未來社、1971年)

性の犠牲

　戦争のたびごと、敗者側の女たちが、勝者側の男たちの性の犠牲となる悲劇は、昔も今も変らない。勝者の男たちは、食には不自由していないが、性には飢えきって日本へやってくる。その男たちに提供する女たちについて、敗者の男たちは、売春業者をあつめて相談した。そして八月十八日、内務省から、全国の警察署長あて、指令が発せられている。「芸妓・公娼妓・女給・酌婦・常習的密淫売犯者等を優先的にこれにあてる」と。

　売春関係の職業についている女は、戦争がすすむにつれて次第にすくなくなっていた。売春関係の施設もまた、空襲などで焼け失せていた。女の調達と施設の整備のため、政府が五千万円の融資を約した特殊慰安施設協会（のちに国際親善協会と改称）が、売春業者によって設立されたのは、敗戦後まもなくである。

「戦後処理の国家的緊急施設、新日本女性を求む」の広告が、焼け跡の町に出され、新聞広告もまたおこなわれている。新聞広告では「職員・事務員募集」となっており、高給優遇とある。戦争中動員されていた職場からはじきだされ、焼け跡の中で、生活の道をさがしていた若い女たちが、広告をみてあつまって来た。

　実態は慰安婦だと言われ、考えこんでしまう者が多かったが、業者は、あつかましくも「お国のため、国際親善に貢献し、日本婦人の貞操の防波堤ともなる特別挺身隊員なのだ」と説得した。戦災して衣食住のめあてのない生活におり、家族のためにも収入がほしい者は、それが保障される職場ならと、慰安所の具体的な内容を知らないまま、勤めることをうなずいてしまった者もいた。

戦争中、お国のためという大義名分が、あらゆる個人的理由を圧殺して、人々に犠牲を強制、そのことによってたしかな利潤をあげた人たちがいた。慰安所業者から、同じことばがおくめんもなく言われ、職を求めなくとも生活できる層の女のかわりに、職を求めなければ生活できない女たちが、「日本婦人の貞操の防波堤」として、犠牲にされたのである。

占領軍は、先遣隊が八月二十八日厚木に到着、その後、半月あまりの間に約十二万人が進駐、十月末には約三十万人の将兵が進駐している。進駐して来た兵士たちは、慰安所に列をつくった。その結果、性病が枯野を焼くにも似た勢いで蔓延して占領軍をあわてさせ、将兵の慰安所立入りが禁止されている。

慰安所は業者がうたいあげるような「防波堤」にはならなかった。占領軍が進駐した地域は、慰安所があっても、その日からさっそく婦女暴行がはじまっている。九月はじめの新聞記事には、事件がいくつか伝えられているが、その後紙面から消えている。プレスコードがしかれ、占領軍批判がきびしく取締まられたためである。

そのため、占領軍の友好的な側面だけしか知らされないので、無知からくる女たちの悲劇もすくなからず発生した。たとえば、英語を教えてやると近づいて来た兵士に、焼けビルに誘いこまれ、十数人に輪姦された娘。うしろから来たジープの警笛に何気なくふりかえり、そのまま連れ去られた人妻。夫や親たちを抵抗できないように縛りあげ、その前で妻や娘が輪姦されることも珍しいことではなかった。(注)

敗戦の年十一月、東京都内でおこなわれた占領軍関係者の犯罪は、婦女暴行・強窃盗・その他届け出られたものだけでも、合計五百五十四件記録されている。婦女暴行は人の目にさらされたもの以外は、被害者が話題にされることをおそれて届け出ないため、届け出件数より、はるかに多いと推定されている。

輝かしい戦果がいわれていたとき、侵略先で日本の男たちもまた同じことをおこなっていたのである。侵略的な戦争は男たちを野獣化し、野獣化した男たちのえじきとして、敗者側の女たちはつねにむごたらしくもてあそばれる。敗戦のとき、日本の女たちも例外ではなかったのである。

（注）小林大治郎・村瀬明著『みんなは知らない』（雄山閣出版）、水野浩編『日本の貞操』、五島勉編『続、日本の貞操』（蒼樹社）などによる。

（『朝日新聞』1971年8月14日初出／『おんなの戦後史』未來社、1971年）

女子学生亡国論

「昭和三十年ごろまでの女子学生は、結果はともかくとして、大部分が家庭の事情のいかんにかかわらず、戦後の自覚女性のチャンピオンという明確な意識をもって進学して来たし、したがって入学試験のさいの面接でも、それぞれ目的を語り、社会人として働く決意をしめしたものであった。ところがこの五、六年はどうかというと、面接で目的を聞いても、はっきり答える女子が、まことにすくなくなってしまった」(暉峻康隆「女子学生世にはばかる」『婦人公論』一九六二年三月号)。

職がなければ人生の落後者になるほかない男がはじきだされ、結婚のための教養を目的にする女が、学科試験の成績がよいというだけで大量に入学されては、学者と社会人の養成を目的とする大学の機能にひびが入る。女子学生の進出は、大学教育が社会に還元されない結果となって、国家のためにもなげかわしい。適当な対策を講ずるべきだと、「女子学生亡国論」がいわれだしたのは一九六二年である。

女子学生の進出が目立つといわれる四年制大学の文学部におけるこの年の女性の比率を見ると、過半数をこえているのは、学習院八九%、青山学院八六%、成城七八%、立教六四%などで、慶応は四四%、早稲田は三四%、全国平均は四二%である。だが、文学部、教育学部をのぞく他学部の女の数はすくなく、大学生総数のうち女子学生はわずか一五%にすぎない。

にもかかわらず、「女子学生亡国論」が世にはびこったのは、大学教授といわれる知識層の男たちにさえ、女性蔑視と差別の思想が根強くある日本の前近代的思想風土に加え、高度成長政策とともにあらわれている教育や職場における男女差別の状況と無縁ではない。

戦後の教育は、占領期においては、憲法にもとづいた教育基本法、学校教育法による民主主義教育がおこなわれたが、独立後は、年ごとに反動化がすすむ。能力差別、男女差別の教育がおこなわれ、女は職業人としてより、家庭人として生きるべく教育されている。

一方、社会状況にも、戦後まもなくの婦人解放の風潮はすでにない。職場において女たちは、底辺労働へは大きく動員されるが、男と対等に学んでいるはずの四年制大学の女の卒業者には、就職の門はせまく閉ざされている。男女共学という新しい状況はひらかれたが、男女平等の社会生活はひらかれてはいない。女は職業人として生きるより、社会的地位や名誉のある男の妻になる方が、はるかにたやすく「社会的威厳」を手に入れることができるのだ。そのため、男たちが学問研究や社会に役立つことよりも、学歴差別のある社会の中で、生活条件をより有利にするため大学に学ぶように、女たちもまた結婚の条件を有利にするため大学に学ぶなりゆきとなっている。さらに大学側においても、大学経営は、学問や社会のためより、企業としての利潤追求が主となっている。

大学の退廃現象は、大学を花嫁学校化する女子学生が原因であるより、企業の要請にあわせ、学生の「大量生産」をおこなっている大学のあり方そのものにある。一九六八年から六九年にかけて、全国的にみられた学園闘争は、このことに対する学生側の大学側に対する告発である。ところが「女子学生亡国論」においては、女子学生のあり方だけが一方的に問題にされている。

そして「女子学生亡国論」は、大学側の男女差別を当然とする口実となり、女たちは入学試験の際、具体的に差別されるようになっている。たとえば、早稲田大学教育学部では、女の合格最低点は男より高く、男は女より成績が劣っても、男であるということで入学を許されている。熊本大学、富山大学、九州大学の薬学部における女の入学制限もまた女の大学教育が社会に還元されないことを理由にしている。

女の大学教育が社会に還元されないのは、男中心社会の機構がそれをはばんでいるからである。しかし、そのことはいささかも問題にされず、社会に役だたない女たちの現状だけが大きく指摘され、女たちに対する差別理由となっている。

今日、ウーマン・リブが、問題意識を持った女子学生の間に大きく共感されているのは、たてまえだけは自由平等がうたわれても、教育や就職の場に性差別がぬきがたくあることを、彼女たちは屈辱の体験をとおして知っているからである。

（『朝日新聞』1971年9月3日初出／『おんなの戦後史』未來社、1971年）

ウーマン・リブ

「女らしさってなあに？」「お母さん！　結婚って ほんとに しあわせ？」「男にとって女とは？　女にとって男とは？」――女のあたりまえとされている日常生活に対する問いをかかげ、戦後生れの若い女たち百人あまりが、夜の銀座でジグザグデモをおこない、「おんな解放！　闘争勝利！」と声をあげたのは、一九七〇年の国際反戦デー。

ウーマン・リブとよばれるこのうごきは、すでに多様な運動を展開しているアメリカのウーマン・リブに触発され、六八年から六九年にかけて高揚した学園闘争の思想的遺産をうけついであらわれており、戦後婦人運動の流れとは別の場所から発生している。

戦後の婦人運動を時期的に大別すると、勃興期は敗戦の年から一九四八年までの約三年間で、この間に戦後婦人運動はその源流の形成をほぼ終えている。つづく展開期はその後の約十二年間、六〇年安保までである。この時期は、戦後の民主化路線と平和主義路線が権力によって無残に踏みつぶされてゆく過程であり、女たちもまたそれなりに問題に対決し、体験をつみかさねている。そして六〇年安保以後は、停滞・混迷期となっている。

六〇年代に入り、婦人運動が活力を失ったのは、社会構造が高度に資本主義化されるにつれ、女たちがかかげてたたかってきたものが、色あせてしまったからである。

戦後婦人運動の指導者層のおおくは明治生れであり、戦前に運動をおこなってきた人たちが大半を占めている。ためにその解放理論は、かつて展開期にあった資本主義社会のものであり、今日の成熟した資本主義社会における婦人問題は、それではもはやきりひらけない。

女たちの運動によって、封建的な制度は復活しなかったが、男女差別はなくならず、再軍備をしないことを言明していた政府によってすすめられた軍備は、年ごとに増強され、現在ではアジアの国々の脅威となるほど強大になっている。

戦後婦人運動が果した役割をかえりみると、やくざな夫につれそったけなげな妻さながらである。いささかでも目をはなすと、何をしでかすかわからない政府に対し、その暴走を許さない歯止役となっており、結果的には、現体制を補完するはたらきをしている。

女たちの問題点は、現体制のもつ矛盾からあらわれているのに、結果的にはその体制を支えることになってしまう従来の婦人運動に女たちがいらだっていたとき、ウーマン・リブがあらわれたのである。

現体制維持のため構造化されている結婚制度や家庭を否定し、男と女の新しい関係を模索する若い女たちの出現には、成熟しきった資本主義社会の風俗現象だけではない婦人解放の新しい芽がある。

組織によらず、個人の生き方をとおして問題との対決を目ざすウーマン・リブが新しい婦人運動として現れたことは、すぐれたリーダーの個性的な指導力に頼ること大きかった近代的婦人解放運動が、いま衰退の季節をむかえていることをもまた物語る。

だが現代の女たちの閉塞状況を開こうとして、ウーマン・リブを生きる女たちより、マスコミによって与えられる意見をうのみにし、権力側の意図を受身に生きる女たちの方が圧倒的に多いのだ。そんな女たちによって選挙権が使われる時、ふたたび歩み出そうとしているかに見える戦争への道を、女たちがそれを気がつかずにおし進める危険がすこぶる大きい。

ことしは婦人参政二十五周年、今日の堕落した政治状況に対して、責任の半分は女にある。女性解放を言葉で叫ぶのはやさしいが、それを女自身が、自己対決の中で生きることは生やさしいことではない。

多くの女が戦後の婦人運動に参加したが、女の解放ということをどのように自分はとらえていたのか、またその解放を自分はどのように生きているのか、きびしく問いなおしをせまられて、女たちは、いま歴史の分岐点に立たされている。

（『朝日新聞』1971年9月10日初出／『おんなの戦後史』未來社、1971年）

部落の解放と女の解放

＊1972年4月16日、部落解放第17回全国婦人集会における講演

自己紹介をかねて、私自身のものの見方、考え方の原点を最初にまず申し上げてみたいとおもいます。私の主な著書は、『おんなの歴史』『信濃のおんな』『おんなの戦後史』とございますが、いずれも、「女性」や「婦人」を使わず、ひらがなで「おんな」としてございます。

なぜ、ひらがなで「おんな」としたかと申しますと、これは水平社宣言に教えられたのです。最初の著書、『おんなの歴史』が出版されましたとき、大変好意のある批評をして下さった方が、その終りで、「この著書は、書名でソンをしている。婦人史とか女性史とかした方がよかったのに、〝おんな〟などとしたため、なかみと書名がそぐわず、好色的なものとまちがえられるおそれもある」とありました。

私が、「婦人」とか、「女性」とかと使わず、あえて「おんな」としたのは、「婦人」とか「女性」とか使われるときは、女たちが当面しているもっとも奥深い問題がわきへのけられ、言葉ですりかえられてみえなくされてしまう、そのことへの抵抗もあってのことです。

たとえば、女たちをおだてるときには、「御婦人の皆さま」とか「女性の皆さん」とか言われます。典型的なのは、選挙のとき、女の一票が欲しい候補者はかならず「御婦人の皆さま方」とよびかけます。ところが、男の人と対等の立場で、ことに処そうとすると、「女のくせに」とか、「女だてらに」とか言われ、決して「御婦人」とか「女性」とかとは使われません。また、週刊誌などでは、好色と蔑視の対象として「おんな」という文字を用いています。はずかしめられた存在としての「おんな」、そして「婦人」と「おんな」は違うもののようにわけられて使われています。女の問題は、「婦人」というよそゆきの表情をしたとらえかたでは迫ってゆけない、「おんな」として差別された場をごまかしなく見すえ、その場所から歩みだす、そういうおもいをこめて私は、私の主な著書の名すべてに「おんな」という文字を使いました。そして、このおもいを、このように表わすことは、さきほど申しましたように、水平社宣言から教えられました。

水平社宣言の中に、「犠牲者がその烙印を投げ返す時が来たのだ。殉教者が、その荊冠を祝福される時が来たのだ。吾々がエタであることを誇り得る時が来たのだ」と高らかに言われています。日本の解放宣言の中でもっとも格調高い文章をあげろと言われれば、私はまずこの水平社宣言をあげたい。宣言のことばの一つ一つに、深い意味がこめられ、問題がそこに集約され、象徴的な使われ方をしており、詩的な香り高い文章であり、読む者のこころに迫る文章です。この宣言を読んだとき、私は、女の解放のおもいをここへ重ねあわせました。

部落の方々がみずから、「エタ」という言葉を使われたが、他者が使ったとき、また蔑視したときには、絶対に許さない、容赦しない、その解放へのきびしい闘いの姿勢に教わり、好色と蔑視にさらされた「おんな」という字をあえて使いました。そして女であるため好色と蔑視にさらされつづけてきた歴史と現実をごまかさずに見すえ、その場から問題を提出、他者が私たち女を、「おんな」として蔑視し、好色の対象とすることを許さない、このようなもののみ方、考え方が、私が女の解放を考える原点でございます。

女に生まれたということは、子どもの頃からさまざまな屈辱にまみれることでもありました。おとなたちは、日常のなにげない言葉にも、差別の言葉を平気で使います。私は、子どもの頃、あなたは男に生まれればよかったとよく言われました。自己主張の強い子どもでしたから、女が自己主張を持ったとき、世で言う「しあわせ」になれないことを見こしてのおとなたちのおもいやりの言葉であったのかも知れません。けれど、私は子どもごころにも屈辱感と怒りをおぼえました。私は私自身であることをこの上なく大切におもっているのに、なぜ女であってはいけないのか、おとなたちの差別の言葉が、女とは何かというおもいを私の中に育てていったようです。

それから私は、学校は小学校までしか行っておりません。低学歴であること、貧乏であること、女であることの差別の痛みは、あげたらきりのないほど味わっていますが、女であることによって味わった、忘れられない思い出があります。私は、いまは県の過疎調査指定地区となっている長野県の山奥で生まれ育っていますが、ここは歴史古い土地柄で昔から伝わった火祭りがございます。

この火祭りは、若者中心のお祭りですから、戦争中、若者たちが戦地へ狩りだされていったときは、おこなわれませんでした。戦後はじめて祭りがおこなわれたのは、敗戦の翌年、その一周年目にあたる八月十五日でした。村に溢れる祭りの活気がうれしく、ああ長い戦争がやっと終り、男たちが戦地からふるさとの地に帰ってきたのだなという感激が胸に溢れました。それで、私は、その火祭りが、どのような経過でおこなわれるのか、詳細に見たくて、火祭りの現場である、たいまつ山とよばれるところに登ってみようとおもいました。ところが、その山の入口でとめられてしまったのです。女は登ってはいけないと言うのです。なぜかと申しますと、女は不浄だから、神聖な祭りの場がけがれるというのです。このとき、私が、なぜ女は不浄なのかと聞きますと、昔からそう言われているというのです。では、男は不浄ではないのかと言うと、そうだと言います。男が男から生まれるのなら、そんな論理も通るけれど、もし女が不浄であるなら、その女から生まれた男もまた不浄なのではないかと言いはしましたが、このとき強いて私が山に登らなかったのは、荒々しい祭りの中で、もしけが人などが出た場合、私が山に登ったからだと、非難されてもつまらないと思ったからでした。その後も似たような差別に何度か出会っています。

私の生まれ育った村にも、部落がございますが、この火祭りに、部落の男たちは参加しています。でも、最初から部落の男たちが参加していたかどうか、私は部落解放の闘いがあって、祭りへの参加を闘いとっていったのではないかと思います。なぜなら、戦前、水平社の闘いがあったとき、この部落の人たちは、すこぶる激しい闘いをした歴史を持っています。たとえば、差別言辞をおこなった警察署長を竹槍で取り囲んで謝罪させるなど、差別を許さない身構えのきびしさがあったからこそ、祭りへの参加もあったのでしょう。部落の人たちのこのような団結した闘いにくらべ、女一般の差別への闘いは、まことに力弱い。というのは、女は、さまざまな階層に分裂して存在し、階級・階層の利害の中につつみこまれており、そのことによって、本質的な差別を見えなくされているのです。

部落差別と女に対する差別はあらわれかたはことなっているが、差別をもたらすところの根は、同じであると思います。このことは、女の歴史をかえりみるとき、その道すじがあきらかに指摘できます。

女の歴史をかえりみますと、つぎのことが言えます。「社会の仕組みが変れば、女の生きる状況が変り、女の生きる状況が変れば、結婚のかたちが変っている」と。これが女の歴史をつらぬいている基本的なものであり、社会の仕組みと、女の状況と、結婚のあり方、この三つがすべて密接にかかわりあっています。

結婚というのは、男と女のもっとも密接なかかわり方です。この男と女のもっとも密接なかかわり方が、社会の仕組みとともに変化しているのです。ですから結婚のあり方の変化を辿りながら問題点をいささかおさえてみたいとおもいます。

こんにちなお一般的に言われている言葉に、嫁入る、嫁を取るという言葉があります。この嫁入る、嫁取るという結婚のかたちは、封建制社会における結婚のかたちです。民主主義社会における結婚のかたちは、嫁取り、嫁入り婚ではないはずです。こんにちの結婚のかたちを法的にみますと、それは寄りあい婚とよばれるかたちになっています。そこで夫と妻がまったく平等に寄りあって、平等な権利と義務のもとに家庭を営むことがうたわれています。法的には寄りあい婚となっているのに、いまなお、封建制社会の結婚のかたちである嫁取る、嫁入りの言葉が生きてはたらき、人々がそのことに大きく抵抗を覚えていない。このことは、女たちの状況に封建制社会からの男女差別がなお尾を引いており、その風俗がいまもつづいて、今日の差別状況を日常の生活次元で支えていることが指摘できます。

社会の仕組みは、封建制社会が歴史のはじめからあったのではありません。封建制社会ではない社会もありました。いわゆる奴隷制社会とよばれる社会が、封建制社会の前にありましたが、この社会の結婚のかたちは、婿取り婚です。女は嫁にいかず、男の人が婿入りしてくるのです。さらに、この奴隷制社会の前の社会、原始共産制社会といわれる社会、この原始共同体の時代には、嫁取り婚でも、婿取り婚でもなく、結婚のかたちは、妻問い婚、もしくは通い婚といいまして、夫と妻は別居しておりました。

結婚のかたちは社会の仕組みとともに変化していますが、それでは女たちの生きる状況はこの中で、どのように変っていったかといいますと、女たちの生きる状況がもっとも自由であったのは、原始共同体の時代、夫が妻のもとに通う、妻問い婚、あるいは通い婚といわれた結婚のかたちがあった時代のようです。そして女たちの生きる状況がもっともみじめであったのは、封建制社会であり、嫁入り婚の時代です。こんにちにいたってようやく寄りあい婚というかたちがでてきて、男と女の生きる状況の落差を埋めようと志されていますが、問題点がたくさんあるわけです。

その問題点にふれる前に、社会の仕組みとともに、なぜ結婚のかたちが変るのか、その原点をおさえておきたい。

エンゲルスという人が、『家族・私有財産・国家の起源』という本に、父権の出現は、女性の世界史的敗北で、「人類が経験したもっとも深刻な革命の一つ」と言っています。またベーベルという人もその『婦人論』で、「母権の施行は共産制と万人の平等を意味し、父権の出現は私有財産制の支配を意味するると同時に、「婦人の圧制と隷属を意味した」といい、ボーヴォワールも、「原始時代には、母系相続制のかわりに男系親をもたらした革命にまさる重要な思想革命はない」とも言っています。

日本の歴史をみましても、親ははじめは母だけで、歴史のある時点にいたって父親が出現していることが、さまざまなエピソードから辿れます。

生物学的にみますと、父がなければ子どもは生まれません。子どもの出生には、親としてかならず父と母とが存在しますが、人間の歴史の中では、はじめ、親は母だけであるという時代があったのです。このことは、結婚のかたちと深くかかわっています。

女たちが男に対して隷従していなかった妻問い婚の時代は、結婚の条件は、互いに好きであるということが、夫と妻を結ぶ唯一のきずなであり、それ以外のことは、お互いのかかわりの中に入ってきません。つまり、男は、好きであるから女のもとへ通うのであり、女は好きであるから、通って来た男をむかえ入れて一緒に寝る。きらいになると、男は通わなくなりますし、女の方もまたきらいになったら男が通ってきてもむかえ入れません。お互いに生活を共にしていませんから、愛情だけが互いをつなぐよすがであり、そこに経済的なものはみじんも介入しません。

こんにち結婚は、愛情関係であるよりも、経済関係の比重がすこぶる大きく、経済権からはじきだされている女たちは、結婚によって生活保障を得ることが一般的にみられます。ところが、妻問い婚時代は、夫と妻は生活圏を別にしており、生まれた子は、母方のものとして母の所属する共同体で養育されたのです。

こんにちの同居婚においても、子の父親であることのたしかな確認は、男たちの場合、妻の愛情に対する絶対的な信頼のもとにしか、わが子の確認はできないものです。そこには確実に目にみえるものはなにもありません。ところが、女は、自分の肉体に子どもを宿しますから、母と子の関係は、すこぶる即物的に確認できます。ですから、夫と妻が生活圏を別にしていた原始共同体時代は、親は母だけであったのです。

そして、その当時の生活は、母中心、すなわち母系家族であったと指摘されています。

さて、それでは、どうして父親があらわれるようになったのか。このことは社会のしくみの変化とかかわります。つまり、原始共産制社会がこわれて古代奴隷制社会になってゆく社会のしくみの変化のなかで、父親があらわれてきます。

ところがこの父親の出現は、いままで母中心の社会にはなかったものをもたらしました。父親は、支配権・私有権といういやらしい権利をともなって、この世へあらわれてきます。このことは、原始共産社会が自然経済といって、生活物資を自然から採集していたときは、集団のみんなが働いてもつねに飢えに追われつづけていたのですが、青銅器や鉄器の発明によって、野山が開拓されて田畑がつくられるようになり、農業生産が大規模になるにつれて、その集団のなかで、働かない人がいても、生産物が貯えられるようになったことと関わっています。生産物は、はじめは集団の共同管理であったものが、次第に特定の人の管理となり、そして特定の人に私有化されてゆくようになりました。働く人によってもたらされた生産物を、働かない人が管理し、私有化してゆくことがすすむなかで、原始共同体がこわれてゆき、階級社会といわれる支配する者と支配される者とが存在する社会があらわれてきます。そしてこの道すじの中でまず支配者層に父親があらわれてくるのです。

どのようにして父親があらわれたかといいますと、支配層の男たちが富を私有化したと同じ道すじで女を私有化していったのです。つまり、これは俺の女なのだと言って、女を囲いこむことをしたのです。女の愛情や行動の自由を束縛、他の男に手をつけさせない私有化と専制支配のもとで、その女の産んだ子を、自分の子どもであると、男は父権を確立したのです。

このことをエンゲルスは、「母権の顚覆《てんぷく》は、女性の世界史的敗北であった。男子は家庭においても舵をとるようになり、女性は地位を失い、隷属化され、男子の肉欲の奴隷となり、生殖の単なる道具となった」と指摘しています。

原始共同体においては、男女まったき対等の立場でおこなわれた性愛が、階級社会の発生とともに、支配者層においては堕落したかたちであらわれるようになったのです。社会に支配・被支配の人間関係があるとき、それは男と女の関係にもまた反映するのです。そして原始共同体においては、すべての人が、己れのパンは己れの労働において得ることがあたりまえとされていましたが、己れのパンを他者の働きから収奪する人たちが現れた階級社会では、女たちの中にも、性を手がかりに、男に寄生する者が現れてきます。階級社会の中で女たちは、支配者の性的伴侶となることで、支配者の同伴者として、社会的にかがやかしい座につくことができ、富と権力もまた手に入れることができるようになりました。ですから、女たちは労働の腕をみがくよりも、性的アピールによって、男をとりこにし、その男の子を産むことによって社会的地位を獲得することをこころがけるようになり、この悪しき風俗はこんにちにおいてもなくなっていません。

原始共同体においては、すべての人が働くのが当然であり、そこには人間差別がありませんでしたが、階級社会が発生すると、働く者たちが卑められ、働かない者たちが尊ばれるというまことに奇妙な差別がおこなわれるようになりました。

「天は人の上に人をつくらず、人の下に人をつくらず」という言葉があります。天、すなわち自然には差別はないのに、なぜ人間の社会に、人の上に人がおり、人の下に人がいるのかといいますと、それは、支配者がおのれの支配を安泰ならしめるため、差別を制度的につくりあげ、その制度を維持することで支配する立場もまた維持することをはかったからです。そして、その制度内の人間関係のあり方は、男と女の関係にもまたあざやかに反映しますので、社会の制度が変れば、その社会における人間関係が変ります。そして人間関係のもっとも密接なものとしての結婚のかたちもまた変ってゆくのです。

人間関係のあり方は、社会のしくみによって規定されますから、男と女の関係のもっとも密接な関係であるところの結婚のかたちもまた社会のしくみに規定され、その社会における人間関係の頽廃したかたちは、男と女の関係にもっともあきらかにみられるのです。男と女のかかわりの頽廃したかたちが、父権支配・階級的支配・私有財産制度・商品流通の発展とともにすすんできた歴史をかえりみますと、女の差別の根と、部落差別の根が同じであることが明らかになります。

女の差別と部落差別は、あらわれかたはことなっても、その根を同じくしていることは、差別の歴史をかえりみるときにもまた指摘できます。

「被抑圧者であることは、女と働く者の共通の運命である」と、ベーベルはその『婦人論』のはじめでいっていますが、日本の歴史をみるとき、被差別部落の人の運命と女の運命が共通していることは、近世封建制社会において明らかにあらわれています。

被差別部落の制度が近世封建制社会安泰のためにつくられたことは、すでに皆さんは学習のなかでおさえているとおもいますが、この被差別部落がつくられてゆくのと、同じ道すじで、「公娼制度」というのがつくられています。私は、封建制社会をその最底辺で支えた二本の柱が、被差別部落の制度と、公娼の制度であったと考えています。

売春の発生は階級社会の発生とその道すじを同じくしていますが、女たちが性奴隷として特定の地域に囲いこまれ、そこが官許売春地帯となって、女の肉体が売買されるようになったのは、近世封建制社会確立の過程においてなのです。徳川家康の遺訓といわれる成憲百箇条に、「遊女夜発《やほっ》はなかるべからざるものなり。いたく之を制するも、かえって乱統不義のもの日々に出て刑伐にいとまあらず」とあります。つまり、売春は、封建制社会の秩序を維持するために、「なくてかなわざるもの」とみとめているのです。ある制度が、その社会においてみとめられていることは、その制度がその体制を維持する役割りを果すからで、もし、その体制を掘りくずすような制度であるならば、権力側は、かならずその制度を弾圧してなくしてしまいます。

被差別部落の制度が、近世封建社会においてつくられたのは、「生かさぬように殺さぬように」年貢をとりあげられる農民たちの抑圧を、権力への抵抗に転化させないために、抑圧移譲の場として、被差別部落をつくり、部落の人たちはいけにえの民とされたのですが、官許売春地帯も同じ発想でつくられています。

近世封建制社会においては、自由と平等は悪で、あらゆる人間関係は上下尊卑にわかれるとして体制道徳がおしつけられてきます。ですから、社会の人間関係に差別があるとき、男女の差別もまた当然とされ、男が尊く女は卑しいとされるのです。そして、結婚においても婿取り婚までは、当事者の愛情が結婚におけるもっとも大切なことがらであるとされましたが、嫁入り婚になりますと、この当事者間の対等な愛情関係は否定され、恋愛は不義とされ、家父長の言うままに、女は男の家に嫁入らされ、男はまた家父長の言うままに嫁取るというかたちが、あたりまえなかたちとなります。つまり、そこでは当事者の愛情が疎外され、家中心の結婚となります。ですから、近世封建制社会において、女は生殖用と享楽用にわけられ、家婦となる女は、家内奴隷兼子産み用とされましたから、「嫁《か》して三年子なきは去る」と子どもを産まない女は、役立たずとして、そのことが当然な離婚理由となりました。日本において父権中心になるのは、この封建制社会であり、「腹は借りもの」となって母権が否定されています。

そして、親同士のとりきめによる愛情のない結婚を補完するものとして、売春制度がつくられたのです。妻は、家事と子産みのための実用品であり、享楽用としては、官許売春地帯、すなわち遊廓とよばれる場所で、女が金で売買され、男たちは愛情のない結婚生活のうさばらしをしたのです。

今日においてもなお売春は「必要悪」だなどと言う人がすくなからずいますが、愛情のない結婚生活があたりまえであり、男女差別があたりまえである社会では、その社会を存続させるため、売春は「必要悪」となります。けれど、結婚に経済関係が介入せず、愛情だけがそのきずなであり、男女差別のない社会では、売春は「必要悪」ではなく、「悪」そのもののはずです。売春を「必要悪」というのは、差別を温存させるための体制的思考であることを、はっきり知ってほしいとおもいます。

さらに、売春が存在させられるのは、愛情のない結婚生活を補完するものであるとともに、分裂支配のなかで抑圧きびしい男たちの不満を、権力への抵抗に転化させないためのものでもあるのです。男たちは日常の抑圧を女をもてあそぶことによってうさばらしをし、その抑圧をごまかして、男同士の間にある差別を耐えることをしたのです。さらに、近世封建制社会においては、消費専門である武士は、年貢によってその禄を保障されましたから、凶年の際は、「妻子を売っても」と年貢をおさめることが強制されており、その妻子の売り場所として、官許売春地帯が設けられているのです。その社会に存在する差別や制度は、その体制を支える二重、三重の働きをしていることは、女の差別を洗い出してゆくとき、あきらかになります。

このことは部落の差別においてもまたいえることです。封建制社会の処世訓に「下をみて暮せ」とありますが、重畳化されている差別の中で、よりきびしい差別の中にいる者とくらべて自分の抑圧をなだめることによって、人々は、抑圧されながらその抑圧の体制をまた支えることをしていたのです。すなわち、部落外の者は部落の人たちを差別することによって自分たちの抑圧をなだめ、さらに、男は女を差別することによって、男の生活にある抑圧をなだめたのです。

さて、近代といわれる明治に入って、部落解放令が明治四年に発せられますが、同じく公娼廃止も明治五年におこなわれます。そしてこのときの布告に「娼妓芸妓は人身の権利を失う者にて牛馬に異ならず、人より牛馬に物の返済を求むるの理なし」とあり、女たちは借金を返さないでもよいことになり、「牛馬解きほどき令」ともいわれました。部落解放令がおこなわれても部落差別はなくならず、公娼廃止令があってもふたたび、公娼が復活してしまったのは、日本の近代が、封建遺制を巧みに利用して発展したためですが、このことにふれる時間がありませんので、解放令のおこなわれた時点で、その解放を生きた部落の女の人々を紹介し、解放への身構えを考えてみたいとおもいます。

明治政府の殖産興業政策の一つに、機械工業の奨励があります。官営の製糸工場である富岡製糸が、明治五年に設立され、機械製糸を普及するため、全国各地から伝習工女を募集しましたが、さっぱり工女があつまりません。なぜかと言いますと、この技術指導にフランス人が来ていましたが、フランス人たちが食事に用いる赤ぶどう酒は、人の生き血を飲んでいるとされ、また料理につかうラードやヘッドの類は、人の脂肪であるとうわさが流されたためです。富岡製糸へ行くと、生き血、生き油をしぼられるとおそれられたのです。そこで政府は、そのようなことはないと、養蚕のさかんな地帯に伝習工女をわり当ててきました。長野県松代においても家老の娘はじめ旧藩士層の娘がそのために富岡製糸に出むくことになりました。その中に百五十石取りの武士の娘であった横田英(和田英)という人がいました。彼女は、のちにそのときの記録を『富岡日記』としてあらわしていますが、その中に、入沢筆《ふで》という部落出身の娘のことがあります。

横田英が、富岡においてはじめて糸のとり方をおそわったのがこの入沢筆でした。入沢筆は一等工女としてフランス人直伝の技術の持ち主であり、そのため工場内で指導的地位におり、彼女の態度について横田英は「実にやさしく教えてくれました。退場の時などは私の手をひき、妹の如くにしてくれました」と書いています。おもうに部落出身の娘は、「外国人から生き血を吸われる」とデマがとんで、伝習工女が集まらなかった時期に、率先して伝習工女となり、フランス人から直接に指導されたのでしょう。当時、富岡工場では、フランス人がその指導的な立場にいましたから、日本の風俗習慣とは無縁に、技術本位の生産のシステムが組まれたため、部落出身の娘が士族の娘に指南として糸とりを教えたのでしょう。そして師弟として、旧身分の差をこえて互いに手をとりあって出入りする光景は、まさに文明開化そのものでしたが、残念なことに、この開明的な人間関係もすっきりとさわやかな雰囲気ではありませんでした。なぜなら彼女が部落出身であることの中傷が、かげでささやかれ、横田英も、入沢筆の人格と技術を尊敬しているにもかかわらず、「あなたはどなたのお弟子？」と人から聞かれると、入沢筆の名を言わず、二番目に教わった安中藩士族の娘の名を言っています。明治四十二年にあらわした『富岡日記』で彼女は、「今、考えますと実にすまぬことをしたと悔いております」とざんげしています。

部落解放令が出た当時の農民一揆のスローガンの一つに、部落解放反対があるくらいですから、一等工女として指導的な立場にある部落の娘に対するさまざまな中傷はさけられないことだったとおもわれます。にもかかわらず入沢筆はそれにたじろぐこともなく、初心者たちに姉のごとくやさしく教え、入退場のときは、自分の弟子にすすんで手をさしのべています。彼女の内面にいたみ深い葛藤があったとしても、それをみじんも気配にあらわさず克服しているすばらしい態度は、『破戒』の丑松などが及びもつかない立派な解放への姿勢だと思います。解放とは他者から与えられるものではなく、自分がそのことを生きることであり、その模範的なモデルとして、私は、『おんなの歴史』で、この入沢筆についてふれておきました。

私の教え子の一人で、紡績工場で働いていた中学卒の学歴しかない人がおります。その彼女は、恋愛していまはある大手の会社の課長夫人になっていますが、この入沢筆の個所を読んだとき、涙がとまらなかったといってよこしました。といいますのは、社宅住まいの中で、社員層の奥さんになっている人たちは経済的にも恵まれて育ち、学歴も大学卒が珍らしくありません。その中で、自分の学歴や育ちの貧しさが肩身せまく、いつも後指さされているおもいがして社宅内のつきあいができず、ノイローゼになってしまったのです。ところが入沢筆を知ったとき、自分の弱気がかえりみられ、彼女にはげまされて、立ちなおることができたというのです。彼女は彼女の夫の会社内の立場がそのため悪くなりそうだといわれるくらい、民主的な運動に働くようになりました。

日本の女性史の中で、部落の女性史はまだほとんど未開拓です。歴史をその最底辺でになって通した部落の女たちの歴史が、あきらかにならない限り、日本の女性史は完成されたものとはいえません。入沢筆ばかりではなく、負の状況を正に転化して生きた部落の女たちは限りなくいるはずです。これらの女たちの状況を、皆さん自身の手で是非あきらかにして、日本の女の解放の方向づけをうちだしてほしい。およばずながら私もそのことにはお手伝いをしたいと思います。

なお、こんにちにおいての部落差別は、部落の人たちが「差別によって主要な生産関係から除外されていること」が指摘されていますが、女の差別においてもまた同じことがいえます。今日の問題点にくわしくふれる時間的なゆとりがすでにありませんので、私たちがこれから解放の歩みをすすめてゆく上で、どういう姿勢でなければならないか、このことについて私の考えていることを申してみます。

女たちの状況をみますと、昔にくらべたら今はよくなったということがいわれています。たしかに非人間的な差別をされていた戦前にくらべますと、戦後の女たちの状況はよくはなっていますが、昔にくらべたら今はいいというもののみ方、考え方を私はとりません。なぜならこれは、「下の人たちとくらべたら」という差別の発想と同質なものです。これは支配者層が、被支配者の抑圧をなだめるときに言うことばであり、昔あった問題点がなくなったことを言って、今ある問題点を見えなくするぎまんの言葉です。私は、何を基準にして今日の問題と取り組むかというと、人間としてあるべき姿、ありたい姿を基準にし、ここから今日の私たちの状況を照らしかえすとき、欠陥だらけの状況があざやかに見えてきます。昔にくらべてものを見るのではなく、あるべき姿、ありたい姿を基準にして、解放をかちとってゆく、このことを基本的におさえておきたいとおもいます。

また、こんにちさまざまな公害のことが言われていますが、私はその中でもっともひどい公害は、私たちのもののみ方、考え方が大きく汚染されていることだとおもいます。私たちは、生まれおちたときから、すでにさまざまな差別のある社会の中で意識形成をおこなっていますから、差別意識を無意識のうちに身につけています。ですからひずみゆがんだ人間関係を、あたりまえな人間関係としてしまい、世の中とはこのようなものだと思いこんでしまいがちになります。このような差別に汚染された意識を、洗い直して、なにがまことのものであるかをはっきりさせてゆく、このことが解放への一つの道すじになるとおもいます。

また、部落解放において、差別糾弾闘争がありますが、私はこれはすぐれた解放への道すじだとおもっています。なぜなら、私たちが解放されてゆくには、差別をしている側をも解放することだと思います。差別をしている人たちのもののみ方、考え方は、まったく汚染されきったものですから、これを正して相手に誤《あやま》ちをはっきりと認識させること、これは相手を解放することなのです。

解放のたたかいは、おのれを解放することであると共に他者をも解放してゆくことです。解放とは人間の関係を豊かにするものであり、人間が人間であることを互いに喜びあえるかかわりを創りだしてゆくことであるとおもいます。

私は、部落解放のたたかいから、女と男の解放のあり方をいつも教えられていますが、今日においても、男と女の状況をくらべてみますと、男の人の方が女より、よりよい状況におり、女たちは、男たちにくらべると、条件がわるい場にいます。ですから、男と女のかかわりにおいては、男の人が、女の人を踏みつけることが多いのですが、男女差別の生活習俗をあたりまえとするとき、踏みつけている男の人の側は、踏みつけているという意識すら持っていないのです。ところが踏みつけられている側は、すこぶる痛いわけです。いままでこの痛みをがまんすることが「女らしい」とか、婦徳とかいわれ、あるいは「内助の功」などといわれましたが、私はこれは奴隷道徳であると思います。あなたは私のここをこのように踏んづけているのですよと、相手にそのことを気づかせ、相手の誤ちを正してゆくことは、男対女の関係の中で、女たちが日常の次元でおこなってゆかなければならないことだとおもいます。相手に差別を許しておくことは、相手の堕落を許すことであり、そのことによって自分もまた人間として堕落してしまいます。

私はよく申します。部落解放を言う人が男女差別をしていないか、女の解放を言う人が部落差別をしていないか、と。もしそうであるなら、その人の解放への志はまことのものではないはずです。その人の人間解放の思想をまことのものかうそのものか知るには、部落の問題と女の問題がリトマス試験紙になります。

部落外の者は、部落の人たちの前におのれをさらすことにより、そのかかわりざまによって、その人の解放思想の質があきらかになりますし、男はまた女の前におのれをさらすことにより、そのかかわりざまによって、その男の人の解放思想の質がはかられるのです。

水平社宣言の最後に、「人の世に熱あれ、人間に光あれ」という言葉がありますが、この「あれ」という願いを実現するためには、他者からの熱や光を待望するのではなくて、みずからが解放のたたかいに熱く火になって燃えるとき、熱も光も出てくるはずです。

私たちの解放へのたたかいは、たやすいかたちではなく、先が見えないおもいもいたします。けれど見えないときこそ、他者から光を借りるのではなく、みずから発光体となって自分の足もとを照らしだしてゆくことが必要なのではないかとおもいます。解放への志を完全燃焼して生きに生きるとき、私たちは熱と光を発する存在となり得るはずです。「元始、女性は太陽であった」と女性解放宣言がございますが、私たち一人一人が太陽となって解放を勝ちとってまいりたいとおもいます。私も私の場からそのことに努めたいとおもいます。

（『解放教育』１９７２年７月号初出／『おんな・部落・沖縄』未來社、１９７４年）

女性史研究の中から

＊1974年7月31日、家庭教育社主催・家庭教育夏期講習会における講演より抜粋

1

ウーマン・リブの抬頭以来、女のあり方が世界史的な規模で問いなおされていますが、私個人について言えば、私自身もまた自分のあり方を、あらためて問いなおしているところです。

戦後の出発のとき、権力のたいこ持ち的知識人像をきびしく否定して私は出発しました。そして、反権力の場からものをみ、考え、発言してきましたが、いまになって私は、自分のやって来たことが、反権力の立場をとりながら、結果的には、現在の体制を補完する役割りをになってきたのではないかと、絶望的なおもいにかられるようになりました。

なぜなら、治安維持法が容赦なくおこなわれていた戦前においては、権力批判はいわば生命がけにもひとしかったのです。ところが、戦後の権力批判は、民主主義の名によって喝采され、ことに売文・口舌の徒の場合は、そのことがまた経済活動ともなるのです。私の体験ですが、講演がおわったとき、聴衆の方から、「日ごろの溜飲がさがってゆくおもいがしました」と、言われることがすくなからずあ

りました。はじめはいいきげんでそれを聞きましたが、女の抑圧を顕在化し、それをもたらしているものへの告発をことばだけでおこなうとき、体制の安全弁的役割りを私はしているのではないかと、次第に自分の立っている場がゆらぎだしました。

高度に発達した資本主義社会の言論の自由は、体制維持のフィードバックのはたらきをするのではないか。反体制言論を体制の中にたくみに吸収してしまう柔構造社会の中で、反体制路線が体制化してしまった戦後史のなりゆきをみるとき、私はことばを発することが次第につらくなりました。

かつては女の解放路線であった一夫一婦の近代家庭、職場への進出など、現在では一般化していますが、そこにはかがやかしい人間解放のなかみはなく、すべて資本の利潤追求のアミの目にすきまなく組み入れられているのです。

この閉塞状況をどうしたらよいのか。具体的な人間のかかわりの中で考えてみたいと、都市中間層の主婦たちと、意識の洗いだし作業などをしてみましたが、私自身の闇をひらく手がかりはそこからは得られませんでした。

みずからの闇はみずからがひらく以外、誰もひらいてくれません。新しい自分の生き方を求めて、私は昨年、体制からもっとも疎外されている場で生きている人たち、あるいは体制的生活体系を拒否して生きている人たちのもとをたずねました。その人たちの生きざまを鏡にして、自分の生き方を基本的に考えなおすことをしたかったのです。モンペをはき、リュック・サックを背負っての、いわば現代版「遊行の尼」とも言うべき、辺地への旅でした。その旅の中で出会った人たちのなんと素晴しかったことか。私はよみがえりにも似たおもいを抱いて旅から帰ってきました。そして、具体的にふれた人間の体温にくらべれば、どんなにいいことが書いてあっても、活字を媒体にした本というものは、さくばくたるものでしかないと、まともな家具はないが、本だけはいささかあるわが家の中をみまわして思ったことです。

この旅の中で私は、牛飼いの手伝いをして朝四時半から起き、牛のくそまみれになって働き、また集団保育の保母さんの手伝い、アイヌ人の老婆のもとでの生活、むつ小川原で開発反対のたたかいをすすめている女たちとの交流などを体験して来ました。そしてこの人たちの生きざまにはげまされ、もの書きとして、も一度新しい出発をしようと覚悟を新にしました。けれど、それから一年たったいまも、私は筆が持てないでいます。彼女たちの前にさらしてはずかしくないことばが、なかなかつむぎだせないのです。

かつて、戦後を出発するとき、私は解放というのは、前の方に、未来の方にあるような気がしておりました。けれど、それから三十年近い歳月がたったいま、解放だと思っていたことが、実は人間的な頽廃へつづいていたことを知り、がくぜんとするとともに、私のこれから、私の未来にたしかなかたちであるのは、老いと死だけであり、そのことを考えると、あんたんとします。

けれど一方、こんな風にも考えています。解放というのは、前にはないのだ、と。解放を求めて生ききってゆくとき、解放的なものはその足あとの中にかたちづくられてくるのではないか、と私はいま思ってます。解放を求めて試行錯誤の連続みたいな生き方をしており、いまもそうですが、生きる意味を求めて、まがりなりにも生きてきたいままでの足あとが、これからの闇を生きる光源にもなっているようです。

私の女性史研究は、さきほども申しましたように研究のための研究ではなく、女としての解放を求めた道すじにおいて、そこを通らなければならなかった関門でした。女性史はうらがえせば男性史であることを私は従来も申して来ましたが、このごろになって、両性史というかたちでうちだしてゆかなければ、男の人を大きくまきこんでゆけないのではないかと考えています。たとえば、朝鮮史、中国史などと言うと、日本人は無縁なように思いがちになってしまうように、女性史とすると、男たちは自分と無縁なことのようにおもいがちです。日朝史、日中史となると、関係の歴史として、日本人の責任がそこで問われてきます。同じように女性史を両性史とするとき、男女双方の関係の責任が問われてくるのではないか。これからの女性史はそうしたかたちで問題をみてゆくべきではないかと考えています。

2

私は、ここ二、三年、日本各地の主として辺地といわれている場所を歩いてみました。その中で私は、戦後といわれる時代の中で、戦前とはことなった戦争が、国の内外で展開していたのではないかと考えるようになりました。そしていま私たちは、第二の敗戦状態にいるのではないかとおもってもいます。

なぜなら、日本各地どこへ行きましても、太平洋戦争のとき以上の自然破壊がすすみ、開発という名による資本の侵略が住民の生活を混乱・堕落させ、流民化現象をもたらしています。その上、工場廃棄物・農薬・食品添加物などによる人体汚染もすすみ、都市では光化学スモッグ発生が日常化していいます。私の住んでおります杉並区では、スモッグ警報のサイレンが晴れた日には必ずといっていいくらい鳴ります。このサイレンの音は、太平洋戦争末期、晴れた日には必ず空襲があったその警報の記憶と重なり、私に逃げ場のない絶望的なおもいをもたらします。

人間的解放をめざして出発したはずの戦後でしたのに、この三十年の歳月は、国の内外に対する資本の侵略に私たちは大きく加担して生きて来たのではなかったか。かつて戦争中、女たちは、エプロンたすきがけで、日の丸の小旗を振り、「銃後のことは心配しないように」と、男たちをはげまして戦場へ送りました。「お国のため」にかわってマイホーム・イズムがうたいあげられた戦後社会においては、「家庭の幸福」こそ「人生最高の栄冠」とうたいあげられ、「主婦こそ解放された人間像」とのキャッチフレーズで、主婦讃歌がいわれました。けれど私は、戦前、エプロンたすきがけで、男を戦場へ送った女たちと、同じ役割りを、戦後の恵まれた層の主婦たちは果してきたのではないかと考えます。なぜなら、「パパ行ってらっしゃい、うちのことは心配しないで……」と、夫をエコノミック・アニマルとしてフル回転させる役割りを家事・育児専業の主婦たちは果しており、日本の高度成長を底で大きく支えたのは、底辺労働に動員された女たちと家庭の主婦層であると言えます。

職場に出ても、家庭にあっても、私たちはこの体制内で生きる限り、体制の加担者としての原罪性からまぬかれがたいのです。

ではどうしたらいいのか。逃げだしてゆくユートピアがない以上、私は、人間を利潤追求の道具としているこの社会を内部から変えてゆく以外に、いまのところ手だてがないのではないかと思います。女の立場からそのことにどのようにかかわってゆくか。私は大すじとしてつぎのように考えています。

さきほど女の問題を歴史をとおしてみるとき、「社会のしくみが変れば、女の生きる状況が変り、女の生きる状況が変れば、結婚のかたちが変っている」というテーゼが成り立つと申しました。そこで女の生きる状況を変えることにより、結婚のかたちを変え、社会のしくみを変えてゆくことが出来ないものか。

女の問題が言われるとき、女が自立していないことが言われます。では、男が自立しているかというと、私は生活的には、男は女より以上に自立していないのではないかと考えます。なぜなら、男は経済権を持っていますので、経済権をうばわれている女を生活補助者にとりこむことによって、社会的自立を確立しているのです。

ですから、夫に死なれた妻は、経済的な保障さえあれば、生活的には自立していますので、そう不自由しません。けれど妻に死なれた夫は、生活者として自立していませんから、衣・食のことにその日から戸惑うことになります。しかし、経済権を持っていますから、妻の生活と社会的地位を保障できる男ならば、いくつになってもつぎの妻をたやすくみつけることが出来ます。ところが経済的保障がなく夫に死なれた妻は、若くて子どもがない場合はともかく、中年で子どももつきになりますと、男の場合よりつぎの結婚が困難になります。

女はいまだに人格性より肉体性において評価されますので、中古になった子持ち女の生活保障をしてくれる男はたやすくみつからないのが現状です。また夫より妻が二十も三十も年下であることは珍らしいことではありませんが、妻より夫が二十も三十も年下という結びつきは、なかなか成り立ちがたい現状です。男が経済権を持ち、女がそれに従属する今日の結婚の一般的なかたちの中でエロスもまた窒息させられ、買春と姦通によって、今日の結婚制度は補完されています。

現状打開を、女と男の関係をかえることの中にさがすとき、私は、女が経済権を確立、社会的な自立者となる一方、男もまた、衣・食・住のことを、他者の介ぞえなしに出来る生活的自立者になることをまず求めます。社会的・経済的・生活的に自立した女と男が、無償の愛をきずなに対関係となるとき、結婚のかたちは今日のものとはことなってくるでしょう。

子どもの問題は、母性・育児の社会保障確立の中で、子どもを私的所有のかたちでなく、人類の後継者としての方向づけのもとに育てるとき、男女・親子の今日の問題点はいくらかひらかれてくるのではないでしょうか。もちろん、そうしたことを許さない体制の中で、その方向をめざして男女・親子関係を持つ場合、有形無形さまざまな受難があることでしょう。しかし、歴史創造の主体として、試行錯誤覚悟の上で、よりよい人間関係の状況づくりを目ざして生きる以外、現在の閉塞状況はひらけないのではないか、と私は考えます。

なお、経済権の確立については、他者を踏み台にしておのれの経済権の確立をおこなうのではなく、他者とともに、人間疎外の労働を人間解放の労働につくりかえることの中で、経済権の確立が目ざされなければ、弱者の犠牲の上に、強者の繁栄がきずかれている今日的状況の再生産になります。

人間の生き甲斐というのは座して待つ中にはなく、自己の生活を賭けて新しい状況づくりをおこなう実践の中に宿るもののようです。

「家庭の幸福」ではなく、「人間の幸福」とは何か。このことを中心にして、私は、私たちが当面している問題に、これからも取り組んでゆきたいと思っています。

(『おんな・部落・沖縄』未來社、1974年)

女もまた天皇制をつくった

＊1977年3月18日、反靖国・反天皇制連続講座における講演

　この講演をお引き受けした時には、「天皇制と女性差別」のテーマをきちんと論理的に構成しようと思っていたのです。けれど、寝込んでしまったり、その他いろいろなことが重なったりで、それが出来ずに今日に到りました。それで話があちこちになりそうですが、また質問の時に舌足らずな所は整理させて頂きたいと思います。

　私は実は〝天皇制〟をつくり出したのは女ではないかと疑問をもっているんです。いままでの女性史ですと、女は常に被害者としてとらえられています。けれど、私は、被害は、そのもとを辿れば女がつくり出したものではないか、と疑問を持ちはじめております。

「元始、女性は太陽であった」との言葉に象徴される太陽的女性が、なぜ月になってしまったのか。このことについては、エンゲルス等が生産構造の変化の中で辿っています。けれど、月にされていく道すじ、それをはっきりと女性史の中へ位置づけなければ女の歴史がくわしく視えてこないし、私たち

が新しい光を取り戻す道すじも視えてこないのではないか。太陽であった女性がなぜ月になっていくのか、また、されていくのか、そのあたりをきちんと押さえなければいけないのではないかという問題意識がいま強く私にあります。そしてこれに取り組みはじめたのですが、こういう状況の中ではあっちにもこっちにもみんなと一緒に取り組まなければならないことが出てくるものですから、目先のことに追われ、目下、みんな中途半端になっているのです。それで、いままで手探ってきたものを皆さんの前に出してみます。

現在では、レヴィ＝ストロースの『親族の基本構造』などによって立論されているのですが、原始社会においても、いつも男がリーダーシップをとっており、女が指導的地位にいて太陽のように輝やいていたことはないんだという学説が主流になっています。でも私は、人類は気候・風土様々の条件のちがう土地で、ことなった文化をつくりだしており、民族がことなれば人間の関係のあり方もことなるので、ヨーロッパの学者が限られた地域の人たちを調査して立論したものが、人類の普遍的なものとは言い難いと思います。この日本列島の原住民といたしまして、自分たちの歴史を原点に問題に接近すると、やはりエンゲルスの推論したような母権的な社会があったという痕跡がたくさんあります。ことにそれが大きく残っているのが沖縄です。沖縄の古代社会をしのばせる祭行事をみますと女性が太陽であったことが大きくうなずかされます。宮古島に祖神祭《ウヤガン》という行事があります。この行事において、祖神になるのは女です。男はなれないのです。この祖神になる女たちは、家族の者にも洩らすことを禁じられている行事を、冬の間三カ月間、断食と山ごもりを繰り返して行います。その行事のなかみを他者に知らせることも、また見ることもタブーとなっていますが、その部落におりますと、偶然出会うことがあります。この場合、男はすぐにかくれなければならず、たたりがあるとしてタブーがきびしいのですが、女は礼を失しなければ、出会ってもかくれなくともよいのです。私はしばらくその部落に住みまして、その行事に出合う偶然がありました。

行事は古代から見ると、くずれて来てはいますが、それでも女が、「母太陽」とよばれていた時代を辿り、考えるのに、大きな参考になりました。その行事は、冬の間大地の生命力が萎える時に、その大地の生命力を蘇らせて、共同体を豊かにする行事なのです。行事のプロセスは、その共同体の祖先たちの辿った歴史を辿り直すのです。

山登りの行事の終った最後の日に、部落の人達全員が島建ての地に集まるウフ（送り）という行事があるのですが、このとき、その島建ての地で祖神になった女達が山から下りてきて部落の歴史を語るのです。普通の日には農婦であったりニコヨン（日雇い労働者）をやったりしている女達ですけど、祖神として島建ての歴史の語り手になる人です。文字の無かった社会の歴史伝承の方法というのを、私は目のあたりにして、あらためてわが女性史についてかえりみた次第です。歴史を体を通して、つまり祖先の辿った通りの苦難を辿り直し、実践をふまえて伝えている。島建ての受難と共同体の歴史を、歌と踊りで女たちが体で伝える。演劇の原点は魂鎮めであると共に歴史伝承の方法だったことをあらためて考えさせられました。その行事は島全体を舞台にして島建ての苦難を女たちが生命がけで辿り直すのですから、劇場で演ぜられるドラマなど、及びもつかないすばらしいものでした。

ウフの行事のおり、男たちはどうするかというと、男たちは三十拝《ミスパイ》ということをするのです。祖神の女たちに対し土下座をして拝むのです。女たちが託宣をして男たちがそれを聞くという形がそのままその場所に在りました。そういうことを目のあたりにしますと、卑弥呼の記録が中国の『魏志倭人伝』にありますが、女治の伝統の痕跡が沖縄の祭りの中にも大きくあり、沖縄は古代女性史の宝庫ともいうべきところだと思いました。女たちが指導方針を出し、男たちがそれを実践に移すという生活様式があったことが、先島へ行ってみますとさまざまな祭りに残っています。女は祈り、男は働くという歴史があったことが、沖縄の島々をたずねるとわかります。世界の地図の上からいえば極東の小島であるこの日本列島から沖縄諸島に至る地域では原始、女性は太陽であったはずです。そして、それが月になってゆく過程に〝天皇制〟の根拠があると考えます。

女たちがそのように指導権を発揮していた原始共同体の時代の宗教は自然信仰です。アニミズムといいますね。すべての自然、森羅万象の中に精霊がいるという自然信仰、それが原始共同体の宗教です。あらゆる森羅万象の中に霊が住んでいて、その霊を怒らせないよう生活しなければならなかったのが原始時代の人たちの生活信条でした。階級社会になってからは人間がたいへん怖ろしくなりますが原始の社会では人間よりも自然の脅威が怖ろしかった。自然現象が今日のように科学的に解明されていませんから、自然に宿る霊が人間を困らせもし、また恵みも与えてくれると信じていたのです。

この自然信仰の行事をみますと、自然のあらゆる神々に、どうか祝福をもたらしてくれ、災をもたらさないようにという呪術行事を女たちが司祭するのです。自然信仰の祭りを司るのがなぜ女であるかと申しますと、これにはまたそれなりの理由があるのです。男と女を比べて見た場合に一つ違うところがあります。それは女は子どもを産みますが、男は子どもを産みません。人間のかたちをそなえた新しい生命が女の股から誕生してくる。これはすごいドラマティックなことであり神秘に満ちている。原始社会の人たちは、生命が生産されてくるという生物学的な因果関係を知りません。神が女の体によりまして、生命を誕生させる。つまり女の体は神のよりましなんです。ところが男には神はよりつかない。すると神がよりますもの、つまり生命を生産する、その女の体は男と比べてより神聖である、男は俗なので神がよりつかない。神がよりまし、じかに体から生命を生み出すということは、女はそれだけ神に近い存在なんだという信仰があったのです。ですから沖縄では「おなり（姉妹）はえけり（兄弟）の守り神」ということわざもあります。そういう文化の中で女たちが男たちより尊ばれ、神聖視されるのです。このことが日本の歴史にも沖縄諸島の諸々の行事の中にも出てきます。そうしますと、神ごとを司るのは女で、男は俗だから神聖なものに触ってもいけないし近づいてもいけない。なぜならば神聖でない俗な男が聖なるものに近づくと、聖なるものをけがすことになる。ということで今でも沖縄の先島・離島では神ごとの一ばん大切な場所は女しか行けない、女しか入れません。男は入れないのです。大和においても初めはそうでしたでしょう。儒教文化をつくりあげ、仏教を輸入して女性蔑視の文化を確立した中国文化を輸入して、日本は国家形成をしています。輝やいていた女が古代天皇制が確立していく中で、次第に太陽の光が薄くなり、その光を全く消されてしまうのが日本では中世社会です。あの源平争乱以来、中世の武力中心社会になってから女たちの太陽の輝やきがすっかり消されて月になってしまう経過があります。卑弥呼の存在が三世紀位ですから、それからちょうど千年、十世紀位の間に徐々に光を失っていく女たちの状況があります。古代天皇制のもとで御用学者によって女の光が一つ一つもぎ取られてゆく過程があります。この点を、日本の場合、神話のエピソードにも反映しているので、みてみたいと思いますが、沖縄の方がずっとそれがはっきりした形で神話ではなくって、現実にみえますので沖縄の例を先にとりましょう。

自然信仰によって、生活が規制されている中で女たちが祭司権を握っていた時代、沖縄で女たちはどういう役割を果していたか。沖縄本島には根神《ニーガン》という存在があります。今でもそうですが根の神、これは女なんです。根の神というのは共同体の祖神と同じですね。この根神には、その土地を開いた一族の中の女がなります。ところがこの原始共同体がこわれて石器時代から金属器時代に入ると、沖縄では按司《あじ》とよばれる武士の勃興をみます。この按司がいくつかの共同体を統合していきます。武力によって幾つかの共同体を統合していく過程で、武力を行使する按司をバックアップするのが、その按司の一族の根神の地位にいる女です。この根神は、按司の出現をみる原始共同体の解体過程で、やがてノロとよばれる地位につきます。ノロの語源は、「宣《の》る」からくるようですが、本島ではノロといい、先島では司といいます。按司という地方豪族をバックアップするのがノロなのです。さらに琉球王国が成立、中央集権国家が出来上ると、ノロもまた行政に組みこまれ、ノロを統率する役の女をあむしられとよびました。あむは母、しられは統治ということです。そして国王のおなり神は聞得大君《きこえおおきみ》とよばれ、あむしられの上に君臨、その初期は王権を左右しています。共同体がこわれていき階級社会が出来てゆく過程で支配関係が階層的にみられるようになってきますが、それにつれて、原始共同体の根神が豪族層になってからノロになり、さらに王国が出現するようになってあむしられの役が設けられ、王のおなり神である聞得大君をたすけて王国の祭祀《さいし》をとりおこなっています。この聞得大君を沖縄の歴史でみますと、君あるいは大君とよばれるひとは全部、女です。日本の場合、大君は男になっていきますけれど、沖縄の『おもろさうし』等をみますと、大君、君とよばれているのはみんな女です。そしてこの聞得大君が、王国の最高の司祭者として王をバックアップするのです。聞得大君が、「お前は王に即《つ》いてはいけない」といえば王位にも即けない。

日本の天皇の場合は、王権と司祭権が一体化していますが、そのはじめはやはり司祭権は女にあって、王権はそれにバックアップされていたのだと思います。私が先程〝天皇制〟をつくり出したのは女だ、といったのは、沖縄の歴史を辿るとそのことがあきらかにみえてくるのです。女が根神という存在で司祭をおこなっていたときは、共同体の繁栄を祈ることで権力支配はみられません。ところがノロになりますと、ノロは原始共同体を統合した按司をバックアップするものですから、権力的気配を宿しています。

武力による支配拡張を按司がおこないますが、そのとき相手が強いと、男たちがビビる。それに対してノロが「私がついているから必ず勝つ。大丈夫だから征服してきなさい」とはげましています。『おもろさうし』をみますと沖縄勢が八重山へ攻めるとき、戦勝予祝をしてはげまし、「沖なますのようにあんな奴ら斬り刻んで来い」という意味をうたい、男たちを叱陀激励しています。沖縄のことわざに「いなぐや（女）戦のさちばえ」とあります。女は戦の先がけであるという意味です。他族を征服する時にはまず女たちがすごい。つまり煽るんです。情念的にね。そして「あいつらはこうなんだからあんな奴らはやっつけなさい」とものすごい。女が神がかって、燃えたった女から吐きだされる過激な言葉にはげまされて、男たちは戦争をしにいく。原始共同体時代は自然が相手でしたから、神にささげる牲《にえ》として特定の人が殺されることはあっても、大量殺りくはなかったと思います。ところがノロという存在が出てきた戦国乱世になると、ノロが自族繁栄のために男たちを嗾《そその》かし、戦をけしかける。そしてこの戦国を統一して琉球王朝が出来たときに聞得大君という存在があらわれる。『おもろさうし』には、聞得大君が緋おどしの鎧を着て戦勝予祝をする場面が語られています。

生命をじつに大切にした原始社会の解体が武力支配によってすすめられますが、その武力闘争を女がバックアップし、階級社会がつくられてくる。女たちの支えによって武力支配をすすめ、権力を得た男が今度は女を権力的におさえこんでゆくというのが歴史のなりゆきだと考えます。琉球王朝は女にバックアップされて王朝をつくったものの、武力だけでは支配はまことに不安定なのです。それでどうしたかというと、ノロを琉球王朝の役人にしたんです。そしてノロにその地域の人々の年貢貢納の責任をもたせている。

武力支配には武力で立ちむかえるが、宗教的権威というのは、アニミズムを生きる人たちは、武力よりおそろしい。自然の中に聖性をみる信仰の心情をもっている人々は、武力を支配する男たちを俗とする。この俗に対しては服従しない。が、そこに聖性の媒介者が存在すればその権威に対しては服従するんです。私は、あの卑弥呼が亡くなったときに男が王位に即くと国が乱れ、娘である壱与を王位に即けたら国が治まったといわれていますが、卑弥呼の時代はまだ女性統治の伝統が強く、この呪術支配が天皇制の根源になるものだと考えます。

あちこちになりますが、いま女たちがようやく少しずつ復権してきて、国際婦人年の開催がみられたりして、職場においても女を管理職にと要求がでています。けれど女を管理職につけると男たちが女に支配されるなんて気色がわるいとする傾向もある。男尊女卑の文化の中で、女に対して反発する。それと逆なことが原始から古代への移りゆきのとき、男の支配はいやだ、女がいいということだったのではないか。男が王位に即くと国が乱れ、女が王位に即くと国が治まるということがあったのではないかと考えます。

卑弥呼の物語において、卑弥呼の死後に男が王になると乱れ、女が王になると治まったというのは、ちょうど女性がリーダーシップを取っているところへ男性が勃興してきた過渡期の現象ではないかと思います。武力で勃興して武力で支配する男たちの俗に対して人びとは素直に言うことを聞かない。俗の俗である政治を推進するためには聖性を取り込まねばならないのです。女が聖性をもっているところから、その聖性を持つとされた女が、男を聖なるものとしてたたえ、女の聖性を男に転化し、人びとを男に従わせようとしている。

『おもろさうし』には、階級社会を作りあげてゆく過程の歌がたくさん出ています。按司はすばらしい、だからみんな、按司のいうことをきけと女たちが歌って踊って言い聞かせている。そうしますと、人々は、「そうか、あの男はすばらしいんだからいうことを聞こう」とうなずく。女たちがこうして男を支持しなかったら男は絶対に指導者にはなり得なかったのです。猿山のボスがメスの支持がなければボスにはなれないのと同じで、聖なる女の支持がない限り男はリーダーシップが取れない。そういう形で男が次第に現実的な力をたくわえ、そのたくわえた力で男中心社会をつくり上げてゆく。これを完成させるのが、男は女よりえらいとする御用学問なんです。

日本の場合でいえば輸入されてきた仏教、儒教、あれが実に大きな働きをしている。

いささか余談になりますけれども、水平社宣言の中に「ケモノの皮を剝ぐ報酬として、生々しき人間の皮を剝ぎ取られ」という言葉がありますが、原始共同体の時には獣の皮を剝ぐことは共同体の生活物資をもたらすことで、たいへん祝福され、みんなから尊敬されたのですが、これが一転して獣の皮を剝ぐことが、人間の皮を剝ぎ取られるような待遇に到ったのは、仏教によって女たちが、女は六天魔王の眷属《けんぞく》で男の仏道を妨げるために来たれる者なり、なんていわれるようになり、女たちが不浄視されるその道すじと、被差別部落の人たちの運命とは道すじが同じだと考えます。

女たちが共同体全員の幸せを考えて命を賭けていたときには女は太陽のように輝やいていた。けれども女が権力の側に立って、人々に対し、権力の代弁者となったときに女は月になってゆく道を歩み出し、そして〝天皇制〟をつくりあげることに大きく加担してゆく。

女が人々の側に立つ場合は太陽のように輝やくが、権力の側へ立ってそのエージェントとなって言葉を発していく場合は月になっていくということが歴史のなりゆきをみて言えます。自然を大切にしていた時代は女は聖性を持つとされ、太陽であったが、武力・権力支配が人間社会に出現する中で、次第に光を失なってゆく。その道すじをきちんとおさえると、歴史の被害者ばかりでない女の歴史がみえてくるのではないか。

日本の場合、豪族連合の大和政権から〝天皇制〟の中央集権国家へ移るのは六四五年の大化の改新です。この中央集権国家の古代天皇制の基礎がために古事記という天皇家のうそっぱちの系図が出来上ります。この古事記のもとになったのは稗田阿礼が伝承していたものだといわれている。稗田阿礼は男か女か定説がありませんが語り部として女ではなかったかと思います。

この古事記には民衆次元で語り伝えられたエピソードがさまざまにアレンジされてとり入れられて

いますが、古代天皇制がつくり上げられていく過程で男と女の関係が対等性から従属性へと変わってゆく推移がそこに反映している。古事記は、七世紀から八世紀にかけてつくられてますから今から千二百年以上前ですが、この中のエピソードを辿りながら女の問題と、男の問題をみてみたいと思います。

日本の神話に一番最初に出てくるのは〝いざなぎ、いざなみ〟の神話です。これ、私は日本語ってほんとにすばらしいなって思うんです。象徴的な言葉なんですね、これは。いざないあう。男と女はいざないあうものなんです。〝いざなぎ〟が男で〝いざなみ〟が女。

つまり男と女の根源的なあり様が言葉の中にあるんです。まず二人の、若者と乙女が出会ったとある。乙女が「まあなんて素敵な男！」と、「あなにやし、え男を」という。そして男がそれにこたえて「あなにやし、えおとめを」（あ、なんてすてきな乙女だろう！）って意気投合する。声をかけて返事し合って「すてきだね、あなたは」っていうと「あなたもすてき」と一緒になる。そして子どもが生まれるのですが、いい子が生まれないんですね。ひる子だったりするのでそれを流してしまう。どうしたらいいかと天の神様にきくと、「まずいっしょになる時に女がイニシアチブを取っただろ、それがいかん、女が取るんじゃなくて男が取っていっしょになってごらん」といわれ、そのようにすると、立派な島々を生むことができ、日本の国生みをしたとあります。

このことに対し民俗学・神話学などのアプローチがありますが、女性史からみるなら、私は、女がそれまでずっと指導権を取っていた、それに対するアンチとして女が指導権を取ってはいけないんだ、それはまがまがしいことで、男が指導権を取らなければいけないんだという思想が出てきたのだと考える。

古代天皇制の基礎がため神話において女の指導権を否定、男の指導権をうちだしている。封建制ががんじがらめになった徳川期になると女大学において御用学者が女の隷従をめんめんと説きましたが、古代天皇制確立のおりに男のリーダーシップが正しいとする思想がうちだされている。けれど御用学者が操作しても、女が指導的だったエピソードは各所にみられる。天孫降臨神話をみますと、アマテラスが岩屋へかくれた時に踊って世の中を明るくしたアメノウズメという女がいます。私は、女の原点はアメノウズメだと考えますね。

それは天孫民族というのが下ってくると八衢《やちまた》（道が八方にわかれているところ）に、目は丹波ほおずきのように赤くかがやき、鼻のものすごい長いサルタヒコがいた。男どもはみんな怖れて逃げて帰ってくる。逃げて帰ってきた男たちの報告によって、あの男に勝つのはあなた以外にないといわれ、「それじゃあ、わたしが」とアメノウズメが出かけていく。男どもがみんな負けて帰ってきたサルタヒコの前へ行った彼女が、着ものをぱっと脱いで踊ったら、もうそれでサルタヒコがヘナヘナとなって道をあけ、道案内人になったという神話ですね。沖縄にある「いなぐや戦のさちばえ」、女は戦の先駆けであるとすることが、アメノウズメ神話の中にもみられます。男どもは負けたけれど女が出てって勝って道をあけさせたという伝承は、女性史の点からも無視できない。

天の岩戸神話でも、暗くなったのを明るくしたのも女。女が指導権を取っていたことが、かくしようもなく神話に出てくるんですが、それが次第に否定されてくるいきさつが神話に反映、女が指導権を取ってはいけないことになってくるんですね。そして、時代が下るにつれてさらにみじめになるんです。

その次に出てくるのがオオクニヌシとスセリヒメの物語なんですけど、これは、オオクニヌシが暴れん坊で古代社会の中で八百万の神々から異端児としていつも迫害されているのをみかねた彼の母が出雲へ行くことをすすめる。そして、出雲の国へ行ってスセリヒメに出会って結婚する。スセリヒメというのはスサノオの娘でして、お父さんに、とてもすてきな若者が来たのよって報告しましたら、お父さんがすごい婿いじめをします。いろんな受難に彼をあわせる。封建期になって嫁いじめがありますけれども、古代社会の文献をみますとみんな婿いじめで嫁いじめはありません。婿入婚ですからね。婿いじめに婿さんがともかく合格したら娘の婿にしてもいいということになるのです。それでいろんな受難にあうけれども、スセリヒメのたすけによってオオクニヌシがひとつひとつ突破、そして最後にスサノオの頭の毛のしらみ取りをする。そのときスサノオが居眠りをはじめたので、その髪の毛を家の四つの柱に結んでスセリヒメを背おって宝をもって逃げだす。するとそれを知ったスサノオが追ってもかなわないので婿の力量をみとめてうけいれる。そして言う。「お前は娘といっしょにこの出雲の国を治めろ」と。この経過をみますと、オオクニヌシは母のアドバイスで出雲の国へ行く。放浪して無一物で行ったんです。それが女のバックアップ、スセリヒメのバックアップがあったからこそ支配者に成り上っていくんです。ところが成り上ったとたんに一夫多妻となる。あっちの女にもこっちの女にも手を出し、スセリヒメがたいへんやきもちをやきます。そのやきもちがものすごい。「あなたがそんなにあちこち女に手を出すならもう別れよう」と彼女が言い、彼も「じゃあ別れよう」ということになる。別れる時、「ではさようなら」ということになりますが、私の両親なんかけんかしますと、「出てけ」って父が母を怒鳴ってましたけど、女がもともとその家に居て、男は風来坊で来たんだから男が出ていかなければならない。で、家を出る時にオオクニヌシが、「わたしは出て行くよ。おれが出ていったらお前はあの山の坂道の一本のすすきみたいにしおたれてさめざめと泣くんだろうなあ」という殺し文句を言う。男は、幾人もの女を自由にしてますから、すこぶる殺し文句を知ってる。スセリヒメはそうなると、あなた出て行かないでってなことになるんです。そのときスセリヒメが八千《やち》ほこの神よとまずよびかける。ほこっていうのは武器です。「武力強大な神オオクニヌシよ、あなたは輝やける支配者なんだから女をたくさん持ったって仕方がないわ」と彼女はそこで折れるんです。そしてさらに言います。「でも私の夫はあなただけよ。あなたはあっちこっちで若い女をたくさん持ってもいいけれど、でも私にとって夫はあなただけなんだ、だから出て行かないでここに居て下さい」と、誇り高いスセリヒメが多妻をうなずく。そこでオナクニヌシが、では居てやろうということになり、仲直りして出雲に末長く神しずまりました、とこう書いてある。リーダーシップを取ってた女が男の一夫多妻を肯定してゆく過程がここにみられます。

さらにみじめになってくるのは雄略天皇のアカイコです。昔は男の人が求婚するとき女の人に名前を聞く。名前を聞かれて自分の名前を答えれば〝あなたの意に従う〟ということになる。雄略天皇が、乙女の名を聞く歌が、万葉集のいちばん先に出てますが、古事記には三輪川のほとりで布をすすいでいる乙女に、お前の名前は何というかって言ってます。その時に、私はアカイコですと乙女が答えた。すると雄略が、お前を召し出してやるから使いが行くまで待ってろって言うんですね。アカイコは使いが来るかと思って待てど暮せど来ない。いつまでも来ない。彼女はとうとうしびれをきらして自ら宮中へ行くんです。宮中へ行ったところ、その雄略があそこへ来た婆さんは誰だというんですね。アカイコが、実はいついつこういう風にあなたが私の名前を聞いて必ず迎えに行くから待ってろといったが、いつまで待っても来ないからこうして訪ねて来ましたとこたえる。すると雄略は思い出して、ああそうか、と。けれども、もう、そのかわい子ちゃんではなくなってるでしょう。だから妻にすることはごめんこうむり、たくさんのおみやげを与えて、お前はこれを持って国へ帰れと言う。アカイコが、ああ自分はもう姿形、やさかみかじけて（姿形が老いさらばえて）美しくなくなったから致し方ないんだわとさめざめと泣いたというエピソードなんです。

あのアメノウズメが男に打ち勝って道を開いて行くところから、男に対して先に声をかけたいざなみの場合、それからスセリヒメが多妻を肯定し、アカイコが召出されたけれども姿形がもう美しくなければ男からボイコットされるということになってくる。つまり、神話をみていますとその神話の流れの中に太陽から月になって行く女の道すじがみんな出ている。その流れは今日においてもあたりまえ化されてつづいている。つまり職場においては、女は職場の花。女は年を取ると景色が悪くなるからお引き取り願うという形で姿形だけが水準となる。人間性を否定され、物化されている。若さと美しさだけを価値とされている。女たちは長い耐える歴史の中で、そう言われても致し方ないと思って耐えてきた。そうしたことが歴史的習性になっている。男が姿形が悪くなったからお引き取り願うっていえば基本的人権無視だってことになりますよ。ところが今もって女に対してはこのことがまかり通っている。ついこの間もアナウンサーの女の人が年を取ったといって下ろされる。古代社会以来の差別が現代においてテレビというメディアの最先端の職場でまかり通る。男の人が少し頭の毛が薄くなり、お前は見ばえが悪くなったからテレビに出ちゃいかんとは、もちろん男中心社会だから男の人は言いません。なのに女は姿形、やさかみかじけることでもう価値がないとボイコットされる。男と女の差別というのは支配する者とされる者の社会の中で生まれて来たんですが、支配される者がそれを肯定してしまって、どうせ私は年を取ったんだから、どうせ私はブスなんだからといって男のたてた価値観を受け入れた共犯性もある。このことは女たちがこれから新しいものを開いていく時にはおさえておかなければならない点だと思います。男がこういう、ああいうといって、男のいうことを肯定、その価値体系に我が身を合わせてきたということも、これからの私たちは自己対決のかたちで問題にしてゆきたい。

さて、女に対する支配権を男が完璧に持つようになるのは、日本の場合は中世と言いました。このことの流れをみてみましょう。

人間の歴史をみますと、親というのは最初は母だけでした。けれど生物学的に、父がなければ子どもは生まれませんが、愛だけが結婚の絆で、その他いわゆる結婚届もしない。神のよりましの女という自然信仰の中で子どもが生まれてくるのですから、親は母だけなんです。父権が確立してくるのは階級社会になってからですね。それまでは男は親になり得なかった。父権が確立するというのは支配する者とされる者とがある社会になってからです。母権の出現はじつに自然的であり愛と自然が女を母にさせるんですが、それとはちがって父権は私有権に支えられて出てくるんです。専制支配と、おれのものだという、この私有の主張に支えられて父親が歴史の中に現れます。生物学的にいえば父と母は必ずありますが、人間の歴史・文化の中には、親はまず母が出現、次に階級社会・支配するものされるものの中で父の権利と存在が大きくなってくるんです。この父権は私有と支配が支えですから、支配権も私有権もない人たちは父権というものを主張できなかった。つまり父権は私有権・支配権をもった支配層、即ち日本でいえば豪族たち、支配層に現われてくるんです。働く下々の男たち、この下々の男たちは父になり得ないでいて、いわゆる一番最底辺で働いている男たちが父権を確立するのが封建制社会が確立された室町期なんです。それまでは父権の確立はみられない。

これは大化の改新の男女の法をみるとよくわかります。この大化の改新で働く人たちが良と賤にわけられる。これは税を直接納める人達が良で、賤は税を納めない。政府は税を納めなかったら成立しませんから、その政府にとって大切なのは税を納める人たち。だからこれを良とする。税といっても今みたいにお金ではなくて身ぐるみ税として持っていかれるんです。防人《さきもり》とかその他のいろんな労役、労働にかり出されるんです。良賤の身分差別、これはまさに支配者のつくり出したものであり、このときに男女の法というのもつくられるのです。

大化の改新は律令体制による古代天皇制の基礎がためです。このとき、良と良と結婚した子どもは父につけよとする男女の法ができた。法的に働く層で子は父系とされるのが日本の歴史の中では大化の改新の六四五年です。そして良と賤で通婚した者は父母の如何を問わず賤にするとある。身分を上にあげてはいけないというのは、天皇制支配は血筋支配ですから天皇家の血筋によって王権は世襲となる。ですから、身分が下のものが上についてはいけないんです。藤原氏の摂関政治になってからは違ってきますけれども、古代天皇制のはじめは皇后も天皇家の出でなければなれませんでした。

支配の論理はあらゆる人間関係に貫徹されるので、良と賤が通婚した場合、生まれた子は全部賤の身分にします。そして賤と賤で結婚した子は母につけよとある。この賤というのは私有権も支配権も持たない、質入れ、売買の対象になるのです。その賤身分の場合、子は母につけよ、母系とするのです。母の所有者がその子の所有権も持つのです。父権というものが私有権と支配権に裏付けられていますから、賤身分の男たちはその父権も主張できず、母系制です。ところが、法律というものはいつもそうですけど、私たちが母性保障をくりかえし要求してもたやすくそれはおこなわれない。ところが支配層は、自分の都合でたちまち法律を改正する。あたかも解放するかのごとき法律を出してきてもそれは決して人々を解放するものではなく、体制を補完する法律なんです。大化の改新から百四十年位経ってから男女の法が改正されます。というのは、良と賤の通婚があたりまえにおこなわれ、賤がたくさんになる。賤がふえてもっとも困るのは政府です。税が取れないのでここで改正する。良と賤で通婚して生まれた子は良にしなさい、と。あたかも人々を解放するかのごとき法律ですけど、実はそうじゃない。税が取れないから律令体制がゆらぎだしたので、それを補完するため良をたくさんにすることをおもいつき、男女の法を改正している。法律というのは解放であるかのごとき法律であっても、それをきちんと見据えていないと体制側が、ゆるぎ出したおのれの支配体制を補完する為につくり出していくことをする。しかし人びとは、良とされ、税をとられるのがいやだと土地を捨て逃げ出してゆく。この働く人たちのうごきによって武士が勃興、古代天皇制が崩れてゆく。

この古代天皇制までは、女たちからまだ完全に祭司権はうばわれていない。この祭司権にはいろいろ問題がありますが、伊勢の斉宮は女ですし、加茂の斉院も女でしたが、源平争乱の中で加茂の斉院の女がなくなり、南北朝争乱で武家に追われて天皇が吉野山へ逃げ込みますね。それで、伊勢の斉宮も女がなくなる。

　古代天皇制と天下わけ目の戦いであった承久の乱の時に鎌倉へつくのか京都へつくのかと武士たちがきめかねたとき、「鎌倉勝たば鎌倉へつきなんず、京勝たば京方へつきなんず」と言っている。勝てば官軍なんだから勝った方へつくという実にドライな風潮があたりまえになっている。力は正義ということが公然とあらわれ、旧秩序をくつがえしてゆく。「切取強盗武士の習い」となってゆく中で、女たちが決定的に男に従属してゆく。まだ、鎌倉期は北条政子のようなリーダーシップを取る女がみられたのですが、室町期にはみられない。日野富子の存在がありますが、あれは支配層内の陰謀政治で、歴史変革の指導力はもう全くないわけですね。室町期になぜ女たちが決定的に男に従属させられるかというと、これはたいへん問題点があるんです。

　ベーベルという人の『婦人論』に、働く者と女の運命は共通していると書いてありますね。抑圧される者であったことは働く者も女も共通で、世界史的な運命ですけど、あの下剋上といわれて大衆社会状況が出てくる室町期に、働く者の解放の気運が大きく生まれています。一向一揆が、加賀は百姓の持ちたる国、侍一人も入れるべからずと宣言、働く層の政治的な動きも活発にみられるのに、そこでぐっと女の地位が下っているんです。これはなぜかと申しますと、家父長制家族というもの、つまり父権・私有・支配権が働く層の基底部まで確立をみているのです。これは嫁入婚の関係ともかかわりますが、鎌倉期まではまだ農業が大家族経営の段階でした。この農業生産にはげんだのが下人下女という奴隷的身分の人たち。鎌倉期には下人下女という人たちが、質入・売買されています。この人たちが室町期にきますと解放されるんです。解放されて小作、つまり土地付きでお前にこれだけ土地を貸し与えるからと土地へしばりつけられるが、身柄の拘束はなくなってゆく。

生産の道具が発達してきて、小家族の家族労働で働く方が生産の効率が上るようになってくる。そこで土地付きで下人たちが小作として解放されていくと、このときに下人層は奴隷的身分から解放されるんです。そして、鎌倉期から室町期へかけて小作から自立小農という風にみずから自立していく。この男たちの自立を支えたのが下人層の男の妻になった下女層の女です。下人と下女が結婚して、ものすごい労働をして自立小農になっていく。妻に支えられ、この下人層の男たちがともかく自立する中で家父長権、つまり父権を確立します。

下人と下女の時にはお互いに愛情関係だけで、夫は妻を所有できず支配できなかった。生まれた子も所有主のものになった。ところが解放されて、この下人と下女が結婚した時に男は父になり夫になり、父権と夫権を確立するんです。この父権と夫権のもとに母権と妻権は従属します。父と夫のもとに母と妻は従属し、この妻になった女の労働も生まれた子どもも全部父へ、父と夫の従属のもとに入る。男たちはここで自立して父権を確立していったが、女はその男の妻になったこと、いわゆる嫁入婚の家族形成をしたことによって新たな従属へ入ってゆくんです。下女の身分の時には主人の支配はうけましたけれども、愛情の対象である夫の支配はうけませんでした。男が主人から解放されて社会的自立へ向うとき、同じく主人から解放された女は夫に従属し、産んだ子どもは夫のものということになりました。男が封建制社会の成り立ちの中でともかく社会的自立への道を歩み始めるとき、その男の家族になり妻になったということで、女はその男に従属して労働する。そして産んだ子どもは全部夫のものとなる。

家父長制家族の形成の中で、女たちが決定的に光を失っていく。上層の方では早くから光を失っていたけれど、生産の基底部においては、主人の支配は受けたけれども、愛情の対象である夫の支配は受けなかった女たちが、この封建制社会のでき上っていく中で夫の支配を受けるようになっていく。こういうときでも、この女たちは働いていますから意気さかんなんです。男たちがいろんな矛盾をおかしますと、さまざまにプロテストするんですね。そして、プロテストをすると男たちがそのときいばって言う。箸に目鼻をつけても男は男だ、と。どんなにやせ細ってへなへなでも男は男、わらを束ねたようなたよりない男でも男は女より偉いんだ、と。つまり先天的に男は偉いんだ、という思想がこの封建制の中で確立される。「わわしい女は夫を喰う」ということわざが出てきて、だから女はわわしくしないでかわい子ちゃんでいて、夫の言うことは何でもハイハイときかなければいけないとされる。

私は天皇制を女がつくったといいましたが、この男女差別思想、つまり日本へ輸入されたその仏教思想・儒教の男女差別を広めるのにも女は無縁ではない。狂言は当時の庶民層の生活をたいへんリアルに書いて、わわしい女たちがわんさと登場します。柳田国男さんは、支配層中心の歴史を否定、庶民の歴史を示してくれ、歴史の中の庶民の女の働きを掘り起し、女性史の視野を広げました。確かに女たちはいろんな働きをしていますが、その中で彼があげている絵解きの尼というのがあります。中世社会において神社仏閣の縁起である絵巻きの物語を持って庶民の中へ入ってゆく。それは全部、男中心の物語で、女はおとしめられている。「女は六天魔王の眷属だから男に従え。そして神様・仏様にたくさんお供えものをせんとお前たちは救われんぞ」といって、文字の読めない人たちに絵解きをして歩く。人々の側に立たないで支配者の側に立ち、その宗教的収奪の先兵になっているのが絵解きや草紙読みの尼たちではないか。今でいえば体制側御用の評論家や女子教育家ですね。そういうかたちの働きをしたのですから、女は確かに差別され男に従属させられたけれども、それを肯定してさらに庶民に広めていった女たちの働きも歴史にはあるのです。

そして中世の戦乱が、「織田がつき、豊臣こねし天下もち、一人うましと食うは徳川」と近世封建制社会になる。働く層の女たちが男に従属してゆく同じ道すじで、被差別部落の制度も出てきます。被差別部落は働く農民たちの年貢収奪の抑圧をなだめるためのものだったんですけれども、同じことが男女差別にもいえます。封建制社会の中で身分が凍結され家制度が成立する。家格がきめられた中でどんなにその人が人間としての可能性を持っていても、その家の格によって人生が決められていく。男たちにもきびしい閉塞状況がもたらされている。結婚も、すてきな男よと、互いの愛情が主体でなく、これは働く層、年貢だけ納めればいいという農民層はそうではありませんでしたけれども、家の格があるようなところでは親の決める結婚、家格で決められる結婚がおこなわれる。家父長が決めて、娘・息子にあそこへ嫁に行け、あそこの娘をもらえと命令する家父長婚になる。当事者婚ではない。今もってそうですね。ホテルや結婚式場というのに看板が出てますね。その日の行事に○○家・××家御結婚式って。憲法二四条においては結婚は両性の合意のみに基いて成立しと書いてありますね。両性の合意のみに基いて成立するのが今日の結婚ですね。家と家との結婚というのは封建社会において生じた結婚のかたちです。ところが憲法が制定されて三十年余り経っても何々家・何々家御結婚式とか御披露宴なんてのがおかしがられずにまかり通っている。私はよく、これは憲法違反じゃないのって言うんですが、フロントの人はそう聞いても「へえ?」なんて顔でちっとも理解しないんです。全く憲法上では否定されている家と家との結婚が平然とまかり通る生活風土、これが天皇制を今日支えているのです。つまり、封建社会においてすべての人間関係は、自由平等は悪であって上と下、尊と卑で成り立たしめる。よくぞ御用学問だと思う位でたらめな事を白昼堂々とたくさん禄を貰っている学者たちが言っている。それをまた、そうだそうだと人びとが肯定している。この上下尊卑関係をうなずく意識構造が天皇制の意識構造なのですね。

これは私ね、思うんです。支配というのは武力だけではその時は屈服しても絶対的ではなく不安定です。ですから支配は力ではだめで意識、ものの見方・考え方・感性を丸ごと支配の側へ収奪しなければならない。それをどうやってやるか。

先程申しましたように、男は尊い、男はすばらしい。だからその言うことを聞きなさいって託宣をした女たちがいましたね。天皇制を女がつくり出したというその根になるものがあった。それと同じように民衆に対してお前たちは卑しいんだ、支配する人は尊いんだといって民衆のものの見方・考え方・感性を収奪していく。それをやったのがいわゆる学者、文化人です。庶民層の一番末端にいた絵解きや草紙読みの尼の活動が大きくあり、学者、文化人は人びとの意識構造をつくり上げていく。意識収奪が私は天皇制の基本構造だと思うんです。意識収奪というのは、むしろ喜びをもって、現実の抑圧を人間の生きる意味へとすり代えられて呪縛されていくんです。封建期の『女大学』にこういうことが書いてあります。「婦人は、別に主君なし。夫を主君と思い、敬い慎みて仕うべし。軽しめ侮るべからず。総じて、婦人の道は、人に従うにあり。夫に対するに、顔色、言葉づかい、慇懃に謙り、和順なるべし。（略）おごって無礼なるべからず。これ、女子第一の勤めなり。夫の教訓あらば、その仰せを背くべからず。（略）夫、もし、腹立ち怒る時は、恐れて従うべし。（略）女は、夫をもって天とす。夫に逆らいて、天の罰を受くべからず」（注）と。これが今日まで生きているんですねえ。オレについてこいと、男がいばる。すると女の方もそういう男がいいわなんて、この意識構造が天皇制構造の基本です。でも革新的といわれる人たちまでもが、女は男についていくもんだって思いこんでいる。天皇制のメンタリティを刻印されてしまうと、刻印されてるその歪みすら解らなくなっているんです。

被差別部落の人々が非人間的な扱いを受けるのと同じように、女たちがそういう非人間的な取り扱いを受けるのは、働く農民の抑圧の晴らし場所として部落の人々がいけにえの民にされたように、男たちの抑圧の晴らし場所として、女は封建社会の中で子産みの道具であると同時に、男の性的玩弄物、好色の対象のおもちゃとして存在させられた。そうなると男と女のエロスは虐殺される。男と女の自然性、あのいざないあう対等性においての親和力、エロスの発現があったのですが、恋愛は悪とされる。対等性・自然性は悪で、上下尊卑という枠組の中に人間関係が全部閉じ込められていく。その中で、愛情のない結婚を補完するものとして売春が制度化され、あの廓という囲まれた地帯ができ、被差別部落が囲いこまれたように、人肉売買する市場が徳川期になって全国二十五カ所も、大規模なものがつくられています。それはなぜかといえば制度というものは、その体制を維持、長続きさせるために体制側がつくり出します。けれど、体制をほり崩すものであったら、徹底的に根こそぎ弾圧します。部落の制度にしろ公娼制度にしろあの封建社会が成立する中で出来ましたが、これは封建社会を支えるために必要であったのです。すると男たちは愛のない結婚を補償する場所、金さえ出せば擬恋愛の場所として公娼地帯がある。それから武士支配の中で農民たちが年貢を納められない時には、妻や娘を売っても納めろとされている。娘や妻の売り場所としてある。そして男たちを性的に頽廃させておいて権力に抵抗する牙を折るんですね。性的な頽廃はまともにものごとを考えなくなりますから、男たちを精神的に去勢する場所、男の去勢機関として公娼制度がある。その社会で肯定されているものは、その体制維持のためにあるのです。

徳川期にキリシタンを徹底的に弾圧します。あれは西欧植民地主義の排除などと表向きはいわれてますけど、神の前に人間すべて自由平等なのだという思想を防ぐということの方が主なのですね。幕藩体制は身分を凍結して成立している。偉い人は先天的に偉い人で、男は女より先天的にすぐれてるんだとする。特権を先天的なものとして維持してゆくためには、神の前にすべての人間は自由平等であるとする思想は幕藩体制をほり崩す思想ですから、徹底的に刈りこんでしまわなければならなかった。それであのむざんな弾圧をやるのです。

それでは近代になってこの身分差別・男女差別はどうなったかといえば、明治になって四民平等といわれましたが、これは男たちだけの平等です。それに平等といいながらも天皇と皇族・華族という特権身分があるのですから、支配する者がちゃんといる四民平等なのです。封建社会では天皇の存在はかくれていて庶民には見えません。武家政治になっても天皇をつぶせなかったのは何なのか。政治というものは俗の俗なるもので、権力闘争とかいろんな俗的できごとが日常化している。そういうものをうまくカバーするものとして天皇は存在価値があるんです。徳川幕府が天皇制を根こそぎにしなかったのは、利用価値があったからです。ですから近代においても政治家たちは天皇制のかげにかくれて悪いことをする。大正のはじめ、尾崎行雄という人がときの首相桂太郎を「玉座をもって胸壁となし、詔勅をもって弾丸に代えて政敵を倒さんとする」と天皇をかくれみのにするのではないかというって議会で攻撃演説してます。天皇というものは、この頃テレビに明治の群像とかで、政治家たちがいろいろ出てますが、いろんな政治取り引きをするあの連中が、その取り引きを正当化して聖化させるシステムとしてあるんですね。徳川幕府を倒して、自分たちがじかに政治的命令を出しても民衆はいう事をきかないから、天皇を前面へ立てて、彼らの姿をみえなくし、たくみに利用している。

明治になってから近代的な法治国家になりますけれども、明治憲法では、天皇は神聖にして侵すべからずとある。そして法律に、勅令はあらゆる法律に先立つとある。するといくら法治国家といっても天皇の命令が出ればすべての法律は無効にされる。まさに専制政治、国民の基本的人権の保障などない。戦後、女に選挙権があるようになり、戦前はなかったと言われてますけど、形の上では戦前男に選挙権はあったが中身においてはなかったと私は思います。それはなぜか。当時、貴族院と衆議院という二院制度がありました。いまも二院制度ですが、衆議院の方が力が強くて参議院と衆議院とが同じ力を持つのは、憲法改正のときだけです。あとは衆議院で決めた法律が参議院で否決されても、もう一度衆議院で賛成すれば通ります。しかし憲法改正だけはいくら衆議院で賛成しても参議院で賛成しなければ通らない。この点だけは同じだけれど、あとの法律は全部衆議院に先議権があります。戦前においては衆議院と貴族院とは同じ力です。そして、衆議院は公選議員で構成され、選挙権もはじめは直接国税十五円以上おさめる男子に限られ、大正末になって普通選挙になりましたが、貴族院の構成は多額納税者、高級官僚、華族たちに限られるので、一般人に選挙権はありません。議院制度とはいえ人民のための議会ではなく、天皇の政治を補完するための議会です。人民のための議会じゃない。男に選挙権があるといっても形の上で使わせているだけで勅令一つですべて法律は吹っ飛ぶので擬制の議会政治です。男たちに選挙権があってもそれは実質無きに等しいものだったんです。

このような近代天皇制の支配のシステムは、女と男の問題にもかかわってきます。戦前に結婚した私の友だちがいます。夫が賭け事に入れあげて月給を入れないので、彼女、腹にすえかねて夫に言ったそうです。「あなたはそんなにいばっているけど、くらしのすべてを私の持ってきた物やお金でやりくりしているではないか」と。ところが夫は、「俺は法律でいばっていいようになっている。これを見ろ」って民法の八〇一条を見せて、夫は妻の財産を管理するとあり、八〇四条には日常の家事について妻は夫の代理人とみなすと書いてある。家事までも妻の主体権がなくて、妻は夫の代行者にすぎない。夫がお膳をひっくり返したって亭主横暴とはならないんです。ひどいもんです。それにもうひとつ、明治もなかばすぎてから一夫多妻は否定され、戸籍には一人の夫に一人の妻しかのせられなくなった。たてまえはそうでも、一夫多妻は法的にも認可されてるんです。それは相続法で、結婚届けをした結婚関係において女の子ばかりであれば、結婚外の関係において父が認知した男の子がその家の相続権をもつとされている。届け出の段階では一夫一婦でも相続においては事実上一夫多妻を認めている。男女差別は慣習としてある場合にはまだぬけ穴もあったけれど、かえって近代社会に入ってから法治国家の名のもとに法律で男女差別が、がんじがらめに制度化されていく実態がある。戦後強くなったのは女なんて言いますが、それはちがう。戦後強くなったのは男なんです。なぜかと言えば、そういう男中心の法律、とくに戦前の民法において妻の財産の管理権は男にあり、「お前のものは俺のもの、俺のものは俺のもの」だった。夫の財産に対して妻は管理権ありませんからね。女の側では「私のものはあなたのもの、あなたのものはあなたのもの」という構造、これがまさに天皇制のミニ版です。一旦事が起れば戦前では国民の命は天皇のものです。いま二十円、当時一銭五厘の葉書がくると、私の命はあなたのものといって男は身ぐるみさし出して鉄砲玉のいけにえになる。殺されてもくやしいというどころか名誉の戦死でございますと、そして靖国神社に祀られるということになる。夫が妻を殺せば殺人罪になりますが、国民を殺しても天皇は殺人罪にはならず、国民は、ありがとうございました、名誉の召集をうけ名誉の戦死をして本望でございますという。男たちの基本的人権が全くなく、一旦緩急あれば天皇の命令で命を召しあげられる。そういう状況に耐えさせるために、男はいつも女よりましだ、女よりえらいと思いこまされる。つまり農民たちが部落の人たちよりましなんだと思わせられて耐えてきた、封建期以来の抑圧をなだめる方法を、女よりましなんだと男たちに思わせて耐えさせるシステムが近代社会の天皇制になってさらに徹底させられる仕組になっている。幕藩体制下では主君のために死なねばならぬ論理は武士だけでした。農民にはそのことがない。ところが近代になってあらゆる層の男たちが天皇のために死ななければならなくなる。軍隊で、上官の命令は天皇の命令ということになり、男たちのこのような差別のある状況のもと男女差別も強化され、家事すら男の代行者という法律が出てくるのです。つまり女たちが差別される時はそれ以上にきびしい男の状況があり、そのために女は、男をなだめるためのいけにえとされてるんですね。

たとえば革新的な運動においてもこの差別がまかり通ります。このことは私たちが新しく状況を開いていくためにはきちんとおさえておく必要を感じています。日本の宣言の中ですばらしいものをあげろといわれれば、まず私は「水平社宣言」をあげ、つぎに「青鞜社宣言」をあげます。ところが女の立場からみると「水平社宣言」にも不満があります。「水平社宣言」は「兄弟よ」とよびかけているが姉妹は欠落してます。一番ラジカルな解放運動をしている人の頭の中にも女は入っていない。ポッと落ちてるんです。「兄弟姉妹よ」ってよびかけてくれたらと本当に残念です。画竜点睛を欠くってのはこのことかと思います。そして、「男らしき産業的殉教者」と書いてある。男らしいことが価値としてある男中心社会の論理で貫ぬかれています。

私はこのごろ被差別部落の女の歴史を皆さんとご一緒に調べてるんですけど、そうすると生活の実態の中で、それこそ雄々しき産業的殉教者というのは男の人たちより、実態においては女の人たちなんです。いざとなったら女たちはみな実に雄々しいんです。水平社宣言は人間解放の原点を全部押えてますけど、女の存在がなくてすべて男だけ。これがつらい感じです。しかしこのことは、戦前、革新的といわれた運動すべてに流れています。戦前、弾圧きびしかった労働運動においても、その評議会の大会で女の問題が議案として上程され、女が壇上に上ると、もうそれだけで男たちは鼻の先であしらう。女の差別問題に対して緊張感を全然持たない。労働運動をする側がそうなら、保守側もそうです。議会において婦人参政権が上程された時も「よお色男！」などと、女の問題を男の人が代弁すると同僚の男からヤジがとぶ。こと女に関しては男たちは人間的緊張をポッと抜かしてしまう。これは今日においてもやはりある。そのことに男の人たちは気がついていない。最近、差別問題に取り組んでいる日本における知識人の第一人者といわれるような男の人たちの会合がありました。差別をなくすための会合でしたので、女の解放をそこへ位置づけてほしいので、私も出席したのです。そこであらゆる差別をなくしていこう、部落差別、朝鮮人差別、アイヌ人差別、沖縄差別、障害者差別と、そういっているときには皆さんキリッと緊張しているんですが、そのあと、私の顔をみて、「そうだ、女性差別も入れなけりゃ。あははは」と、男の皆さんは何かズラズラッと肩の力が抜けていくんです。部落、アイヌ、沖縄とか、朝鮮人とかいうときはみなピリッとしているのに、女という一言で、「あははは」と、こうなんです。これは私がその場にでてるので好意的に、私の顔をみて、「あ、入れとかなきゃ」とあわてておっしゃる。これは男の人は気がつかないが、男の人が女の問題に言及するときは温情的になるんです。しかし温情主義は対等関係での取り組みではないので、緊張がなくなる。こと女に関しては差別の文化がいまなおあたりまえに、あらゆる場にまかりとおっている。私がひらがなで〝おんな〟を書きましたときにね、これはいかがわしい本とまちがわれると言われたように、女と男といざないあう、あの対等性の中で開化したエロスが歴史の中で虐殺され、女は好色の対象であり、〝おんな〟ということで蔑視の対象であり、今日においてすら女差別に関しては男の人はズラッと緊張を抜いてしまう。いくら革新的なことを言っても、そこで女に対してどう真向っているかが問われるんです。でないと根源的に天皇制を支える足もとは見えてこないでしょう。

それからもうひとつ、天皇制を支える〝靖国と天皇制〟も女の場所から問題があります。戦前・戦後を通じてこの靖国神社の果した役割というのが、先程申し上げた力の支配でない意識の支配収奪なんですね。戦中の女性史を調べますと、たたえられている軍国の母、軍国の妻、軍国の娘というのがたくさんいます。その軍国の母というのはほとんどが母子家庭です。その母子家庭が顕彰されてますけど、どういう風に軍国の母になっていくのかといいますと、地域社会において抑圧を最も受けているのが母子家庭です。村びとは素朴でいいっていいますけど、確かに困っていれば村びとは助けてくれます。でもその助け様は温情なんです。物持ち層の、暮しに困らない層による温情ですから、助けられた側ではそれが義理になる。また一方では義理は恥にもなるんです。村における底辺層の人たちの自己発現の場は閉ざされています。貧しくて学校へ行けないのだから学歴社会の上昇コースにものれませんし、富もない。日本の近代社会は学歴によって階級が移動できるシステムですが、それもできない。底辺層の男たちに残されている自己発現の場は戦場で手柄を立てること。そしてお国のために戦死して靖国神社へ祀られること。このことで地域社会で温情的に遇された義理と恥を返せるのです。当時の記録をみると、貧しい母たちが、息子に戦場へ行ったら後ろを見せるんじゃないよ、立派に死んで来いよと涙もみせずに言っている。つまりそこしか地域社会で温情的に遇されてる義理と恥をつぐなう場がなく、自己顕現する場がない。世間様におかしくないよう死んでこいといってわが子を戦場に送り出さなければならなかった母たち。その悲しみ辛さをなだめるのが靖国神社です。いまの若い人たちはおわかりにならないと思いますが、靖国神社で英霊を合祀する祭りがある。戦争で死んだ人たちを英霊として集団で祀るんですが、その招魂式が真夜中に行われます。あらゆる灯を消してかがり火を焚き、そして御羽車というのを闇の中に白く浮き出させる。トテトテーとらっぱが鳴る中をいま英霊が帰ってきたのだとする。演出効果満点ですね。そうすると玉砂利の上へ座っている遺族たちはもうみんなせきあげるんです。愛するものと別れたつらさを耐えに耐えてきていますから、夜の演出効果もあってみんな慟哭するんです。そしてそこへ天皇が参拝する。そうしますとカタルシスがおこるんです。軍国の母とよばれた女たちの言葉をみますと、ふつうに死んだのならこんなにして祀ってもらえない。自分らのような貧乏人は墓もろくに作れない。それがこういう立派なお社へ、聖なるものの象徴である現人神天皇様がお参りしてくれて、ああもう思い残すことはないと感激してさめざめと泣く。集団ヒステリーですね。それを起させて、情念の中にあった悲しみを発散させてやる。支配者というのは実にそのような演出がうまい。支配を完成させるための構造連関を実によく考えている。そして、軍国の母たちは、もう思い残すことはないって、ありがたがっている。そういうことが戦争中に日常的に行われた。その庶民たちが天皇が人間宣言をしたのち、それではどうなったか辿りますと、その母たちに、ああ無駄死させたという嘆きがあるんですが、その人たちがそれではどうすれば無駄死でなくさせるかってことになると、これはみんなそうさせた政治や天皇制を改める方にではなく、宗教の方に救いを求めていく。母一人子一人で子どもを戦死させたお母さんが自分が死んだら子どもの回向をする者がなくなるからと、人通りの一番多い所へ石碑を建てたのです。自分が死んでもこうしておけば戦死者○○の墓をみて通る人がだれかは思い出して手向けてくれるであろうと、ね。南無阿弥陀仏と言ってくれれば、そう言っておがむ人も仏も両方浮ばれるからって言っている。つまり、ここで政治に対して救いを求めない。宗教的解脱の中に救いを求めている。そういう人たちをあつめた遺族会が自民党の選挙地盤になっている。自分たちが社会のどこにはめこまれて、どういう働きをしているかをはっきりさせないと、女が天皇制をつくりあげていったように、最も犠牲になった層がその犠牲を強制した人たちを支持、戦争につながる反動的な勢力の基礎構造となっている。

私は歴史を学ぶ中で、目からうろこが落ちるおもいで、基本的人権の確立を解放の闘いの中に見るんです。男と女は性がちがうだけであるし、親子関係においても親は子をこの世へ産み出した責任はあるが、子どもを自分のおもいのままに扱ってはならない。親の基本的人権、子どもの基本的人権ともに対等です。障害者、病者、老人すべての解放の道すじを探していくとき、基本的に人権を確立していく視点からものごとを発想したい。女の差別は天皇制がつづくかぎりなくならないことは、歴史の成り立ちをみるとき、指摘できます。戦後の天皇制はいわばミチコに象徴されるようにブルジョアジーに支えられている。天皇家は常に時の俗の代表の中へ取りこまれ、俗に支えられてそのまやかしの聖性を維持する。武家社会になれば武家の娘を宮中へ入れるし、ブルジョア社会になればああしてブルジョアジーを入れる。そうしてお互いにかくれみのになり合いつつ保ち合う。聖と俗は裏表になっているもので、一体のもの。支配の側が天皇に聖性を飾りつけ、それを後ろ楯にして支配体制の維持を計ることが、天皇制発現以来、いまにつづいている。聖性こそ本来は働く者たちのもののはずです。幕末、アメリカへ行った遣米使節の幕府の奉行がアメリカ人に、「お国の一番偉い人は誰か」と聞いた。そのアメリカ人は、「われわれ人民だ」と答えた。「大統領は人民の主権の代行者・エージェントだから主権はわれわれにあり、偉いのは人民なのだ」と。ところがその幕末の武士である日本人には為政者は人民の公僕ということがどうしても理解ができない。人間を上下尊卑でしかみられないので、人民主権ということがどうしても理解できなかったようです。

近代の基本的人権思想は私たちの解放の大きな武器ですが、聖・俗というものの見方において被支配者である私たちは俗にされている。聖は支配者側にあり、そこで叙勲などということをして、人間に差をつける。人間というのは本来的に個人個人が聖と俗と両方持っているはずです。政治というのは聖性を代表したり収奪したり利用したりするものではない。それはただ生活の俗性をどのようにより歪みを少なくしていくかにすぎないもので、政治というのは俗の俗なるもの。これに聖なるものを持ちこんで、飾りたててはならないものだとおもう。そして私たちの人間と人間のかかわりの中で聖というのが何であるかといえば、それは愛ではないかと思います。一人一人の聖の核になるのは愛です。これを核にして人々の関係をどのようにしていくか。愛ってたいへん抽象的ですけど、具体的にかかわりの中で生きる以外には実現不可能なものですからね。それが利潤追求、人間がお金もうけの道具にされる、歪みに歪んだいまの社会の仕組をそのままで、愛だの聖だのということは抽象論です。そうではなくて、人間が人間をお互いの存在を道具としてでなく、存在そのものとして喜びあえる、人間が人間のためになり得るような仕組みを基盤にしていくのが私たちの聖性確立の道すじではないのか。それがまた天皇制と対決し得る原点、あらゆる差別をなくしていく原点ではないかと考えています。そして、自分の日常の中で一つ一つ取り組むとき、様々な矛盾に撞着して、私はいつも気息えんえん、でもがんばってゆきたいと思います。話があちこちになってたいへんお聞き苦しかったかと思いますが、いずれこの道すじを私なりに整理して、こたえを出したいと思います。とりあえず、いま、まさぐっている問題を申し上げた次第です。

（注）『女大学』貝原益軒著、高輪裁縫女学校、一九〇九年を参考。

（『天皇制と靖国を問う』勁草書房、１９７８年）

「歴史を拓くはじめの家」はどうしてできたか

もろさわようこさんが全国に呼び掛けて郷里の長野県北佐久郡望月町（現佐久市）に一九八二年に開設した「歴史を拓くはじめの家」で、八三年十月九日に学習会「女たちはどう生きたか〜沖縄の祭り・風俗を通して考える〜」が開かれた。「はじめの家」記録集「一九八三年度　一周年のつどい・さまざま」に収録された学習会報告には、もろさわさんがどうして「はじめの家」をつくろうと考えたのか、経緯と思いが克明に記されている。この報告をもとに、一周年と二周年の記録集に掲載されたもろさわさんの「私感」を交えて構成した。

開設から十数年は「歴史をひらくはじめの家」と表記されていたため、原文のまま掲載する。また、スローガンも初期は「愛にみちて歴史をひらき」と書かれることが多かったが、この報告では「愛にみちて歴史を拓き」と書かれていたので原文通りにした。もろさわさんが二〇二一年に行なった校正を反映している。

1

「はじめに〝ことば〟ありき」と聖書にありますが、「はじめに〝おもい〟ありき」というのが「歴史をひらくはじめの家」創立の原点です。なぜこのようなものをつくったかといえば、「どうにもならない状況を、どうにかしなければ」という私自身のおもいがあり、このようなところをつくりたいと呼び掛け、それに応えた方々によってつくられてきたのです。

「家」の基本スローガン「愛にみちて歴史を拓き、心はなやぐ自立を生きる」は、私のインスピレーションから生まれたことばです。このことばのみなもとになったのは、沖縄において原始共同体の遺俗の祭祀をおこなう女たちとの出会いでした。

「愛」というのを、私は「他者のいたみを我がいたみとする」と理解しています。

「他者のいたみを我がいたみとする」などという立派なことは、私など出来得ないことは充分知っていますが、にもかかわらず、やはり歴史を拓くとき、「愛」が基軸にならなかったら、決して「心はなやぐ自立」はもたらされないと考えるからです。「愛にみちて歴史を拓き、心はなやぐ自立を生きる」を我が鼻づらの先にかかげ、そこから目をはなすことなく生ききるとき、その足あとから答えが生まれるのでは、とした「家」びらきでした。おもいにせきたてられて身うごきするうちに、さまざまな問題点とやらなければならないことが見えてきた。つまり、「家」は、まず〝おもい〟があり、それにつきうごかされた行動があり、その中から〝ことば〟、すなわち「家」の方向づけが、おもむろに生まれてきたといえます。

「家」について、参加者たちにまずやって欲しいことは、この「歴史をひらくはじめの家」は、自分にとって何なのかと問いを持つこと、そしてその人なりの答えをみいだしてほしい。自分なりの問いと答えを持って関わることをしなければ、その人の「心はなやぐ自立」への道は拓かれてゆかないのではないかと思います。

このことは、皆さんへの問いであるとともに私自身への問いでもあるのです。私自身にとって、「歴史をひらくはじめの家」とは何なのかという問いと答えを、私自身が皆さんに提出、そして、皆さんの問いと答えとをそこに照らしあわすことをしながら「家」を方向づけてゆきたい。互いの問いと答えとを出しあうことをくりかえしてゆかないと、女たちがあつまっていろいろ語りあいました、ハイ、結構でしたという従来の運動のかたちと同じものに堕して、運動のアリバイにはなっても、参加者のくらしに根を張った展開がみられないものになってしまう。

この講義は、「一周年のつどい」（一九八三年八月）のおり問題点をみて、「家」についての基礎的な認識をどう持ちあってゆくか、そのことを深めるための試みとしてひらきました。一周年のつどいは、いわば、おまつりですから二百数十人の多様な方がみえられ、多様な参加のしかたがあっていいのですが、そのおり、下働きをする中心的な方々に、「歴史をひらくはじめの家」とはどういうことをするのか、わからないという方々がおられた。下働きをする人たちこそ、いわば「家」の土台石的存在ですから、その方々に、「家」のあるべきすがたを、きっちりわかって頂かなければということで、「家」のあり方の基礎になる、もののみ方、考え方の講義をおもいたった次第なのです。

「家」に参加する場合の規約について聞かれたとき、私は、なんの規約も設けてないので、あなたの

「自由」でどうぞと言いますと、「自由」といわれても困る、規約があれば、それを果たせばよいのだが、自分で考え、「家」の存続に自分はどういう役割を果たせるかを考えだすのはとてもむずかしいと言われる。「家」の規約はその「自由」が基本路線であり、私自身も、私の「自由」において関わっているのであり、「一周年のつどい」のおり問題点をみて、「家」についての基礎的な認識をどう持ちあってゆくか、そのことを深めるための試みとしてひらいた講義も、私の「自由」による「家」への関わりの一つなのです。

「家」における〝つどい〟は、「家」や参加者のアリバイのためにあるのではなく、各自がかかえている問題を、「家」を手がかりにして、方向性をみいだしてゆく模索の作業の一つとしてあるのです。〝つどい〟は行事的に重ねるのではなく、今回の問題点を次回はどう切り拓くかを、各自が検証しながら、〝つどい〟をつみ重ね、「歴史を拓く」ことを志したいとおもいます。

2

日本の近代史をかえりみますと、日本の近代は、欧米をモデルにし、追いつけ、追いこせというかたちで展開している。婦人問題の切り拓き方もまた例外ではありません。舶来上等という考え方で、欧米の文物をとり入れたが、かたちは模倣しても、その精神構造をもとりいれたかというとこれは疑問です。いま、もはや西欧に学ぶべきものなしなんて言われもしますけど、私は、ちがうとおもう。近代思想の核になる「自由と平等と個の確立」、これを来らせたヨーロッパの知性のおくゆきを身につけることはたやすくないはず。「人は生まれながらに自由であり、権利において平等である」とされて近代史の幕はきっておとされているが、このことばを知識としてだけ学んで、我が自由とは何か、人間の平等とは何かと自らに問い、生活に根づかせることがいまもって出来ていないのが、日本の一般的状況ではないか。

私が、戦中、生きる拠りどころを求めたとき、そこにあったのは古事記・日本書紀の神話を拠りどころにした史観にもとづいた「皇国哲学」という知性皆無なファナチックなものでした。敗戦によってその虚構を知って以来、ヨーロッパの知性がもたらした史観と哲学を学ぶことへ転じましたが、そのゆきづまりの中で、ふたたび日本の古典にもどったとき、かつて戦中に学んだこととはことなった、感性のやわらかさから発想される宇宙像に、うなずくところが大きくありました。そこで考えたことは、古典は、権力側が人民支配の道具とするとき、それは、ゆがめられたものとなるが、私たちの祖先が生みだした文化として、私たちの側にどうとりもどし、状況を拓くために再構築してゆくかということが、いまの私たちの課題ではないか。

私たちは、教育にしろ、文化にしろ、権力側がよしとしたものの中で、もののみ方・考え方を方向づけられ、感性もまたその中でつちかわれてきましたから、解き放たれた自由とは、いま、ほど遠いところにいます。

実は、私、この一カ月ばかりの間、北は仙台から、南は沖縄まで旅してきましたが、日本は南北にほそ長い列島から成りたっていますので、信州ではこたつの生活がはじまっているのに、沖縄ではまだ海水浴が出来る。沖縄ではハイビスカスの赤い花が一年を通して咲き、クロトンなど葉肉の厚い亜熱帯の植物があたりまえに目につきましたが、ここへ帰ってくると、秋草の花の色は、すこぶる繊細。

この庭のコスモスも高原ならではの透きとおるような色あいになっています。風土によって植物の特性があるように、風土によるくらしのちがいが、そこに生きる人たちの感性をもまたことならせている。感性のちがいを大切にしあうことが、自立にとって欠くべからざる条件の一つだと考えます。けれど、この感性は、風土ばかりでなく、私たちは社会制度・文化にもまた大きく影響され、お金儲け本位の資本制の高度工業社会の中で、私たちの感性は、すこぶる摩滅したものになっている。そのことをみすえて豊かさを感性にとりもどさないと、「愛にみちて歴史を拓く」ことはできがたいのではないか。

そしてまた、感性というのは、肉体的・生活的条件にも大きく左右されやすい。子どもから青春時代にかけては、キラキラ輝いていた感性も、くらしに追われる中年から肉体的な衰えが目立つようになる老年になると、知性でみがきつづけていないと、みるもむざんなさまになる。

私は、いままで、知性で感性をみがき、知性もまた感性でみがかないと、かたよったものになると説いてきましたが、知性で感性をみがき、感性で知性をみがき、そして人間としての霊性を高めること、このことが大切なのではないかと考えます。

霊性を、沖縄ではセジと言い、英語のスピリットにあたるとおもいます。現代的に言うなら精神性ですね。私は、沖縄で原始共同体時代の祭祀をとりおこなう女たちの基本的な条件はセジ高いことであると聞かされ、彼女たちに接し、学歴や知識がなくともそのセジの高さに打たれたことがしばしばでした。

私たちは近代に入り、知性を基軸にして解放像を求めてきました。大別すると知性中心の文化はヨーロッパ型であり、それはまた男の文化の型であり、感性的なものを重んじる東洋文化は、女の文化の型であるといえるのではないか。近代史は知性を中心に展開しており、資本制社会はその知性によって金儲けがすすめられ、ついに核兵器などというものまで出現させるにいたっている。知性が「愛」と結びつかず、金儲けと結びついた結果が、現代の公害現象であり、人類滅亡の危機がもたらされるまでになってしまっている。

3

私たちの婦人運動をかえりみると、西欧的知性を拠りどころにした男女同権・平等の近代主義的な婦人運動と、男女が平等になっても、人間を利潤追求の道具化している資本制社会がある限り、女の解放はおこなわれない。そのため社会主義社会を来らせる中に女の解放像をのぞむ、社会主義的な婦人運動と、二つの大きな流れがあったといえます。

ところが、いまこの二つの運動がめざしたものの中に大きな矛盾があらわれている。ごくおおまかなことを指摘すると、私たちは、解放像につねにモデルを持っており、それに追いつこうとしてやってきた。近代主義的婦人運動は、欧米をモデルとし、社会主義的婦人運動はソ連・中国などの社会主義国をモデルにしていた。ですから、自分たちがモデルとしている国々へ行った方々は、そのモデルをたたえている。けれど、私は、そのモデル讃美に素直についてゆかれませんでした。なぜならば、人間のくらしというのは、そんなにたやすくきれいごとでわりきれない側面が大きいからです。くらしの長所は短所とウラオモテになっている二面性を持っており、その二面性をとらえてものごとをみなければ、問題を正しく把握できないのではないかと考えているからです。

　敗戦体験の中で、私は昨日の悪が、今日は善となる政治的価値規準の転換を、身にいたく味わっており、以来、絶対的善などあり得ないというものの見方をするようになりましたから、善悪・白黒という風に単純に色わけするものについてゆけず、一匹狼的立場でしかものがみられなくなっているのです。

　戦中は「鬼畜米英」とよばれた敵国米英が、戦勝国となって相まみえるようになると先進的文化国家とたたえられました。それと同じように、資本家は悪で、労働者は善であるという図式的なみ方がされています。たしかに、階級社会の人間関係を唯物史観によって分析しますと、まったくその通りなのですが、なまみの人間対人間として相対するとき、果たしてこの図式は成り立つでしょうか。私自身、働く人たちの場に立ち、ものごとを考えてきており、社会のあるべき姿としては、人間の連帯を基軸にした社会主義社会を当然なものとしていますが、現在、中国などで、その生産様式について、資本体制を参考にして、生産性の向上をはかる傾向がみられます。このことの是非はおくとして、なまみの人間としてみたとき、働く者イコール善であるとは、いいがたいのではないか。

　なまみの人間像をリアリズムたしかにみないで、論理的・図式的に、解放像を構築してきたのが、いままでの革新といわれる運動理論ではなかったか。私は日常においては、近代主義的婦人運動でめざされた男女の平等の確立が当然であるとし、社会構造においては、社会主義社会を当然としていましたから、両者は婦人解放の車の両輪であるとし、私自身をその立場において発言し、行動してきました。けれど、六〇年代から七〇年代へかけて、両者の中にはらまれる矛盾があきらかになるにつれ、自分の身のおき場所がなくなったというのが実状でした。めざす典型がなくなり、矛盾を克服する道もみえがたくなったのが七〇年の安保のときでした。

4

六〇年安保のとき、私は、日本の民主主義にひとすじの光をみていました。男であったなら戦死していたであろうに、女であったから戦争から生き残ったとするおもいを胸に、戦後を歩みだした私は、「平和」と「民主主義」が掲げられた憲法が、「人類普遍の原理」として、戦後を生きる拠りどころでした。ところが、憲法は制定まもなくから、権力の側にふみにじられ、それとともに、男女の平等も、うたいあげられるほど、実生活の中では実現がたやすくないことを、身に痛く味わい、絶望を年ごと深める戦後十五年の歳月がありました。そのとき、出会った六〇年安保闘争。私は、「声なき声の会」とよばれた市民グループの中に入ってデモに参加、その中で味わった解放体験が、いまも鮮烈によみがえります。それは、警官五百人を国会に導入して、反対派をしめだし、自民党の主流派だけで新安保条約を採決したことに、民主主義の危機をおぼえ、人びとが国会をとりまいて、抗議行動をおこなったとき、私の属したグループは組織からの動員ではなく、自分の判断で自発的に国会へかけつけた人たちにより、自然発生的に生まれたものでした。同じおもいで国会へかけつけて来た人たち、どこの誰ともわからないが、権力の理不尽を許さない怒りに燃えた人たちとスクラムを組み、国会解散・安保反対を叫び、坐りこみをおこなったのです。坐りこんでいるときに差し入れのおやつやおにぎりがまわってきました。たぶん、そのグループに属する人のお家の方々が炊きだしをしておにぎりの差し入れなどしてくれるのでしょうけれど、誰が差し入れてくれたのかもわからない。日ごろだったら、これは私の差し入れとか誰さんのとか紹介されるのですが、そんなこと一切ない無名性における連帯が、権力の理不尽は許せないというおもいを同じくする人たちの間で成りたったのです。そこでは、男女を問わない同志的な熱い連帯が成りたち、私はその中にいて、日本の民主主義も戦後十五年たってここまで育っていたのか、戦前なら出来得なかったことだと、深い感動を持ちました。そして、六〇年安保は自然成立というかたちになりましたが、そこを出発点に、七〇年安保へむかってどうするかということが課題になりましたが、六〇年安保の民衆の盛り上がりに学んだのは、革新といわれる側ではなく、権力の側だったのです。

六〇年度の婦人関係予算をみますと、前年度の文部省の婦人教育関係対策費はわずか六百三十六万円ですが、要求額は九千八十万円と大きく増額をみており、さらに決定額は、要求額を上まわる九千三百万円となっています。従来の常識からすれば、要求額より決定額の方がすくなくなるものなのに、要求額より決定額が上まわったのは、安保反対運動への女たちの参加をくいとめるため、ときの岸首相の鶴の一声で要求額より決定額が上まわったのです。増額されたなかみは地域婦人会など、行政側に密着した婦人団体への補助金と、その幹部たちの海外研修という名による海外旅行費です。権力の側はそれを維持するためにどうしたらいいか、事態をみぬくことするどく、そのための対策を権力・金力・知力を動員してめざましく新しい手をうってくるのに、革新とよばれる側は、その点まことにマンネリズム的です。民衆の自然発生的なデモの盛り上がりにいわば依存するかたちで六〇年安保がたたかわれ、もはや安保が自然成立してしまい、戦術的には効果がないのにデモをくりかえすことしかしていない。

5

民主主義を踏みにじって成立させた六〇年安保は七〇年には期限切れになりますから、その十年間に、期限がきれたら再締結しない状況をつくりださなければならないのですが、それが出来ないまま七〇年をむかえることになりました。

この七〇年のとき、私はまことにつらかった。なぜなら、六〇年当時とくらべると、いささか知名になっておりました。それは、男女の矛盾や社会の矛盾を私なりに指摘したことにより、もの書きとして世渡りが出来るようになったのですが、高度に発達した資本主義社会において、いわゆる進歩的文化人という人びとが果たす役割は、いかに反体制的言論を書き、言ったとしても、それは、結果的には、その体制の安全弁的役割を果たしてしまうのです。

なぜならば、人びとのくらしの矛盾を指摘しますと、それが、その体制の致命的なものにならないように、体制の側は、その指摘を参考に、それなりの手当をたくみにしてしまうのです。革新の側は、デモや集会において問題をとりあげて気勢をあげ、そこで人びとは日ごろの抑圧を吐きだしますが、高度に発達した資本主義国は、反体制的うごきを自家薬籠中《じかやくろうちゅう》のものにしてしまうだけの力量を備えているのです。

たとえば、権力を批判するとただちに監獄へぶちこまれるような、独裁的な政治体制のもとでは、基本的人権を抑圧する権力の理不尽さがあきらかに目にみえる。戦前、治安維持法があったとき、体制批判は命がけでした。ところがいまは、そのことを言ったり書いたりで、同じおもいの人びとに拍手され、お金にもなる。これは、よほど、その言論に対して、それを書き、言う人がくらしの現場に根づかせた緊張関係を持っていないと、たてまえ的なものであり、くらしに根を張ったものにならない。高度資本主義国においては、人びとは知的水準・生活水準ともに高いので、独裁的な権力行使はできず、自由と平等の基本的人権をうたいあげなければ人びとのこころをおさめることができない。たとえば、私なども、戦前ならば、権力批判をすると監獄に行かされたであろうに、いまはたっぷり謝礼をもらってこられる。これは、言論人を堕落させる。私が社会や人間関係の矛盾を指摘するのは、それをなくすためであるのに、その矛盾はたやすくなくならず、にもかかわらず私は、「先生」などとよばれ、世にはばかることができるのは、体制の安全弁以外何ものでもないと、我が身のありざまが耐えがたくなってきた。

そのとき、七〇年安保闘争の中から、学園闘争というのがおき、進歩的文化人の言論とくらしの実態のことが、若い人たちからきびしく言われた。「なんだ立派な進歩的言論吐いても、テメェらの日常は」と。私もね、若かったら、彼らと同じことをしたとおもう。けれど、私はそのときすでに四十なかばですから、ゲバ棒ふり上げてテメェらなんて言えません。私自身がそのとき到達していたのは、否定というのは、否定するものに変わるものをたしかなかたちでつくりださない限り、まことの否定にならない。だから、ことばで否定、態度で拒否反応を示すことより、新しい人間関係の具体性をつくりだすことをすることであるという考えでした。

ところが、その人間関係の解放像がみえないのです。近代的婦人運動の示す男女の同等も、それが金力・権力体制にくすねられたものであるなら、そこにはかがやかしいものはないし、一方、社会主義体制であっても、そこに「自由」がなく、基本的人権が圧迫されていたならば、そこにも解放像はみいだされない。ともあれ、いままでは、モデルがあったのに、そのモデルにも矛盾があきらかになった。どうしたらいいかというとき、私がめざしたのは、人間に差別がなく、自然と豊かに交流していた時代の人びとの精神のありざまを学んで、そこから、あるべき人間像を考えることをまずしてみようということでした。そして、原始共同体の遺俗を生きる、アイヌや、沖縄の女たちに、助けを求めて、遍歴していった私がありました。

しばらく住み込ませていただいたアイヌの媪《フチ》からも教えられるところが大きくありましたが、原始共同体の祭祀風俗を伝えている沖縄の老女たちから衝撃的に与えられるものがありました。女の解放像について示唆性大きかったそのことを語り、それを通して、皆さんと相互批判をおこない、「家」によりつどう私たちの方向性をたしかめあってゆきたいと考え、この講義をすることにしたのです。

ずいぶんと前おきが長くなりましたが、なぜ私が「歴史を拓くはじめの家」をひらくようになったか、その前史をわかって頂きたい、と考えたからです。

6

信州のこの山の上からはほど遠い沖縄の祭り風俗を通して、なぜ、「女の生き方を考える」のかと申しますと、実は、原始共同体時代には、沖縄からはヤマトといわれる日本本土の側、つまりここ信州にもあったであろう風俗が、男中心社会になるにつれ消されてしまい、あらゆることがらが男中心にいとなまれるようになってゆき、それが歴史のはじめからあったかのように信じられていますが、女たちがリーダーシップを取っていた時代がここにもあったのではないかと考えるからです。

沖縄では、女たちがリーダーシップを取る神ごとがいまも残り、そこに、「元始、女性は太陽であった」時代の女たちの精神のすがたが反映しているので、沖縄のその女たちのすがたを通して、ヤマトでは消されてしまった元始の女のすがたを復元、「女たちはどう生きたか」をみて、そこから女の解放像をさぐることをしてみたいのです。

この「家」の襖に、「元始、女性は太陽であった」と書いてあるのは、一九一一（明治四十四）年に、「女たちによる女たちの雑誌」としてつくられた『青鞜』創刊の辞のはじめに書きだされていることばです。このことばのあとから続く、数頁にわたる創刊の辞を読んだとき、それらを私は、超越主義的な観念論としかはじめはおもいませんでした。けれど、これは巫女の託宣にひとしいもので、解読がいるのだとおもいあたり、その解読をすると、それらの文章は女の解放像にとって、すこぶる示唆多いものなのだと気づくようになったのは、沖縄で神人《カミンチュ》と言われる女たちと出会ってからです。

女の解放像について私は、つぎのように理解していました。近代主義の路線でめざされた「自由と平等と個の自立」。そして、社会のしくみは社会保障の確立された社会。私たちの顔がそれぞれにことなるように個性もそれぞれにことなるはずです。社会保障の確立された社会の中で「自由」と「平等」があって、個性的な生き方が出来る社会でないと、人間のまことの解放像はあり得ないのではないか。

かつて軍国主義時代、着るものから、ヘアスタイルまで画一的に指導されましたが、「個の確立」がない人びとが、「なんとかのため」の中へ権力の指導によってなだれこまされてゆくファシズムの中には、男女を問わず、かがやかしい解放像はない。

いまの男たちの状態に男女平等の名によって追いつくことの中にも解放像がなく、いまある社会主義国の中にも未来像がかがやかしくみられない。夢からさめてゆくべき道がみあたらない苦しさの中で、解放像を求めてさまよい、私が気づいたことは、「男たちは論理において真理に至り得ようとする」が、女は「愛にみちた直感において真理と一体化する」のではないか。男のつくりだした論理的な世界を我がものにしようとして私は努力したけど、女たちが生きた「愛にみちた直感において真理と一体化した」世界をもっと大切にするべきではないかと考えるようになったのです。

女性史をかえりみると、日本の近代的な女性史を拓いてきた女たちの場合も、古代時代以来の巫女性をその身に濃く帯びていることが指摘できる。（与謝野）晶子さん、（平塚）らいてうさんたちにそのことが濃く反映しています。

「愛」というのはことばにすると偽善めきます。「他者のいたみを我がいたみとする」なんて言っても、それは出来がたい。「愛」は、それを生きるほかない。たとえば、母が子どもに「お母さんはあなたを愛して、あなたのためをおもって……」などと、恩きせがましく言いますが、「愛」というのは、きびしい自己省察がないと、人間関係の歪んだ社会の中では「権力意志」に変化している。それに気づかず、「権力意志」を「愛」の名によってふりかざしているおぞましさがすくなからずみられるのではないか。

ここで言う「愛」とは、そうしたものではなく、「愛」の本質である無償性を生きて歴史を拓くこと。それを示唆的に私に与えてくれたのが、沖縄において神ごとにたずさわっていた老女たちでした。

7

私がはじめて沖縄へ行ったのは沖縄が本土復帰をした年でした。そのおりまずたずねたのが、十二年に一度、三十歳から四十一歳までの女たちが神女となるイザイホーとよばれるイニシエーションがおこなわれる久高島という小さな島でした。

沖縄には、「おなり（姉妹）はえけり（兄弟）の守り神」ということわざがありますが、女は男より霊性が高く、その霊性が男を守ると信じられていたのです。イザイホーの行事の中に、姉妹が兄弟の守護神となる儀式もあります。この久高島の神女集団は、ノロとよばれる最高の神女が二人いて、そのノロに統率され、原始共同体時代のアニミズム的自然信仰が生活習俗の中に濃くある島の生活の中で、ノロは、島びとの幸せを神々に願う行事をとりおこなっているのですが、日ごろは、あたりまえの農婦として生活しています。

私はそのノロさんに会う前に、神話の中で沖縄の五穀が流れついた浜をみにゆくべく宿を出て、畑中の道を行きました。そのとき、浜への道を実に親切に教えてくれた畑に働く老農婦の方が、あとでお家へたずねると、ノロといわれる最高の神女でした。神ごとの中では彼女は特権的な地位につきますが、日常は、一漁夫の妻であり、畑仕事に精だして働く一農婦として、みんなとへだてなくくらしています。

このノロは、琉球王朝時代は母から娘へとこの島では伝えられ、母系相続でしたが、明治民法によって財産相続が男中心の父系となってからは、ノロ家の息子の嫁がつぐことになり、私が会ったノロさんは嫁入ってノロとなった方でした。

この方は小学校しか出ていないのですが、こちらの質問を適確にうけとめ、知的にもすぐれていることが会っているとわかるのですが、悲しいかな、私は島のことばがわからないので、通訳つきの対話となりました。この方と話しながら考えたことは、原始共同体時代は、指導者だからと言って権威的なくらしをしていたのではなく、生産者としてみんなと同じに労働していたのだということです。

その後、沖縄の離島の小さな島々をたずねることを十年余にわたってくりかえしてきた私は、男は漁にゆき、女がその男たちの安全をねがって神ごとをとりおこなうのをみて、こんな風にも考えました。原始共同体時代は、「男が働き、女が祈る」ことが、あたりまえにおこなわれていたのではなかったか、と。そしてその祈りは、愛にみちておこなわれていたのだ、と。

久高島のノロさんに日常の祈りのことばは、代々伝えられているのかと聞きますと、心をすまして神様の前に坐ると、神様が祈ることばをおのずと与えてくれるということでした。神を信じない現代の知性からすれば理解しがたい世界ですが、私はなるほどとうなずけたのです。

というのは、私はもの書きとして、ものを書くという行為を通して他者と関わるのですが、それが私にとって「愛」の手だてであり、人びとの幸せをねがう「祈り」でもあるのです。けれど、原稿に向かっても、なかなか魂のこもったことばは出て来ない。いまはビジネス社会ですから、たのまれた原稿は締め切り日などというのがあり、その日がすぎると、編集者が鬼みたいに催促する。そのせっぱつまったとき、胸の中でもやもやしていたものが割れて、ことばが出てくることが多いのです。男の方だと、たぶん論理構築の中からことばが出てくるのでしょうが、私は問題におもいをからませのたうった結果、ことばがでてくるというかたちでことばを出しているものですから、神さまが祈りのことばを与えてくれるというノロさんのいうことをつぎのように理解しました。

祈りの場に身をおくとき、ノロさんは自分というものを消して、人びとの幸せを念じて心をまったく透明にする。その透明なこころにおもいうかんでくることばを神さまが与えてくれたと表現しているのではなかろうか、と。

らいてうさんが、『青鞜』創刊の辞を書くとき、坐禅をおこなって心を透明にしたら、インスピレーション的に、「元始、女性は太陽であった」ということばが生まれたと言っていますが、ノロさんにも同じようなインスピレーションによってことばがつむぎだされてくるのではないか。

そのノロさんは、男の人の性的対象物としての美学でみるならば、若さも美貌もなく、亜熱帯の太陽に皮膚の裏がわまで焦がされている褐色がかったしわだらけの顔をしていますが、魂のあり方を美の基準としてみるならば、その魂の美しさがおのずとにじんだ柔和な美しい方でした。

その美しさにうたれ、以後、私は沖縄で神ごとをとりおこなう女たちのとりこになり、原始共同体の痕跡をのこす祭りのおこなわれる離島めぐりをはじめました。

沖縄では島一つちがえばことばもまたことなります。祭祀行事をおこなう神女をノロというのは、沖縄本島の文化圏で、先島へゆきますと、ノロの地位にあたる方は、ツカサとよばれていました。このノロとかツカサというよび名は、琉球王朝時代の役職名であって、それらと無関係に祭祀行事をとりおこなった地域の神女たちの最高神女は、大母《ウファンマ》とよばれていました。

つまり階級支配がみられなかった原始共同体時代の最高リーダーが大母。略されてウフンマとよばれていましたが、沖縄のことばには、日本の古代語が残っているといわれています。

日本語における姥《ウバ》というのは、この大母を語源としていないか。若さと美貌が女の価値にされてしまってからは、姥、すなわち老いた女は、男たちにとっては価値のないものにされていましたが、女が男より霊性高いものとされていた時代は、姥こそ最高のリーダーとして尊敬されていたのではなかったか。大母が女の最高位であり、それが姥という呼び名に変わってゆく大和の側の歴史変遷がみられますが、江戸城大奥での侍女たちの統率者、江戸城ばかりではなく、近世大名の大奥の侍女がしらを年齢に関係なく老女とよんでいることにも、大母・姥・老女と、女たちの役職名に社会的地位の変遷が反映していないか。

私が『信濃のおんな』を執筆のおり、たずねた辺地に「大姥《オオバ》さま」とよばれてその地域の人から尊敬されている神社がありましたが、共同体の人びとの問題をとりしきり指導していた女が姥とよばれていた歴史があり、年が若くても指導的地位についた女は、姥とよばれたのではないか。老いはみにくいことではなく尊敬されていたことが、このような呼び名からうかがえるのではないか……。女が老いるということは大母になること、つまり母というのは「愛」の権化的象徴性をもたされていますが、大母つまり、豊かな愛を持った女、それがリーダーであったことが、沖縄の祭祀行事にうかがうことが出来ました。

8

私があるべき女像としておもいえがいていたものが、具体的にたしかめ得られ、感動させられたのは、沖縄の先島である宮古島においておこなわれていた、「祖神祭」でした。

この祭りは、女たちが、祖先のよりましとなり、冬・旧暦十・十一・十二の三カ月間に五回の山篭りをおこない、共同体の人びとの幸せを祈る行事です。これは、家族の者にもその祭りのなかみを知らせない秘儀的な行事で、行事の最後のとき、山篭りから島立ての地に降りてきた祖神となった神女たちが、歌と踊りと語りによって、島立ての歴史を語るのです。

祖神の行事をおこなう土地に三カ月滞在した私は、この行事から女たちのあり方・生き方を大きく学び、自分がかかえていた問題を、私なりに解く鍵を与えられました。

神女の組織は、その部落によってことなりますが、私が接したもっとも原始的なかたちを残していたところでは、神女になるのは、神のえらびの前駆的な症状が、その女の人にあらわれるというのです。ものも言わず、食べず、現代的な知識で言うなら、うつ病的症状があらわれ、その彼女みずからが、私は「祖神」だと名のり出て、神女集団に参加するのだそうです。年齢的には、子どもを育て上げ、姑世代に入った人たちです。

ほかの部落では、神女たちが、ふさわしい人を物色、その彼女をさらって、一般の人たちの入れない聖なる場所にかくし、神女集団に加入させるのだそうですが、いまはだいぶかたちがくずれているようです。神女たちは、それぞれが受け持つ祭祀の場所があり、それぞれの役職は、家系的な縁が重視されているようです。

神女たちが、山へ篭るおりは、斎戒沐浴《さいかいもくよく》をして身を浄め、神衣といわれる白衣をふところに抱き、はだしのまま、神歌をとなえながら山へのぼるのですが、そのときは家族も家から離《さか》っており、その姿をみてはならないとされています。山へのぼる神女と、私は偶然道で出会ったことがあるのですが、日ごろは、気軽に冗談を言いあっていた、見知りの「おばあ」でしたが、神ごとにたずさわる聖性を我が身に確立するための行事なのでしょう。神歌を口の中で低くつぶやきながら、おもいを凝縮しきってゆくおごそかな姿に、神仏を信じなかった私ですが、おもわずひざまずいて拝んでしまったことがありました。精神性そのものとなった姿は、ことばをこえた説得力となって、人びとに衝撃を与えるのでしょう。

神女が山篭りをすると、彼女たちが行を心を乱さずにおこなうように配慮する供母《トモンマ》という役割の女たちが、山の入口に見張りとして立ち、人びとを神ごとの場へふみこむことを許しません。

この供母のゆきとどいた配慮によって、祖先のよりましとなった女たちは、行をつつがなくおこなうことが出来るのであり、供母の世俗に対するきびしい拒否の態度に、私は深い共感を持ちました。というのは、秘儀とされている行を、マスコミ関係者やカメラマン、研究者などは、みたいし知りたいので、さまざまなコネをつけたり、お金や物品で誘うこともあるようですが、それらの誘いを一切うけつけず、世俗と非妥協にことに処していました。供母のその態度を、私が、山篭りを終え、ただの人となった神女たちにたたえますと、神女たちは、祖神行事は、供母の支えがあってこそ、つつがなく営むことが出来るのだと感謝していましたが、供母はまた、祖神となった女たちが生命を賭けておこなう行のきびしさを目のあたりにすると、自分たちもまたおのずと精神性きびしくならざるを得ないと、祖神行事にたずさわる女たちの精神性の高さをたたえていました。

さまざまな役割を担う女たちの精神性の高い結びつきによって、祖神行事は、人びとに対する説得性を大きく持つことをまのあたりにして、女たちの集団のあり方を、あらためて教わったおもいがします。

私が祖神行事を身近くまのあたりにしたのは、島立ての地に島びとがあつまり、行を終えて山から下ってくる祖神をむかえ、送り《ウフ》の行事をおこなうときでした。

数日の断食をへて、祖先たちが辿った受難の道すじを辿る行をおこない、島立ての地に日暮れ近く草の冠をかぶってやってきた神女たちは顔面蒼白、この世の人ともおもえない霊性そのものの姿でした。その彼女たちが、歌い踊り語って聞かせる島立ての歴史を聞きながら、私は、文字を持たなかった社会における歴史の伝承は、祖先のよりましとなった女たちによっておこなわれていたことをあらためてうなずき、文化の伝承と文化のにない方を彼女たちから示された感動で思わず涙をこぼしました。

食べるという体の自然の営みを脱却、精神を凝縮しきって行をおこなってきた神女たちが、いまにも生命が絶えてしまいそうな、蹌踉《そうろう》とした足どりで、島立ての地にやってきたとき、かけよって、彼女たちの体の負担をすくなくするため冠を持ちあげ、腰を支え、足をさすることをしたのは、娘や姪、嫁などの立場の女たちでした。彼女たちは、神女たちの体を支えることによって、神女が霊性そのものになってせっせと歌い、語ることばを、神女と一体化して自分の体にきざんでいるようでした。

このとき男たちは土下座して、神女たちの語りを聞き、神女の体にふれることを許されるのは、その血縁の女たちだけのようでした。

知識としてではなく、精神性において伝承する女の歴史伝承の姿に、感動して泣く私のかたわらで、実は、私と連れだったその島の、近代的婦人運動のリーダーの一人もむせびあげて泣きました。近代的知性によってものごとに対処してきた彼女は、知性以前の迷信的行事として祖神行事を否定してきており、いままで行事をみたことがなかったのです。ところが私が行事に深い関心を示し、わざわざそこへ住み込むことをしているので、彼女も私の関心にひきずられるかたちで行事をみたのですが、神女となった「おばあ」たちの生命をかけた真摯《しんし》さにうたれるとともに、近代的な知性からすれば、実効性のないことに生命をかけて行事をおこなう不合理が許せなかったのです。彼女はむせび泣きながら、「おばあたちが可哀想、こんな祭りは人権無視も甚しい、やめさせるべきだわ」と言いました。

たしかに、島びとたちの無事息災と繁栄をねがうならば、医療機関を充実することや、生産・生活を豊かにするため漁業・農業・生活環境の基盤整備の具体的な施策をおこなうことがもっとも大切なことです。

私もそのことは全面的にうなずきますが、それらがおこなわれるとき、利潤追求や個人の業績主義でおこなわれるのではなく、神女たちが神ごとにたずさわるときの無私無欲、世俗を離脱して、人びとへの「愛にみちて」ことをとりおこなうのでなければ、開発という名による環境破壊となり、ことの運営にあたって官僚主義や個人の業績顕示となってしまうはずです。

試験官ベビーなどとよばれる生命の操作がおこなわれ、自然よりも人工によって人びとのくらしがすべて支配されるようになってしまったいま、自然の中に神々の姿をみておそれつつしんだ古代の人びとの心をもう一度私たちは取りもどし、くらしのすみずみまで人工化されてしまったいまの生活をみなおすことをしないと、人びとの感性は冷たくやせほそり、人間関係にぬくもりがますますうすれてゆくでしょう。

科学的知性からすれば、不合理きわまりない祖神行事ですが、島びとの幸いをねがった祖先のこころを伝える行事としてみるとき、まがいものではない、ほんものの文化がそこに脈々と生きて伝えられていました。祖先のこころをまじりけなく子孫に伝える使命感に燃えて、娯楽化や商業化をきびしく拒否、タブーを守り、人びとからかくれた場所で生命を賭けて行事にたずさわる「おばあ」たちの精神のありざまに、私は、女性史の本流をみるおもいがして、そこに「人権無視」をみずに、かえって「人権」の根をみるおもいがしたのです。

自然の中に神々のこころをみて謙虚に自然に対することをした時代の人びとのこころを感性に宿し、その感性を浸透させた科学的な知性で非権力的に歴史を拓くことをしないと、明日が明るく展望できないのではないか。

共同体の人びとの栄えを念じ、原始的なかたちで「まつりごと」にたずさわる祖神行事の神女たちに、女性史の源流をみた私は、その流れを身に濃く伝える現代の女たちとしておもいうかべたのは、アメリカ軍や自衛隊の実弾射撃を阻止するために、その着弾地に坐りこみ、生命をかけて戦争への道に反対している北富士忍草《しぼくさ》の老女たちや、差別の最底辺の場で、その差別をなくすことに明るく燃えて立ち上がっている被差別部落の老女たちでした。

彼女たちが「愛にみちた直感によって一体化した真理」を、「家」のいとなみの中に、どう伝承してゆくか。その問題を展開して、「家」の歩みをたしかめることをつみ重ねてゆきたいと思っています。

9

「人」に直接学ぶことが、「家」の基本路線の一つでもあります。私は、基本的には、いまを生きる自分が、いままでの歴史にどう関わり、これからの歴史をどう拓いてゆくか、自分の生き方を起点にすえての生活者的立場で歴史に接近、ものなど書いていますので、受難にさらされながら、歴史を自覚的にになって拓いてきたその人からうける生身のインパクトは、文字という記号を媒介にして接するより、はるかに感性がゆすぶられることを体験しつづけています。

文字のなかった社会では、人は人からじかに学び、その人の生き方が「ことば」になったはずです。ところが、いま高度に発達したマスコミ産業によって情報を得ることが日常となっている私たちは、商品化されて提供される知識を、真実としてしまう傾向が大きく、与えられた限られた知識で人やものごとを判断、みずからたしかめることをなおざりにしがちです。

地元の娘の世代の一人が言いました。共に暮らす母に対しては、撃つことばかりしているので素直に学ぶことができがたかったが、母と同じ世代の人たちと、ここで共に〝つどい〟の下働きをしてみて、母の世代の人たちの心くばりに教えられることが多く、自分がいかに知らないこと、気がつかないことが多いかを、あらためてかえりみている、と。

農村地帯での冠婚葬祭などのおり、隣組的血縁関係の女たちがよりつどい、炊きだしをすることがならわしとしてありました。そのとき、台所によりつどった女たちによって、人びとの品定め、服装のよしあし、その言動などが、あげつらわれることがみられ、そのことが私は肌に粟を生ずるほどきらいでしたし、女だけに下働き的に課せられる炊きだしの作業もまた好みませんでした。

けれど、遠来の人たちへのねぎらいとして地元の女たちの自発性による炊きだしと、それをとおして互いに謙虚に学びあっている母と娘の世代の人たちの交流をみていると、炊きだしに対する否定的み方がうすらいできました。

10

「家」は参加者あなたのもの。「家」のなかみは、参加者あなたの関わり方がつくりだしてゆくとしています。

家びらき、一周年、二周年と〝つどい〟を重ねてくると、「家」に関わる人たちは大別すると四つのタイプの流れをかたちづくっていることがみられるようになりました。

一つのタイプは、「家」をつくる段階から、「家」の意義に大きく共感して志金（このことばは、両沢武子さんの発案によります。「家」へ自発的にお金をよせてくる方は、それなりの志を生きている人たちばかりであり、送金はその志のあらわれなのだから、従来のイメージの伴う資金や募金、寄金とするのではなく「志金」とするのがふさわしいのではないか、と）をよせてくる人たち。この人たちの多くは、まだ「家」に来たことのない人たちがほとんどで、私が個人的に知っている人ばかりでなく、まったく知らない人もすくなくありません。知っている人はもちろんですが、知らない人たちも、経済豊かにくらしている人たちは皆無で、まことに質素なくらしむきにいる人びとのようにみうけられます。維持費やカンパの要請をいっさいせず、経済の根拠をどこにも持っていない「家」が、家びらき以来、具体的に運営・維持できているのは、この人びとがおりにふれてよせてくれる志金や志物品が基本的な支えとなり、そして、どなたがどのおり入れたかわかりませんが、カンパの箱に入っている志金がそこに加わるからです。

第二のタイプは、「家」とは自分にとって何なのかを問うことをしながら、日常的・下働き的に家に関わり、その持続の中で、おのずと自分なりの関わり方をつくり、発見してゆく人たち。この人たちは地元の人たちが主流となり、おりにふれてもよおされる地元の人たち中心の〝つどい〟に、千葉や東京、神奈川などからも、事情のゆるす限りやってきて、「家」を場として地元の人たちと交流を重ねている人たちが加わっています。〝つどい〟の記録や、写真集を自発的につくりだす人たちや、私もまたこのタイプに属する参加者の一人であると自認しています。

第三のタイプは、個性豊かな問題意識たしかな人たちで、その問題意識に沿ってくらしをつくり、日常活動・社会活動をおこない、年に一度の「家」の祭り〝つどい〟にやってきて、その生き方の場から問題提起をしてくれる人たち。この人たちの問題提起が、伝統的生活に埋没しながらも、自分の生き方を根から問うことをしている第二のタイプの人たちにさまざまな衝撃を与え、「家」が、保守性強く、前近代的人間関係をあたりまえとするこの地に存在することの意義を深く考えさせるはたらきをしてくれています。

第四のタイプは、我が自立の方向や、心身の難民状態の打開を〝つどい〟に参加して、みいだしてゆきたいとする人たち。もっとも切迫したおもいでおとずれるのが、この人たちであろうとおもいますが、この人たちに対し、「家」は、いま、即効薬的なものを持ちあわせていません。この人たちの問題を、参加者たちが共有、どのように拓いてゆくかがこれからの大きな課題であると、私は考えています。

「家」については、私が主宰しているかのように報道されることがありますが、これは大きなまちがいです。たしかに「家」の建物や日常的な管理に関して、私は責任を負っていますが、「家」を主宰するのは、よりつどってきた人たちなのです。「家」への関わりにおいては、私もまた参加者の一人です。いま私に出来ることを、無理のないかたちでおこない、自分にとって「家」とはなんであるかを問いつづけることの中で、答えを気長に求めてゆきたいと思っています。「家」は、いま、私にとって即物的には軽からぬ存在ですが、自ら求めてつくりだしたものとして、そこに関わる楽しさは、になう重さに比例しているようです。

参加者の「家」への関わりは、もろさわとの公的私的な関わりの中で「家」に関心を持った人たちが大半であるため、参加者たちを「もろさわ信者」とするみ方もあるようですが、それは、カリスマ的なものをきびしく否定する私自身の生き方や、カリスマ的なものに対し、きびしい拒否反応を持つ参加者たちの知的資質を理解しない、まことに表層的なみ方であるといえます。「家」は、参加者ひとりひとりの自己確立のよすがとしてあらしめたいと私はねがっていますし、参加者もまた、「家」を媒介として、我が身のかかえている問題をどう拓いてゆくかを求めてよりつどってきた方がほとんどなのです。自己責任においてことに処することをあたりまえな日常の態度とする私たちは、そこにカリスマ的なもの、あるいはその他あらゆる権威的なものが存在することはきびしく排除しなければならないはずですし、そうでなければ、「家」は存在の基本的な意味を失ってしまうと私は考えています。

あるとき、「先生」の「家」の仕事を「助けてあげたい」とおもっていますと言ってきた人がいました。人が人を「助ける」などということは、出来がたいことと絶望している私にとって、「助ける」などということばを、たやすく発言する人をみると、その自信に圧倒されてしまいます。

「家」では、「助ける」という人間関係は持たないことにしています。「家」の何を自分は「になう」ことが出来るのか。そこによりつどう人たちとの間で、何を「にないあえる」か。「家」に関わることは、自分にとって何なのか。「家」との関係・役割を、自分で発見、創りだすことがよりつどう人たちの課題になっています、と。

そのため、自分を深く追いつめて「家」との関わりを問おうとする人ほど「家」は重いものになって、果たして関わりつづけられるだろうかと、自己葛藤する傾向がみられます。

従来の文化のあり方、くらしのあり方をみなおす場所として「家」があるのに、自分の家では、親たちが農薬をたっぷり使った作物をつくって出荷している、それを止めることをしないでいる自分は、「家」と関わる資格がないのではないか、などとおちこむ人もいます。そんな彼女を、私は「人間は裏切る自由も持っているのです。私たちはユートピアに生きているのではなく、矛盾にみちた社会ではだれもが被害性と加害性を同じほど身につけているはずです。この矛盾から目を離すことをしない場として〝家〟と関わったら……」と、はげましたりしています。

11

目下の私の「家」に対しての関わり方は、「家」のかたわらに住み、朝晩の雨戸のあけたて、来る人への応待、人の寄りつどったときなどは、便つぼをのぞき、溢れているようなら、汲み取りをたのみ、トイレに備えつけてある容器にたまったものを焼くなどすることです。

寝具は日向くさく、敷布は糊が効いたのが、私は好きです。自分のくらしではそのことが思うにまかせませんが、「家」に宿泊する人に対するせめてもの心やりとして、宿泊者のあるときは、その前後、ふとんを陽にさらすことを心がけ、敷布もまた数日使ったものは、洗濯屋に出しますが、一度しか使わず汚れてないものは、水洗いして、糊づけしておくことをしています。「家」は皆さんからのあずかりもの。私なりに大切に守《も》りしているつもりです。

よりつどう人たちは十人十色。くらしも問題意識も年齢もちがっていますので、〝つどい〟に対して、それなりのうなずきを持つ人、不満を持つ人、きびしい批判を持つ人、さまざまあって当然です。その多様性が混沌と混在することが、「家」の一つの特色なのではないかと、私はうなずいています。

遠隔の地から、この山奥までよりつどうことはたやすくありません。一度は来ても、二度、三度とつづけてこられないのは、私自身をそちらの身において考えたとき、当然なことだとうなずけます。地元にいても、まだ若嫁身分であれば、我が家の都合が先立ち、おもいながらも毎年参加できない状態にいる人もいます。

「家」はこれからも十年や二十年はここに存在するはずです。「家」によりつどわないから、「家」との関わりが断たれたのではなく、長い歳月の中で、再会する機会と場を提供するはたらきが、「家」にはあるのですから、十年、二十年ぶりの再会の中で、互いの生き方を照らしあわせる日を持つことも、また楽しいと、私は夢をはばたかせています。

「家」は、突出したかたちで歴史に関わるのではなく、歴史と関わる我が日常性を問う場としてあり、関わる人たちひとりひとりの異なった生き方が、たがいの鏡となりあい、共に育ちあうことが出来たとき、「家」の混沌とした「はじめ」性が、大地に根を張ったラジカルなものに変わってゆくのではなかろうかと、私はまことに気長く、「家」のこれからを展望しています。

「家」は雨風をしのげればよし、庭もまたあるがままにと、私は自由放任で、「家」にのぞんでいますが、おとずれる人たちが、それぞれにおもいをよせて下さり、「家」のうちも、庭も、にぎやかになりました。

皆さんが植えられた木々が、年ごとに確実に地中に根を張り、寒風きびしく吹きさらす場所にもかかわらず、幹や枝をのばし、季節がくれば花も咲かせてくれるのをみながら、「家」もまた、これらの木々にあやかりたいと念じています。

「歴史を拓くはじめの家」から「志縁の苑」へ

＊２０１３年11月10日、高知市の「歴史を拓くよみがえりの家十五年周年のつどい」、締めのあいさつ

ここにお集まりの皆さんは、私の子どもか孫の世代の方々です。その皆さんの発言、問題提起を聞きながら思いました。生まれたときからテレビがあった電子文化・映像文化育ちのコミュニケーションは、私たち活字文化育ちと違い、ビジュアルに画像でわかりやすく示されています。

活字文化は産業構造が重工業でしたが、今は技術革新高度にすすんだ電子社会。産業構造が違えば、生活構造もまた違ってきます。生活構造が違えば、ものの見方・考え方もまた違って当然です。

私の娘や息子・孫の世代の皆さんの発言を聞きながら、私は自分が古い世代に属していることを、あらためて認識するとともに、私たちの未来である娘や息子・孫世代が、問題意識確かに状況と真向かい合い、行動している実態を数々知らされ、望みなきに非ずと、感動大きく励まされました。

私がなぜ、「歴史を拓くはじめの家」を始めたかと言いますと、戦後、革新と言われる側に同伴して問題にアプローチしてきましたが、その中で虚しさに苛まれたからです。

私の世代は、男は特攻隊世代です。女だったから戦争から生き残れた思いが強い私は、戦後をどう

生きるか、思い惑っていたとき、新しい憲法に出会いました。戦後を生きる道しるべでした。基本的人権・男女の平等などのほか、ことに感激だったのは九条。武器は持たない、戦争はしない、平和を確立する方法が、はっきり示されていて、人類の悲願が明文化されている。戦争で殺されていった人びとの血で購《あがな》った尊い宝物として、私は胸熱く抱き取りました。

ところが、世界の人々に先駆けて平和の確立を目指しているこの憲法は、間もなくなし崩しに踏みにじられてゆきました。軍備はいたしませんと、まことしやかな国会答弁が繰り返されましたが、警察予備隊・保安隊・自衛隊と出世魚みたいに名前がかわるごとに軍備が増強されてゆきました。

私が絶望的になっていたとき、六〇年安保がありました。軍事同盟である日米安保条約に反対して、国会を取り囲む三十万近い人びとの中に私もいて、見えないところで根づいていた民主主義を体感、望みなきに非ずと、大きく励まされました。

あのとき、安保推進の総理大臣は岸信介、いまの安倍総理のお祖父さんです。安保反対デモで、「キシを倒せ」と叫ばれ、キシは倒れましたが安保は成立、その後を継いだ池田内閣で、所得倍増が言われ、それから間もなく行われた青森県の県知事選挙は、安保推進の自民党の現職が選ばれ、次いで行われた総選挙で、自民党が圧勝、安保に反対した社会党・共産党は見るも無惨な敗北でした。

民主主義を主権者として自覚的に生き、「平和憲法」を大切に守ろうとする人たちより、目先の利害得失だけで、無自覚に選挙をする人たちが圧倒的なのは、民主主義が未熟なのか、お金さえ儲かれば、戦争やむなしと考えている人たちが一般的なのか、その後、七〇年安保もありましたが、自民党圧倒的多数の国会状況において、自動延長され、今日に至っています。

戦後の日本経済は、朝鮮戦争の軍需景気で不況をのりこえ、ベトナム戦争もまた景気回復と無縁ではありません。見えないところで軍需産業が復活、そして防衛庁が防衛省となり、実質的には戦争省が作られてしまいました。

平和憲法を持ちながら、平和庁も平和省もつくれなかった私たちです。実質的に平和憲法は踏みにじられています。

私がものごとを考えるとき、下敷きになっているのは戦争体験です。実質的には負けているのに、大本営発表はいつも「赫赫《かくかく》たる戦果」があがっている報告と、敗北を撤退ということばでごまかし、現実をごまかしていました。

敗戦があらわになってきたとき、「国体護持」のことばが盛んに使われましたが、いま「護憲」ということばが切なく言われています。右と左のちがいはあっても、中身を直視しないで、スローガンに寄りかかっているメンタリティは、同じなのではないかと、思われました。

デモや集会に参加するたび、参加の数が輝かしく報告され、デモンストレーション効果がうたいあげられますが、打ち上げられた花火と同じで、すぐ消えてしまう成り行きをつらく味わい続けてきた末に、私自身の血路として、「歴史を拓くはじめの家」にたどりついたのです。

計画と見通しがあっての開設ではありませんでした。私は熟慮してものごとをするのではなく、直感的にものごとを決めてしまうので、ことを進めるとき、想定外のことばかりがおきます。

沖縄では祭祀は女が司祭者ですが、ヤマトでは男が司祭、その違いを比較考察するべく訪ねた生地で、息子のような年齢の青年たちに勧められ、技術革新の中で失われてしまった自給自足的な暮らしを顧み、人肌のぬくもりを回復する拠点を造ることを夢みました。

ところが、そのために労力も土地も提供するはずだった青年たちは、理想は立派に語り、論じましたが、ことばを裏打ちする実践はしませんでした。そのため、全国の人たちに呼びかけた私が、「帰るところにあるまじや」と思っていたところへ戻り、自分の言ったことばに責任を取って実践するなりゆきになったのです。

「平和な町に得体の知れないものたちの集まり場所など造られては大迷惑」と、公安まで動員してさまざま嫌がらせがありました。ところがこれは私には逆効果、よけいにハッスルする。孤立無援・四面楚歌的な中で、力になって下さった方々に部落解放運動の方々もいて、困ったときは、いつも助っ人的に支えて下さっています。

無規則・無会費・無組織、関わりたい人たちが、その関わり方・参加の仕方を自分で考え、自分の責任でものごとをおこなうことを原則にし、理想主義を貫いてすでに三十年がたちました。

法人化は早くから懸案でしたが、煩わしい手続きがあるので延び延びになり、私もすでに平均寿命を超えています。長野も沖縄も私名義になっており、私が死ぬと法的には弟たちに相続権が移ります。そのため、一般財団法人「志縁の苑」に私名義の不動産をすべて寄贈、二〇一三年六月に法人認可になりました。

封建期、人々は血縁・地縁の宿命に縛られ、不条理にさらされましたが、個としての基本的人権を保障された現憲法のもとでは、自分の生き方は、自分で選べる。今あるところのものではなく、ほかの生き方を求めて行動できるようになりました。こころざしを同じくするものたちで、志縁をむすぶことができるようになったのです。

もっとも身近い地縁・血縁の人たちでも、拠って立つ場がちがえば、ことばも心も通じ合わず、孤立無援な思いをさせられます。ここにお集まりの皆さんは、それぞれの地域で、困難にめげず、志の灯火をかかげておいでの方ばかり。その皆さんの志縁に支えられ、「歴史を拓くはじめの家」は、三十年の歴史の中で、「うちなぁ」ができ、「よみがえりの家」ができました。志縁に支えられていとなみを重ね、いまここにご一緒できるご縁に恵まれたこと、この上ない幸せだと、感謝しております。

財団に発展的改組するにあたり、「志縁の苑」と名付けたのは、いままでの営みが志縁によって成り立ち、これからも志縁を磨きあう交流の場としての展開を願っての命名でした。

さらに付け加えて、私的なことを言いますと、「願えば叶う」ということ。私は終の棲家は部落のお仲間たちのもとでと、願っていました。ことばには出しませんでしたが、年久しい願いでした。志縁のお仲間たちにより高齢者住宅「いきいきの里」が開設され、そこに入居できることになり、願っていたとおりの死に場所を得ることができました。死に場所というのは、最後の生き場所でもあります。「志縁の苑」が軌道に乗り、皆さんにご負担をあまりかけずにお手渡しできる見通しがついたら、年来の願いであった執筆本位の生活を、これから皆さんが見学にゆく「いきいきの里」の我が部屋でいたしたい。これからがいよいよ私の本番だと、さらなる夢をふくらませていますので、どうぞよろしくお願いいたします。（拍手）

（記録集『あけもどろ』２０１３年・第29号、２０１４年11月発行）

「もろさわようこ」とわたしたち④

戦時中、旧満州（中国東北部）に全国最多の三万三千人余りを送り出した長野県の中でも、最も多い八千を超える人を送った飯田下伊那地方は、県南部に位置し、静岡、愛知、岐阜の三県に接している。

現在八十三歳の齊藤俊江さんは、飯田市歴史研究所調査研究員として、飯田女性史研究会の会員として、地域の史料を発掘し、調査や聞き書きを続ける。これまでも地域の役場文書や日記をひもとき、実態を明らかにしてきた。

もろさわさんは本書第四章収録「きょうの女たち」で、新聞の投書欄や文集など、女性が自らの体験を記して発表することは、「体験を社会化する第一歩」と書く一方、「なぜそんな苦しみをしなければならなかったのか、自分の味わった苦しみを世の中からなくしてゆくにはどうしたらよいか、そこまでは考えいたっていない」と指摘した。

それから半世紀余り。その問いに真摯に向き合い続ける齊藤さんに、もろさわさんとの出会いなどを寄稿してもらった。

（年齢は二〇二一年五月）

負の歴史を明らかに
その克服こそ社会よくする道すじ

齊藤 俊江（83・長野県飯田市）

私が、もろさわようこ先生の講演を聞いたのは一九六八年の夏、三十一歳のときでした。二十二歳で飯田市の正規職員に採用され、飯田図書館に勤務して九年目でした。

当時、長野県では県立図書館長叶沢清介氏の「日本が戦争に負けたのは国民が賢くなかったから。これからは特に母親が本を読んで賢くならなければならない」という提唱で、「本を読む母親運動」が盛んでした。飯田下伊那でも飯田母親文庫、飯伊婦人文庫の会員が五千二百人くらいいて、四人一組でグループをつくり、飯田図書館や県立図書館から届いた本を回して読んでいました。年一度総会を行い、丸岡秀子先生や住井すゑ先生、石垣綾子先生ら講師をお招きして話を聞き、会員が読書体験や感想発表をしました。もろさわ先生には一九六八年と九五年の二回お願いしました。

最初の講演のときは「女性の生き方」という演題で、ご自分の生い立ちから、「女性は男性の付属者でなく、しっかり勉強して自立して生きなければいけない」というお話をしてくださいました。大学の先生方とは違って、自分たちと同じ位置からものを見て、考えてくれる共通認識が言葉に滲み出ていたのでしょう。当時、先生は四十三歳。ショートカットでふっくらしていて活発な女性に見えました。しがらみがなくて、自分の考え一つで真っすぐ生きているように感じました。とても大きな存在で、直接言葉もかけられませんでした。

この頃、社会は高度経済成長期の最中でした。「こころが取り残された」婦人文庫の会員たちは本を読むことや、講演を聞き、何かにすがりたいと思っていたのでしょう。私もそんな一人で、もろさわ先生のお話に「そうだ自分もしっかりしなきゃ！」と励まされたのです。

文学少女だった十代。五九年に二十二歳で待望の図書館に就職した当時は安保条約改定問題で社会は騒然とし、井上清の『日本女性史』や長谷川正安の『昭和憲法史』など多くの読書会に参加するようになりました。『日本女性史』に女性が職業を持つことが大事だと書かれていたこともあって、読書会で知り合った人と結婚するときには職業婦人となることを約束し、二人の子どもを育てながら図書館で働き続けました。今考えれば、もろさわ先生がおっしゃるような女性が自立して生きるという意識はあまりなく、図書館の仕事そのものが好きだったので続けたいという気持ちでした。

しかし現実には男女差別があり、市役所には役職に就いた女性職員はいませんでした。当時、高校を卒業し、図書館での実務経験が三年以上あれば、講習を受けるだけで司書資格を取得できました。男性職員には業務として資格を取りに講習に行かせるのに、女性の私には行かせてくれません。そこで私は、もろさわ先生のお話などに感化されて、自分で頑張ろうと通信教育を三年間受けて、資格取得のために必要な短大卒業の資格と司書の資格を取りました。その後も、「日本こどもの本研究会」などで全国の方々と交流し多くを学びました。

歴史を本格的に学んだのは「飯田歴史大学」でした。明治大学教授であられた日本政治思想史の研究者である故後藤総一郎さん（飯田市出身）による月一回の講義で、四十五歳だった八二年から十年間学びました。後藤先生は権力者中心の歴史を批判、民衆の歴史から学び、主体的に歴史を切り拓いていく必要性を説いてくれました。そして「日本と伊那谷」を結び、講義を聴くだけではいけない、各自テーマをもち歴史を研究していく重要性を繰り返し言われました。そのとき、私は満州移民の歴史を研究したいと思いました。

同時に、私に課せられた一番の仕事は庶民である市民の学習を手助けすること、これが自立する市民を育てる使命だと思いました。市民が何を求めているのか。どんな資料を収集して提供すべきなのか――。図書館は、一人一人が人間として自立して生きるための資料提供の場としてあるべきであり、公務員として市民の「知る権利」を支え、それを果たすのが仕事であると考え、実行しました。

一九九八年三月の定年退職後、勤務した飯田市誌編さん室（飯田市歴史研究所の前身）では、編さんに必要な資料を集める中で、戦時中の各役場文書を目にしました。膨大な役場文書のなかには、満州移民関連のものも多く、県や国からの通知、宣伝パンフレット、村長から県や拓務省への推薦状などがありました。ただ、こうした資料は送り出した側のものが多く、「素晴らしい満州、さあ行こう」というものばかりでした。実態は半数の方が亡くなり、帰国しても苦労の連続でした。この歴史はどうして起こったのか、帰国者からの聞き取りをして歴史に残すべきと思いました。その間私が研究成果を論文で発表できたのは「下伊那から満州へ」（『飯田市歴史研究所年報1』、二〇〇四年）が初めてでした。地域の有志の方々と帰国者から聞き取りをして、報告集『下伊那のなかの満洲』（飯田市歴史研究所、〇三〜一二年）と『下伊那から満州を考える』（満州移民を考える会、一四〜一八年）を計十四冊出しました。

聞き取りでは、次世代に体験を知ってもらい、平和な社会を築いてほしいと願って語る姿勢に感動した一方、次のような疑問も浮かびました。送り出された人たちは国のためになると思って旧満州に行っています。現地の人たちを傷付けるつもりもありません。日本の帝国主義の手先として、いわば先兵隊として行かされているにもかかわらず、帰国後も加害の責任は国にあり、自分自身は庶民として騙されたと思っていないのです。どうしてそうなったのかという考えが抜け落ちていました。

また明治、大正、昭和に生きた女性のうち、身体も心も、金儲けのために売買された娼妓《しょうぎ》の歴史を明らかにしたいと思い、原資料を分析して「飯田遊廓と娼妓の生活」（『シリーズ遊廓社会2　近世から近代へ』吉川弘文館、一四年）で発表、そこで取り上げた年季前貸金によって借金がかさんだ実態や娼妓名簿登録申請書などが史料として、国立歴史民俗博物館で二〇二〇年秋に開催された『性差（ジェンダー）の日本史』で紹介されました。時代の変化に伴いジェンダーの考察にまで研究が発展する機会をいただきました。

こうした負の歴史を学び続ける中で、男性主体の社会においてもっと女性が勉強して、自分の考えを行動で示すようになりたいと、飯田女性史研究会の皆さんと月一回の学習会をもって十三年になります。

満州移民や遊廓の女性のことだけではありません。日本が昭和初期に行なってきた戦争を、戦後処理を曖昧にして、国際的にも明らかにせず、自衛隊・核兵器・沖縄問題と、庶民は闘い続けているのです。

新型コロナウイルス感染症と五輪開催により日本国民は新たな格差を生み出すことになりました。特に非正規雇用の女性は仕事を奪われました。政府の安全・安心はどこへ行ったのでしょう。

もろさわようこ先生のお話を聞いてから五十年余り。私だけではなく、飯田下伊那という地域の中に、その精神は息づいています。

灯台のように希望の明かりを照らす「志縁の苑」

第五章　沖縄から見た〝新型コロナ〟
――もろさわようこが語る「いま」

冬を過ごしてきた「志縁の苑うちなぁ」で（2019年1月）

長野、沖縄、高知に交流拠点を置き、人々との縁を紡いできたもろさわようこさんは、二〇二〇年の夏を沖縄県で過ごした。壮絶な地上戦、戦後の米軍駐留と日本の歴史の影を背負い続ける沖縄は、その夏、米軍に端を発した新型コロナウイルスの感染急拡大と観光業の低迷に揺れた。その様子はもろさわさんの目にどう映ったのだろうか。いま、私たちに伝えたいこととは――。

「コロナは怖いけれども、戦争よりはましです」

新型コロナウイルス感染症が本格的に流行する前の二〇二〇年一月下旬の午後、私は那覇市から南城市に向かうバスに揺られていた。ぼんやり窓の外を眺めているうちに一時間が過ぎ、もろさわようこさんが例年冬から春を過ごす交流拠点「志縁の苑うちなぁ」に近い「百名」のバス停に到着した。歩いて五分もかからない場所に目的地はあるはずなのに、地図をうまく読めなかった私は三十分ほど辺りをさまよった。もろさわさんを待たせてしまっていることが気になって到着が遅れると電話で連絡したものの、焦る気持ちばかりが募る。キャリーバッグを引きずって坂道を登っては下り、冬なのに服は汗でびしょ濡れになった。

そんな私を、もろさわさんはハイビスカスの赤い花が咲く庭で出迎えてくれた。杖を片手に遠くを見つめて私を待ってくれていた姿は、この世界を見つめているようにも思えた。話しながら食事を一緒に準備し、夕飯の食卓を囲む。話は尽きず、この日寝たのは十二時を回っていた。

それから一カ月後、社会は一変した。マスクや消毒液は品切れ。高値で転売されるようになっていた。今思えばのんきだったのかもしれないが、三月上旬ごろ、もろさわさんに「今年は信州に戻ってくるのか」と電話をした。戻るようなら、同行しながら話を聞かせてもらおうという秘かな思いもあった。五月に長野県に戻る予定を立てたことと、「コロナは怖いけれども、戦争よりはましです」という言葉が心に残っていた。

六月二十四日に電話したときも、「荷物を造ったり、体の消耗を考えると、しばらく様子を見て。もし帰るとしても、七月半ば過ぎですね」と帰郷を念頭に置いていた。前日は沖縄戦で亡くなった人を悼む「慰霊の日」で、「(糸満市にある)平和の礎が除幕されたときもこちらにいた。本当に昨日は泣けて泣けて仕方ありませんでした。現場には行けないけれど、いろいろ聞いて。沖縄にいるということは大切なことだなと思いながら、沖縄ライフをそれなりに噛みしめています」と話してくれた。

しかし、もろさわさんは生まれ故郷の長野県で初夏から秋を過ごすことを断念し、二十数年ぶりに沖縄で過ごすことを選んだ。コロナの蔓延に比例するようにあぶり出されていく同調圧力の強さや差別の問題。私たちはどう向き合い、今の社会と対峙したらよいのか。もろさわさんに話を聞きたいと願った。もろさわさんが戻れないなら、私が行けばいい。八月の夏休みなら沖縄に行けるかもしれない——。そう考えて、航空券を押さえていたが、沖縄では米軍関係者の集団感染が発覚。政府が七月下旬から始めた観光支援事業開始後に感染が広がり、人口十万人当たりの新規感染者数は全国最多の状況が続き、沖縄県が独自に緊急事態宣言を発令した。会社の許可が下りず、行くことができなかった。

ならばと、当時九十五歳のもろさわさんに八月二十七日から延べ四回、計約三時間半に及ぶ電話取材をお願いし、追加の質問に対してもA4一枚、ファックスで計二回応じてもらった。そのインタビューを「いま、もろさわようこ——沖縄から見た新型コロナ」と題して、信濃毎日新聞くらし面で九月十七日から三回にわたり紹介した。私が聞いた話を高森元子デスクとともに推敲を重ね、初回は整理部記者の井村沙也子記者(当時)が見出しを付け、デザインの西沢明恵記者がタイトルロゴを作り上げた。紙面編集作業の全てに女性記者が携わった。

1　むき出しの米国支配、容認するヤマト
――問題意識持ち、連帯を

――那覇市から南東に約十二キロ、本島南部の東海岸に位置する南城市にもろさわようこさんは暮らしている。冬から春を沖縄、初夏から秋は故郷の佐久市望月、その行き帰りを高知市で過ごしてきたが、今年は新型コロナの感染拡大で取りやめた。

コロナには、よくぞ生きて出合ったと思います。世界史的事件じゃありませんか。足はよぼよぼ、体は不自由だけど、ならば自分はどうするかと考え、思いだけは全世界を、地球を包んで羽ばたいています。転んでもただでは起きない。そのくらいの根性で向き合っていますよ。

カウントダウンに入っているのに、生きてやらなければならないことが山ほどあるものですからね。体力も時間もロスは少なくしたいし、コロナのこともあって、今年は信州には帰りませんでした。那覇から離れ、隔離されたような生活の中で平穏無事に過ごしていますが、来年春は生きていたら帰りたいと思いますよ。

屋内では歩行器を使って動けるけれども、一人で外出はできません。買い物もヘルパーさんがやってくれます。現場に身をさらすことはできないので、地元紙の記事や沖縄問題にアプローチしている

グループの情報誌が社会の窓。それらを通して沖縄の状況を身に引き据えて考え、連帯している日常です。(沖縄県独自の)緊急事態宣言により、お仲間たちとの会合も見合わせている現状です。

――七月、沖縄の米軍基地などでコロナの集団感染が発生した。米国の感染者数は世界最多で、政府は米国人の入国を拒否しているが、米軍人は日米地位協定で適用が除外される。米軍の原子力空母で乗組員千人以上が集団感染し、八月に隔離先として沖縄が第一候補だったことも明らかになり、地元で反発が高まった。

何か事が起こると、沖縄はいつでも真っ先に受難を強いられる状況です。生傷に塩を擦り込まれるようでつらい。長野、高知で地方紙を読むと、沖縄の二紙と比べて春風駘蕩《たいとう》。沖縄の受難とは程遠い思いがします。平和であることはいいのですが、沖縄に在日米軍専用施設の大方が置かれているからこその平穏です。長野、高知にいるときは沖縄の受難に心が痛み、沖縄にいると、その切迫性を肌にひりひりと感じます。

米軍駐留は沖縄の受難の根源であり、治外法権ですからね。初めは感染者数も知らされませんでした。実弾演習、戦闘機や輸送機の爆音、墜落事故、土壌や水質汚染、性暴力事件……。駐留の日常のマイナスに加えて、コロナです。軍関係者の隔離施設も当初、基地外に政府の承認の下で設けられました。

四月には普天間飛行場の格納庫周辺で米兵がバーベキューをして消火システムが作動し、発がん性などが指摘される有機フッ素化合物を含む泡消火剤が住宅街などに流出しました。地元紙の沖縄タイムスが報道しましたが、泡消火剤の流出は二〇一四年にも同じ原因で起きています。今回は五カ月たってやっと真相が知らされ、日本の従属的地位を改めて認識しました。

――コロナで改めて浮き彫りになった沖縄のひずみの背景には、米国だけでなく、日本政府が沖縄の民意や人権を無視してきた歴史があると指摘している。

むき出しの米国支配と、それを容認するヤマト（本土）の差別がコロナで現れました。防衛省は米国の味方で沖縄に味方しない。そういう状況で、平和の確立と民主主義の実践を行動化している人々に励まされますが、政権側の意向をくむ沖縄の人々もいて軍事要塞化に積極的に協力する動きがあります。分断がつらく痛みを覚えます。

先島と言われる宮古、石垣、与那国の首長全てが自衛隊基地の受け入れに動きました。石垣島への陸自配備の賛否を住民投票で問うように市民が求めた訴訟は、八月に門前払い的な判決が出た。反対の訴えは踏みにじられ、基地建設を強引に進めて既成事実として諦めさせる常とう手段が目立ちます。

昨年（二〇一九年）の沖縄県民投票で、建設反対の民意が示された名護市沿岸部の新米軍基地建設はコロナ流行下でも進んでいます。政府が緊急事態宣言を発令した四月、防衛省沖縄防衛局は軟弱地盤の改良工事に伴う設計変更を申請しました。新型コロナの感染拡大防止で、県が延期していた承認申請書の告示、縦覧手続きを九月に開始した翌日、県知事は来年度の沖縄振興特別予算獲得のために上京している。私は、告示、縦覧手続きの開始は、予算獲得の取引ではないかと勘繰っています。

――沖縄から遠く離れた信州で私たちはどうすべきか。

沖縄では、日常的に日本政府から差別されてきた状況がコロナで鮮やかに見えました。（「琉球処分」以降の）植民地政策がかたちを変えて続いているだけですよ。ここでは絶えず米軍、政府の圧迫と闘わなければいけないのよね。

長野にはそういう闘いはありません。それでも、問題意識を持った人は自分の日常生活の場や生き方の中で向き合って、連帯していくことができる。

若い人たちには、自分たちの未来、新しい世界を拓くために、全国的に全世界的に連帯してほしい。今はメールなど新しいコミュニケーションの道具がありますからね。語学をはじめとする教養や、持てる状況を生かしてほしい。嘆くエネルギーを、歴史を創造し、拓くようなクリエイティブなエネルギーに転化させれば、みんないきいきとするのではないかしら。自分の生き方を通して、願いを持ってこれから生きてほしいと思います。

2　格差や環境、あらわになった矛盾
――災いを福に転じる契機に

――新型コロナは、世界的に今の社会の矛盾をあらわにしたと考える。

今まで生きてきて、今度ほど一番恵まれない状況で生きる人が犠牲になったことはありません。資本制社会はお金がないと生きられない。労働力しか売るものがない人たちは、あらゆる活動が止まったときにその売り場を失い、基本的な生存権が脅かされるんです。

ところが、軍用土地の地主など持てる人たちはいながらにして、土地代や家賃が入る。投資をしてお金がお金を生む社会ですからね。一時間働いても、アルバイトの人は千円になりませんよね？　それなのに、働かなくても千円を懐に入れることができる人たちがいる。ものを買うときは、その千円は何の違いもなくて、平等に千円としてしか働かず、流通しません。言葉で貧富の格差なんて言うけれど、日銭を稼ぐ人たちはお金がなければ生きられない。一方、いながらにして経済が補償されている人たちがいる。持てる者と持てない者の生活の落差と矛盾が沖縄でもあらわに見えました。

沖縄は母子家庭の割合が全国で最も高い。最低賃金は低く、時給八百円に満たないパートでは暮らしが成り立ちません。貧困と密接に絡む風俗産業で働く女性は、そんな状況下での緊急事態宣言で収入が断たれ、最も困窮しているのではないかと推察しています。

——人口十万人当たりでみると、沖縄の新規感染者数は全国最多の状況が続いた。

沖縄で新規感染者が一日百人を超えたのは、政府の観光支援事業「Ｇｏ Ｔｏ トラベル」が七月に始まってから。観光立県の沖縄ですから、それに携わってきた人々の生活の逼迫《ひっぱく》は著しい。Ｇｏ Ｔｏ トラベルは望んでいたことですが、うなぎ上りの感染者数を見て、県独自に緊急事態宣言を出さざるを得なくなりました。

これだけ資本主義が発達した社会では、経済とコロナ感染拡大防止の「二兎」を追わざるを得なかったけれど、それは不可能だったのです。人殺しのための軍事予算を経済的に逼迫した人々の生活救済に回し、命本位の対策を優先させるのが政治の要諦（物事の肝心なところ）ではないかと思っています。

——もろさわさんが沖縄を初めて訪問したのは米国統治から「本土復帰」した一九七二（昭和四

十七）年。女性の解放像を沖縄の祭祀《さいし》に見いだし、時間とお金をやりくりして通った。一九七九年に琉球新報社の女性史講座で講師を務め、受講生が「沖縄の女性史をひらくつどい」を立ち上げる。女性たちと交流を重ね、九四年に平和と沖縄の生活文化を学ぶ「歴史を拓くはじめの家うちなぁ」（当時）を今の南城市に開設した。

初めて来たときにはまだ残っていた豊かな自然がどんどん浸食されて、かつての沖縄ではなくなっているように感じます。経済成長する中で、表面的な生活はならされてきたけれど、（コロナなどで）観光客が来なくなった途端に困るわけですよね。

私はあるがままの自然が最高の価値だと思うけれど、沖縄の豊かな自然がお金もうけの道具になる。大資本がどんどん入ってきて、リゾート地を造るんですよね。

「うちなぁ」が建ったとき、周りはみんなキビ畑でした。周りの道路も広くなりましたが、人も車もあまり通らない道がいくつもある。（本島北部の森林地帯）やんばるの高江にも米軍のヘリパッド（ヘリコプター離着陸帯）ができてしまった。造ってほしくないものが造られていきます。沖縄は小さな島ですからね、よく見えるんです。長野でも、山奥に行くとセメントを掘り出して、山が赤裸になってね。見えないところで自然が壊されています。

コロナは、地球を汚している人間のおごりがもたらしたもの。『沈黙の春』（レイチェル・カーソン著）などで早くから警告されていたにもかかわらず、経済成長を求めてひたすら励んできた人間たちのありようが出現させたと、私は思います。人間は自然の中の一類。私たちが自然に寄生しているように、生きている限り、いろんな細菌やウイルスから逃れられません。

――国際エネルギー機関（ＩＥＡ）は、コロナによる社会・経済活動の制限などにより、温暖化の原因である二酸化炭素（CO_2）の二〇二〇年の排出量が前年比約八％減になる見通しと発表した。

人間たちがたやすくできなかったことを、コロナがたちまち実現してくれました。便利な暮らしは一度味わったら、麻薬と同じくたやすく抜けられない。人間をお金もうけの対象にする資本制社会の根元を見据え、歴史的に、構造的に形成されてきた見方や考え方は、本当に人間的にあるべき姿なのかという問いを持って生きるときに、新しい状況が拓けてくる。

コロナ禍を契機に、人間として生まれたことを互いに喜び合い、一人は万人のために、万人は一人のために生きる「命」と「心」中心の社会につくり替える道筋を生み出す――。そうしなければ、今回以上の災禍がもたらされるのではないでしょうか。世界的な災いを福に転化していくぐらいの展望を持たなければ、いつも状況に振り回されて対症療法みたいな生き方しかできないのではないかなと思っています。

3　戦中と重なる「自粛警察」
――主体性の喪失、主権者意識の確立を

――もろさわさんが十六歳だった一九四一（昭和十六）年、太平洋戦争が始まった。緊急事態宣言

下で自粛要請に従わずに営業した店を非難する「自粛警察」に戦中と同じ相互監視が見えたという。

戦中、隣組の組長さんが、明かりが漏れるからと、重箱の隅をつつくように威張り、体制の意識を権威化して行動しました。隣近所の気配の中で空気を読み、主体性を喪失して生活してきたことが、(新型コロナなどで)いろいろなことが現れるときに顕著になります。悪いのは他者で、自分はいつも被害者、犠牲者というのは楽ですよ。他者を攻撃して鬱憤《うっぷん》を晴らすんですから。

ただ、抑圧を晴らすためには、歴史的、社会的構造の中で自分はどういう立場にいるかを把握して物事に向き合わない限り、いつも支配の側のものの見方、考え方を体現する存在になってしまう。政治に対する主権者意識、人間としての自己確立がなければ、「奴隷の意識は主人の意識だ」と言われるように、支配の側を権威としてしまいます。だから、「自粛警察」が現れた。

私は皇国少女でしたからね。灯火管制も自主的にやって、組長さんに怒鳴られたことはなかったですけれど、上からのことはしっかり拳々服膺《ふくよう》していましたよ。国民を戦争に動員した「国難」など戦前を思わせる言葉も氾濫しています。言葉は意識を呪縛しますからね。本当に「国難」なのか、「国難」とはどういうものなのか。言葉の中身を検証して、対決していくことが大切だと思っています。

家にはラジオしかありませんけれど、(聞いているNHKは)冒頭で「米軍普天間基地移設先の辺野古」と報道します。新基地ではなく、普天間基地の危険を除去するために辺野古に移設するという意識を人々にインプットするために、いつも枕詞が流されます。あちら(権力側)の言葉をオウムみたいに繰り返していたら、それが伝播《でんぱ》されていきます。あちらの言葉に対して、こちらの言葉は何があるかと、自分の言葉を持つことが必要です。

――新潟県燕市の教育長（当時）が「コロナ禍を短時間で解消する方法はどこかで大きな戦争が発生することではないだろうか」「きっと経済が上向くきっかけになるのではないか」と発言して問題になった。

九十年近く前に聞いた言葉がまた出てきたと思いました。

米国の世界恐慌から数年経っても繭価が下がり続け、養蚕を現金収入の基盤としていたわが家では、父が「こんなはした金、俺はもらえない」と怒って、売掛金を取りに行かないことがあった。「いくらはした金でも捨てるわけにはいかない」と母が言うので、（繭糸会社の支払窓口に）私が代わりに行くと、大人たちは「不景気だったら、戦争でも起こしてもらわないと困るな」とささやいていたの。

経済は、消費がないと回りませんからね。戦争は一番大きな消費でしょう？　そのときは戦争の中身を知らないから、「そうなのかな」と思いましたけど、世界恐慌後の不景気の中で、満州侵略などが始まっていったんですから。戦後、他国を侵略する戦争はしなくなったけれど、戦争のときには汚されなかった川や海の水、山の大地を「内部侵略」する中で経済を回してきたわけです。

――政府の新型コロナ対策は、女性への配慮が不十分との指摘がある。家計支援を目的に、国民一人ずつに十万円を配布する特別定額給付金事業は世帯主に一括支給。七十年余り前の民法改正で家制度は廃止されたが今も残っている。

夫も妻も別の人格です。それなのに全部一括りにする。どちらかというと世帯主は男中心ですからね。そういう家族制度意識や男中心思想があって、一人一人の基本的人権に対する認識が皆無だから、そういうことが起こる。

個の自立性がパブリックなかたちで認められないのよね。例えば、私が入院するときも、「ご家族の承認を」と求められる。「家族なんて、私ありません」と答えると、「姪や甥を」と言われる。社会保障もそうですが、家族制度でやれば支配の側はとても効率的なんです。

でも、そういう為政者を、官僚をつくるのはこちら側。基本的人権をきちんと自分自身が生きていたら、向こうも恐れをなします。どんなに良い制度をつくっても、人間のありようこそが基本です。家を単位で考える社会のありようを変えるには、一人一人の人間的自覚が必要でしょうね。

（海外の女性政治家たちが注目されたけれど）女もいろいろ。男よりましという女も、男より困る女もいるわけですよね。女だから、男だからというのではなくて、その人がどういうヒューマニズムを生きているか、ということが重要じゃないかしら。

――国政では歴代最長の約七年八カ月にわたった第二次安倍政権が退陣し、それを継続する政権が誕生した。

辞めるのが遅すぎた。森友・加計学園問題、首相主催の「桜を見る会」……。安倍前首相は政治を私物化し、再び戦争の道を行くことを推進したと思います。

沖縄の民意も聞かず、私が戦後を生きる救いだった憲法も踏みにじられてきた。政治家は国家百年の計に立つけれど、政治屋は自分の社会的地位、意義のために次の選挙しか頭にないわけです。法務大臣をした人が選挙買収しますからね。人間が月に行って、宇宙に住めるほど科学が発達しても、人間のありようのみっともなさがますますみじめになってきている。

私は戦時中、郷里に疎開してきた陸軍士官学校で筆生《ひっせい》（主に筆写を担当する事務員）として働いていました。敗戦直後に命令されて、毎日、毎日、自分たちの責任になるような資料は全部燃やしましたからね。今は個人のためにそうするわけでしょう？　情けないですね。

しかし、そういう政治を今日まで来らせたのは私たち自身。単なる有権者ではなく、主権者としての自覚を持って、不断の努力で真向かい合っていきたいですね。

――基本に据える人間のありようとは。

（一九八二年に郷里に開設した）「歴史を拓くはじめの家」のスローガンは、「自然に出会い、歴史に出会い、自分自身に出会い、そして他者と出会う」でした。つまり、自然の中の生き物としての自分、歴史につくられてきた自分。そして、その自分は何者なのかを問い、自分が自分と出会わない限り、他者とは出会えません。だけど、馴れ合いの中で空気を読み、社交術の上手な人が泳ぎ、人間としてではなく、道具としてしか出会っていない。まして、自分に出会えない人が、どうして他者に出会える？　これがきちんとできない限り、制度がどんなに良くなってもだめです。

みんな御身大事で、取りあえずポジションがあるならそこから離れまいとします。普通の人間の当たり前の姿だと思うけれど、私はそういう生き方をしたくない。今の状況の中で、自分はどうするべきかと問題意識を持った人も決して少なくありません。何の役にもたたない家が三軒（歴史を拓くはじめの家、うちなぁ、よみがえりの家）。いわゆる金持ちでなくて、心持ちの人たちによって営まれてきた事実の中で、人間捨てたもんじゃないなと思っていますから。

人間は社会構造の中で意識を形成します。日常生活の中で自己脱皮を繰り返さない限り、慣らされて生きることになる。常識なんて人間がつくってきたもので、社会の構造を維持するための約束です

――「私は100歳近いけど、あなたは40にもなっていない。
そんなに安易に分かられてたまるかってもんよ。ははは！」（2020年1月撮影）

からね。今は常識外れで誇大妄想かもしれないけれど、人間が目指したものは実現します。今あるところのものでなく、まだないものを――。コロナと生きて出合っている自分はどうすべきかと考えて、生き方を豊かにしていってください。私もさらに自分を新しくしながら、これからを模索していきます。

明日の朝、目が覚めるかどうか分からないけど、本当に一刻、一刻、命との対決です。こんなに生きることが大切なものかと、改めてこの年になって思っています。

言葉を交わせるのは生きているうちよ。死んだらお互いにどんなに思ってもできない。

そして、同じ思いで問題にアプローチできる人がいるなんて、これは本当に幸せなこと。なかなかそういう人がいませんからね。有難いことだと思って、感謝しています。

謝辞に代えて

拝復　もろさわようこより

二〇一九年に信濃毎日新聞で紹介した記事への意見や感想、識者インタビューを読んだもろさわようこさん。どんな感想を抱いたのか。当時語った内容をまとめ、掲載する。

皆さんが女性史研究家として私のことを捉え、評価してくださっているのはありがたいことです。もっと熾烈に批判してくださっても良かったんじゃないかなとも思いますが批評に感謝しています。女性史研究家という肩書は、初めての著書『おんなの歴史』（合同出版、一九六五～六六年）を書いたときに、インタビューに来た全国紙の記者が付けました。「肩書は何ですか」と聞かれて、「何もないのよ。人間として生きているだけよ」って。「それでは困るから」と言われて、女性史研究家になっちゃったんですけどね。

女性史研究家として捉えられていますけど、私はそう思っていなくて、なぜ自分は生きなければならないのか——という人間として生きる意味を探っている中で言葉が出てきたというかたちです。何者でもなく、ただの求道者でしかない。求めざるを得なくて、本当のことを知るために押さえなくちゃと思ったことを書いてきただけなんです。

よそ様が付けてくださった通行手形で浮世を渡ってきましたけれど、肩書のない裸の人間として通用する社会構造でないとおかしいなと思っています。私は人のやった後をたどることには情熱が湧かなくて、いつもいつも未開拓な場所で生きてきました。顧みると、未開拓の「無」の中に何かを見て、それを伝えていくのが私の生き方だったのかなと思っています。

（二〇一九年八月十九日・談）

「うちなぁ」の庭に咲くハイビスカスの赤い花

あとがき

出会いから八年。もろさわようこさんへの取材では、いつも食事の心配をされ続けた。「あなたに食べさせなきゃいけないと思って」――。二〇一九年一月に沖縄県南城市まで出掛けたときは、大きな桶にまぜご飯を作って待っていてくれた。二一年四月に訪ねたときもそれは変わらなかった。

こうした振る舞いは、女性参政権の実現に尽くした市川房枝さんがもろさわさんにしたことを〝妹たち〟に順送りしてくれているのだろうと受け止めてきた。戦後間もない食料難の時代、市川さんが、飼っていたアヒルの玉子でもろさわさんをもてなし、一九八一年に倒れる前夜も「餅がある」と家に上がるように促した思い出話を何度も聞いた。

そんな市川さんとの縁をつないだのが、社会福祉学者の一番ケ瀬康子さんだった。『信濃のおんな』（未來社）の書評で、二十代のもろさわさんについて「詩人でありまた小説を書くことを、生涯のしごとと考えていた」（『未来』一九六九年十月号）と残している。これを読み、六五年に合同出版から出した初めての著書『おんなの歴史』の巻頭に詩が収録されているのに納得がいった。

故郷を離れると決めた日に綴った詩はこう始まる。

烏《からす》よ
凪は梢の緑をうら返すだけなのに
お前はなぜそんなに騒ぐのか
里では夏がはじまったばかりなのに
山では秋草のたけがもう高いのか

取材中もゲーテやリルケの詩を諳《そら》んじ、宮澤賢治やサン゠テグジュペリが「心の中にいる」と話してくれた。孤独でつらいときに励まされたのは、それを生き抜いた詩人らの言葉だったという。最近は「私、時間がないの」が口癖のもろさわさんに「詩を書き残してください」とお願いしているが、「思索していると、孤独がとっても大切なの。孤独の中からしか、一つの澄み切った思想が出てきません。あらちょいちょい、というわけにはいかない」などと返され続けている。論理以前の混沌の中で身もだえする「血の道」で書くのだから、それもそのはずかもしれない。二〇二〇年八月末の電話では「誰かのために書くんじゃない。頼まれて書くんじゃない。そんなにたやすく命との対話の言葉は出てきませんよ」と言われた。少しでも新しくなった自分で書くという思いの表れかもしれない。

女性史研究家はこの世を生きる通行手形で、自身の本質は「求道者」。道を求める上でおのずと出てくる思想を生きる「思想家」でもある——。こうして、今あるところのものではなく、まだないところのものを求め続けてきたもろさわさんの志は、これまで刊行してきた著書にも反映される。自身が前面に出ることを嫌い、例えば一九七三年の『主婦とおんな』（未來社）と二〇〇四年の『オキナワいくさ世のうないたち』（ドメス出版）は、著者・編者に「もろさわようこ」を冠さず、それぞれ国立市公民館市民大学セミナー、歴史を拓く女の会とし、自分も参加者の一人であることを実践してきた。初めての著作『おんなの歴史』、『わが旅……』（未來社）、自伝的な『南米こころの細道』（ドメス出版）を除き、著書に写真を載せることはほとんどなく、本書への掲載も辞退され続けた。「偏屈なので常識的な本はお断り」とも言われたが、こうして自身の言葉に責任を持って生きてきたもろさわさんのありようを、文章と写真という表現しうる全てで伝えたいと願った私の判断で写真掲載を決めた。

書名について触れておきたい。もろさわさんは、地縁、血縁ではなく、志への共感で結ばれる「志縁」で人は自由になれると考える生き方を貫いている。その生きざまを表現するとともに、女性を指す言葉として「婦人」が一般的だった時代に、蔑視の意味も含んだ「おんな」をあえて使って女性差別を見据え、解放像を探った「おんな」の実像に迫りたいという意志を込めた。

本書は、一葉社の編集者である大道万里子さんとの出会いから生まれた。大道さんも、私も、人生を支える一冊にもろさわさんの著書がある。大道さんは七〇年代半ば、未來社から出版された『信濃のおんな』や『おんなの戦後史』などを通じて、もろさわさんの言葉に触れ、編集者を志した。四年制の大学を卒業した女性に対して就職の門戸は閉ざされていた時代。もろさわさんのような本を作りたいという思いを抱え、電話も入れずに未來社に出向くと、もろさわさんの著作を多数編集した松本昌次さんが応対してくれたという。原稿がなかなか進まない私に本書の必要性を語り、粘り強く待ち続けてくれた。問題意識と経験に裏打ちされた確かな眼差しによる伴走は心強く、何度も励まされた。

「納得するものを書いてください」という同社の和田悌二さんの言葉もありがたかった。もろさわさんの論考のデータ化の多くは吉川光さんが担ってくれた。装丁は松谷剛さんの手による。

戦前、教師になる夢を抱えながらかなわなかった父方の祖母。妹を背負って国民学校の授業を聞き、高等科卒業後は実家の農作業を手伝った母方の祖母。結婚すれば退職が当たり前だった八〇年代前半に、私を妊娠して会社を辞めた母。二〇〇〇年代に私が四年制大学に進学し、男性と同じ賃金で働けるようになるまでに、必ずしも望む生き方を許されず、差別に苦しみ、声を上げてそれまでの常識に抗ってきた女性たちの存在があった。私はその歴史の延長にいるにすぎない。もろさわさんへの取材を重ねる中で、それがようやく分かった気がする。

本書には信濃毎日新聞が書きつないできた地域史の取材と記録の蓄積が反映されている。新聞連載中は、文化部の佐藤光生デスク（当時）、山口裕之デスク、高森元子デスク、畑谷史代デスク、三村卓也部長、さらに増田正昭編集委員にお世話になった。本書は宮坂雅紀写真記者の協力で素晴らしい写真の掲載が実現し、「志縁の苑」に集まる皆さんの応援があって書き上げることができた。また、新聞連載の取材で出会って以降、いつも刺激的な情報を教えてくれ、あたたかなシスターフッドで支えてくれる平井和子さんには女性史、女性学の視点から貴重な指摘をいただいた。そして、この本を手に取ってくださったあなたに、心からお礼を申し上げたい。

二〇二一年十月

河原千春

もろさわようこ関連年表

1924年　市川房枝らにより婦人参政権獲得期成同盟会結成（翌年婦選獲得同盟と改称）

1925年　**2月13日、長野県北佐久郡本牧村（現佐久市）に、父育与、母ヤスジの次女として生まれる**
普通選挙法、治安維持法成立
市川、婦人問題研究所設立

1929年　（4歳）世界恐慌

1931年　（6歳）**本牧尋常高等小学校入学**
大日本連合婦人会発足
9月18日、満州事変勃発

1932年　（7歳）五・一五事件、大日本国防婦人会創立

1933年　（8歳）日本、国際連盟脱退

1937年　（12歳）**本牧尋常高等小学校初等科6年生の2学期を終えて埼玉県大宮市へ**
日中戦争始まる
戦時統制三法成立、日本婦人団体連盟結成

1938年　（13歳）国家総動員法成立

1940年　（15歳）大政翼賛会結成、婦選獲得同盟解散

1941年　（16歳）12月8日、日米開戦

1942年　（17歳）**専門学校入学者検定合格**
大日本婦人会発足

1944年　（19歳）女子挺身勤労令成立

1945年　（20歳）**4月〜5月ごろ、帰郷**
6月、郷里に疎開してきた陸軍士官学校生徒隊本部の筆生になる
8月15日、敗戦
GHQ（連合国軍総司令部）、婦人参政権付与など日本民主化のための五大改革を要求
女性の政治意識と地位の向上を目指す新日本婦人同盟結成（会長は市川、50年日本婦人有権者同盟と改称）

1946年　（21歳）**戦後初の総選挙、女性参政権が初めて行使され投票**
家出して上田市へ。生活協同組合の印刷所で働く
12月15日、全信州男女青年討論大会に北佐久郡代表で出場
日本国憲法公布

1947年　（22歳）**初春、上田市の北信毎日新聞入社**
4月、鐘淵紡績丸子工場内の鐘紡丸子高等文化学院の教員になる

男女共学実現
姦通《かんつう》罪を廃止する改正刑法公布
家制度を廃止する改正民法など公布

1948年　（23歳）**秋、鐘紡丸子高等文化学院退職**

1949年　（24歳）**夏ごろ、東京へ。東京烏山傷痍者訓練所に入所**

1950年　（25歳）**公職追放中の市川房枝を一番ケ瀬康子と訪ねる**
警察予備隊発足

1951年　（26歳）サンフランシスコ平和条約、日米安保条約調印

1952年　（27歳）**日本婦人有権者同盟で機関紙『婦人有権者』の編集に携わり始める**
警察予備隊が保安隊に改組

1953年　（28歳）市川、参議院議員に当選

1954年　（29歳）自衛隊発足

1956年　（31歳）**婦人問題研究所発行の雑誌『婦人界展望』第20号に初の署名記事掲載**
売春防止法公布

1960年　（35歳）新日米安保条約成立

1961年　（36歳）**秋山健二郎、森秀人編著『恐るべき労働 第四巻（農山村の底辺）』（三一書房）に「千曲川旅情のかげに」収録**

1962年　（37歳）婦選会館設立、婦人問題研究所を解消

1963年　（38歳）**1月、『婦人界展望』の名称が『婦人展望』に変更。6月号〜12月号で「婦人問題」をめぐる論考を掲載**

1964年　（39歳）高群逸枝死去
東京五輪

1965年　（40歳）**『おんなの歴史――愛のすがたと家庭のかたち』（合同出版）出版**
同和対策審議会答申

1966年　（41歳）**6月、信濃毎日新聞で「信濃のおんな」連載開始。『婦人展望』の編集を離れる。**
12月29日、父・育与、72歳で死去

1967年　（42歳）日本、ILO（国際労働機関）100号条約（男女の同一労働・同一賃金）批准

1968年　（43歳）**『きょうを生きる――本を読む母親の作品の中から』（北斗社）出版**
8月15日、「信濃のおんな」連載終了

1969年　（44歳）**『信濃のおんな』（未來社）出版、第23回毎日出版文化賞受賞**
同和対策事業特別措置法成立

1970年 （45歳） 編集・解説した与謝野晶子著『激動の中を行く』（新泉社）を出版
日本でウーマンリブ誕生
1971年 （46歳） 8月～9月、「おんなの戦後史」を朝日新聞に連載
12月から翌年3月にかけて、国立市公民館の市民大学セミナー「私にとっての婦人問題」で助言者を務める
『おんなの戦後史』（未来社）出版
平塚らいてう死去
1972年 （47歳） 長野県で開催された部落解放第17回全国婦人集会で基調講演
5月15日の沖縄返還後、8月に初めて沖縄を訪れる
『わわしい女たち――狂言・御伽草紙にみる庶民像』（三省堂）出版
1973年 （48歳） 『主婦とおんな――国立市公民館市民大学セミナーの記録』（未來社）出版
1974年 （49歳） 『おんな・部落・沖縄――女性史をとおして』（未來社）出版
秋冬、沖縄県宮古島・与那国島に3カ月滞在して、宮古島で祖神祭をみる
1975年 （50歳） 『わわしいおんな――狂言・御伽草紙にみる女性像』（未來社）出版
国際女性年（76年―85年国連女性の10年）
1976年 （51歳） 『わが旅……――沖縄・信濃・断想』（未來社）出版
1978年 （53歳） 反靖国・反天皇制連続講座実行委員会編『天皇制と靖国を問う』（勁草書房）に「女もまた天皇制をつくった」収録
編集・解説した『ドキュメント女の百年』（平凡社）シリーズを79年にかけて出版
1979年 （54歳） 琉球新報社のセミナーで講師を務める
国連総会で女性差別撤廃条約採択
1981年 （56歳） 『おんなろん序説』（未來社）出版
市川房枝死去
1982年 （57歳） 8月1日、故郷・長野県北佐久郡望月町に「歴史を拓くはじめの家」開設
1983年 （58歳） 『解放の光と影――おんなたちの歩んだ戦後』（ドメス出版）出版
1984年 （59歳） 『おんな・愛と抗い――近・現代のあゆみ』（ドメス出版）出版
父系優先血統主義を変更する改正国籍法成立
1985年 （60歳） 男女雇用機会均等法成立
日本、国連女性差別撤廃条約批准
1986年 （61歳） 『もろさわようこの今昔物語集』

（集英社）出版

1987年 （62歳）**5月4日、母ヤスジ、88歳で死去**
畏友・赤松良子がウルグアイ大使になったのに合わせて南米旅行

1989年 （64歳）国内初のセクシュアルハラスメント裁判始まる。「セクハラ」が流行語大賞に
ベルリンの壁崩壊

1991年 （66歳）**森田益子との共著『人間に光あれ』（径書房）出版**
育児休業法（後の育児・介護休業法）成立

1992年 （67歳）**『いのちに光あれ――女性史と差別』（径書房）出版**
日本初のセクハラ裁判で福岡地裁が訴えを認める判決
国連平和維持活動（PKO）協力法成立、自衛隊海外派遣へ

1993年 （68歳）慰安婦関係調査結果発表に関する河野内閣官房長官談話

1994年 （69歳）**『オルタナティブのおんな論』（ドメス出版）出版**
11月9日、沖縄県島尻郡玉城村に「歴史を拓くはじめの家うちなぁ」を開設

1995年 （70歳）植民地支配などに言及した村山談話
沖縄で米兵少女性暴力事件
世界女性会議（北京）

1996年 （71歳）米軍普天間飛行場の返還で日米合意

1998年 （73歳）**9月23日、高知市長浜に「歴史を拓くよみがえりの家」を開設**

1999年 （74歳）男女共同参画社会基本法成立
国旗国歌法成立
米軍普天間飛行場の名護市辺野古への移設を決定

2000年 （75歳）東京で「日本軍性奴隷制を裁く女性国際戦犯法廷」開催

2001年 （76歳）配偶者暴力（DV）防止法成立
米国同時多発テロ

2002年 （77歳）地域改善対策特定事業に関わる国の財政上の特別措置に関する法律が失効

2003年 （78歳）イラク戦争、09年にかけて自衛隊イラク派遣

2004年 （79歳）**『オキナワいくさ世のうないたち――いたみの共有』（ドメス出版）出版**

2005年 （80歳）**第12回信毎賞受賞**

2006年 （81歳）**ガンの手術**

2007年（82歳）防衛省発足、国民投票法成立
2009年（84歳）『大母幻想――宇宙大のエロス』（ドメス出版）出版
2010年（85歳）高知市の被差別部落内にある高齢者住宅に住民票を移す
『沖縄おんな紀行――光と影』（影書房）出版
2011年（86歳）「歴史を拓くはじめの家」の蔵書を公開
東日本大震災、東京電力福島第一原発事故発生
2013年（88歳）一般財団法人「志縁の苑」創立
特定秘密保護法成立
2015年（90歳）安全保障関連法成立
国連の持続可能な開発目標（SDGs）にジェンダー平等の実現が盛り込まれる
2016年（91歳）ヘイトスピーチ対策法、部落差別解消推進法成立
2017年（92歳）政府が辺野古沖埋め立て護岸工事に着手
性犯罪を厳罰化した改正刑法成立
共謀罪法成立
2018年（93歳）『上井幸子写真集　太古の系譜――沖縄宮古島の祭祀』（六花出版）に文を寄せる
政治分野における男女共同参画推進法成立
日本で「#MeToo」運動が広がる
2019年（94歳）一般財団法人「志縁の苑」記録集『志縁』創刊
フラワーデモが広がる
2020年（95歳）新型コロナウイルス感染症が世界的に流行
2021年（96歳）編集・解説した『新編　激動の中を行く――与謝野晶子女性論集』（新泉社）出版
『新編　おんなの戦後史』（ちくま文庫）出版

主な参考文献

もろさわようこ関連

『おんなの歴史――愛のすがたと家庭のかたち』（上）合同出版、一九六五年
『おんなの歴史』（上・下）未來社、一九七〇年
『きょうを生きる――本を読む母親の作品の中から』北斗社、一九六八年
『信濃のおんな』（上・下）未來社、一九六九年
『おんなの戦後史』未來社、一九七一年
『主婦とおんな――国立市公民館市民大学セミナーの記録』国立市公民館市民大学セミナー編、未來社、一九七三年
『おんな・部落・沖縄――女性史をとおして』未來社、一九七四年
『わが旅……――沖縄・信濃・断想』未來社、一九七六年
『ドキュメント女の百年』全六巻、平凡社、一九七八～七九年
『おんなろん序説』未來社、一九八一年
『解放の光と影――おんなたちの歩んだ戦後』ドメス出版、一九八三年
『人間に光あれ』森田益子、（ききて）もろさわようこ、径書房、一九九一年
『いのちに光あれ――女性史と差別』径書房、一九九二年
『オルタナティブのおんな論』ドメス出版、一九九四年
『生きることについて』（同和教育学習資料22）枚方市・枚方市教育委員会、一九九四年
『オキナワいくさ世のうないたち――いたみの共有』歴史を拓く女の会編　ドメス出版、二〇〇四年
『大母幻想――宇宙大のエロス』ドメス出版、二〇〇九年

『南米こころの細道』ドメス出版、二〇〇九年
『沖縄おんな紀行――光と影』影書房、二〇一〇年
『上井幸子写真集　太古の系譜――沖縄宮古島の祭祀』もろさわようこ文、比嘉豊光写真編集、六花出版、二〇一八年
「誰でも自由に参加できたデモ」(『思想の科学』19号)中央公論社、一九六〇年七月
歴史をひらくはじめの家記録集　一九八二年〜一九九四年
『あけもどろ』(歴史を拓くはじめの家、歴史を拓くはじめの家うちなぁ、歴史を拓くはじめの家よみがえりの家記録集)第十四号(一九九五年)〜第三十号(二〇一三年)
『歴史を拓くはじめの家30周年　こころ華やぐ　志縁を編む』二〇一一年
『志縁』(一般財団法人志縁の苑記録集)創刊号(二〇一九年)、第二号(二〇二〇年)

そのほかの参考文献

青木孝寿『信州・女の昭和史』(戦前編)信濃毎日新聞社、一九八七年
青木孝寿『信州・女の昭和史』(戦後編)信濃毎日新聞社、一九九〇年
青木やよひ『増補新版　フェミニズムとエコロジー』新評論、一九九四年
天野正子ほか編集委員、斎藤美奈子編集協力、加納実紀代解説、新編日本のフェミニズム『リブとフェミニズム(1)』、『女性史・ジェンダー史(10)』岩波書店、二〇〇九年
一番ケ瀬康子編『福祉を拓き、文化をつくる』中央法規出版、一九九一年
上田小県近現代史研究会編『上田市100年のあゆみ』(ブックレットNo.27)上田小県近現代史研究会、二〇一九年
上田小県近現代史研究会編『蚕都上田ものがたり』(ブックレットNo.15)上田小県近現代史研究会、二〇〇八年
上田小県近現代史研究会編『『時報』にみる上田小県の女たち』(ブックレットNo.22)上田小県近現代史研究会、二〇一四年

上野千鶴子『新版　差異の政治学』岩波現代文庫、二〇一五年
沖縄県教育庁文化財課史料編集班編『沖縄県史　各論編8　女性史』沖縄県教育委員会、二〇一六年
鹿野政直『現代日本女性史――フェミニズムを軸として』有斐閣、二〇〇四年
鹿野政直『婦人・女性・おんな――女性史の問い』岩波新書、一九八九年
鎌田慧『狭山事件――石川一雄、四十一年目の真実』草思社、二〇〇四年
金富子、小野沢あかね編『性暴力被害を聴く――「慰安婦」から現代の性搾取へ』岩波書店、二〇二〇年
熊本理抄『被差別部落女性の主体性形成に関する研究』解放出版社、二〇二〇年
齊藤俊江『長野県飯田下伊那の満洲移民関係資料目録』不二出版、二〇二〇年
佐藤文香、伊藤るり編、一橋大学大学院社会学研究科先端課題研究叢書『ジェンダー研究を継承する』人文書院、二〇一七年
信濃の女性史刊行会編集『写真記録 信濃の女性史――明治・大正・昭和 信濃に生きた女たちの鮮烈な足跡』郷土出版社、一九九四年
信濃毎日新聞社編『信毎年鑑　昭和23年版』信濃毎日新聞社、一九四八年
柴田道子『被差別部落の伝承と生活――信州の部落・古老聞き書き』ちくま文庫、二〇一九年
水平社博物館編『全国水平社を支えた人びと』解放出版社、二〇〇二年
チョ・ナムジュ著、斎藤真理子訳『82年生まれ、キム・ジヨン』筑摩書房、二〇一八年
辻村輝雄『戦後信州女性史』長野県連合婦人会、一九六七年
中村竜子編著『信州女性史年表』龍鳳書房、二〇〇二年
長野県現代史研究会編『戦争と民衆の現代史』現代史料出版、二〇〇五年
平井和子『「ヒロシマ以後」の広島に生まれて――女性史・「ジェンダー」…ときどき犬』ひろしま女性学研究所、二〇〇七年
部落解放同盟長野県連合会編『『長野市史考』と部落解放の課題――自由と人権を民衆の手によってどう確立する

か』部落解放同盟長野県連合会、一九八一年
部落解放同盟長野県連合会編『続『長野市史考』と部落解放の課題——各界からの提起を受けて』部落解放同盟長野県連合会、一九八一年
松本昌次『いま、言わねば——戦後編集者として』一葉社、二〇一九年
宮城晴美『新版　母の遺したもの——沖縄・座間味島「集団自決」の新しい事実』高文研、二〇〇八年
村越良子、吉田文茂『教科書をタダにした闘い——高知県長浜の教科書無償運動』解放出版社、二〇一七年
望月町誌編纂委員会編『望月町誌　第五巻　近現代編』望月町、望月町誌刊行会、一九九九年
百瀬孝著、伊藤隆監修『事典　昭和戦前期の日本——制度と実態』吉川弘文館、一九九〇年
森田益子『自力自闘の解放運動の軌跡——被差別部落に生まれ、育ち、闘う』解放出版社、二〇一二年
柳原恵『〈化外《けがい》〉のフェミニズム——岩手・麗ら舎読書会の〈おなご〉たち』ドメス出版、二〇一八年
若宮啓文『ルポ現代の被差別部落』朝日文庫、一九八八年

*

赤川学「新聞に現れた「産めよ殖やせよ」——『信濃毎日新聞』と『東京朝日新聞』における戦時期人口政策」(『信州大学人文科学論集38号　人間情報学科編』)信州大学人文学部、二〇〇四年
「イザイホー　沖縄の神女たち」(ＮＨＫ教育番組)、一九七九年三月二十三日放送
一番ケ瀬康子「書評　もろさわようこ著『信濃のおんな』(上・下)」(『未来』一九六九年十月)未來社、一九六九年
『うないフェスティバル'85　報告書』うないフェスティバル実行委員会
『市民女性学'91　レジュメ記録』那覇市総務部女性室
宮下史明、矢内義顕「明治期における信州上田のキリスト教の受容——バイブル・ウーマン小島弘子とその所蔵図書を中心として」(『文化論集』34号)早稲田商学同攻会、二〇〇九年
『信濃毎日新聞』『女性展望』『婦人界展望』『婦人展望』『琉球新報』

河原 千春（かわはら・ちはる）
1982年横浜市生まれ。国際基督教大学卒業後、2007年信濃毎日新聞社入社。飯田支社、長野本社報道部を経て、文化部に異動した2013年のくらし面の取材でもろさわようこさんと出会う。現在は芸能面を担当。主な連載にダンサー・振付家山田せつ子さんの表現の軌跡に迫る「からだは言葉 ── 舞踊家・山田せつ子の表現」、アニメーション監督の新海誠さんと映画館支配人・プロデューサーの大槻貴宏さんの対談「軌跡と未来──映画の奇跡」、佐伯俊道さんと荒井晴彦さんの対談「団塊脚本家──戦後75年の夏」、NPO法人平塚らいてうの会会長の米田佐代子さんの半生とらいてうの思想をたどる「行き着くところまで行ってみる──米田佐代子が語る人生とらいてう」など。共著に『認知症と長寿社会──笑顔のままで』（新聞協会賞、JCJ賞ほか受賞）がある。

志《し》縁《えん》のおんな
──もろさわようことわたしたち

2021年12月23日 初版第1刷発行
定価　3000円＋税

編　著　者　河原千春

発　行　者　和田悌二
発　行　所　株式会社　一葉社
〒114-0024　東京都北区西ケ原1-46-19-101
電話 03-3949-3492 ／ FAX 03-3949-3497
E-mail : ichiyosha@ybb.ne.jp
URL : https://ichiyosha.jimdo.com
振替 00140-4-81176
装　丁　者　松谷　剛
印刷・製本所　モリモト印刷株式会社

落丁・乱丁本はお取り替えいたします。
ISBN978-4-87196-083-0